의학으로 읽는 세계문학

명작 속에 아픈 사람들

명작 속에 아픈 사람들

초 판 1쇄 발행 | 2020년 6월 26일

지은이 | 김애양
펴낸이 | 홍윤경
상임고문 | 성하길
편집고문 | 김인호
편집위원 | 김민우, 홍윤경, 김애양
북디자인 | 오정화

펴낸곳 | 도서출판 재남
주소 | 서울 강남구 역삼동 769 정도빌딩
대표전화 | 070-8865-5562
전자우편 | onionmilk@hanmail.net
출판등록 | 제2014-29호

저작권자 2020 ⓒ 김애양

* 이 책의 저작권은 저자에게 있습니다.
ISBN 979-11-88083-41-1 03890

값 | 18,000원

* 잘못 제본된 책은 바꿔드립니다.

Printed in KOREA

의학으로 읽는 세계문학

명작 속에 아픈 사람들

김애양 지음

재남

작가의 말

그 누구도
아픔이 두렵지 않기를

　한때 정신없이 독서에 빠진 적이 있었습니다. 진료실에 하루 종일 갇혀 지내야 하는 개원의 생활의 무료함 때문이었는지, 또는 의학이 과학적이기만 한 탓에 각박하게 느껴졌던 까닭인지 그건 모르겠습니다. 소설 속에 빠져버리면 무척 편안했습니다. 현실의 어려움에서 벗어나 가상현실에 몰입할 수 있었으니까요. 그런 독서활동 가운데 흥미로운 걸 발견했습니다. 세계적인 작가들이 인간의 아픔을 이해하기 위해 질병을 차용한다는 사실을 보게 된 것이었습니다. 우리 인간은 이성을 가졌다는 이유로 만물의 영장으로 자리매김하기도 하지만 우리의 신체를 돌아다보면 얼마나 나약하기만 한지요. 강아지처럼 털도 없고, 사자처럼 갈기도 없고, 악어처럼 강한 이빨도 없고 무소처럼 뿔도 없으며 거북이처럼 갑옷도 가지지 못한 채 태양 아래 화상을 입기도 하고, 달빛 그림자 아래 우울증에 걸려 버리기도 하니까요. 그런 인간의 나약함을 보여주듯 질병은 또 얼마나 많은지 모르겠습니다. 신체 구석구석 아프지 않을 것이라 보장된 된 부분은 한 군데도 없으니까요.

명작 속에 아픈 사람들

   그 이야기를 하고 싶었습니다. 진료실을 찾는 환자들은 모두 자신만이 가장 불행한 것처럼 생각하기 일쑤입니다. 사소한 질병에 걸렸다는 이유로 낙담하거나 불평하거나 누군가를 원망하기 십상입니다. 그런 환자들을 위로하기 위해 질병의 보편성을 알려주고 싶었습니다.
   "당신만 아픈 것이 아니랍니다. 인류가 존속하는 한 누군가는 아프기 마련이라니까요. 보세요. 저 유명한 소설 속에 고통당하는 환자의 아픔을 말예요."
   그런 이야기를 하고 싶어서 여러 작품들을 소개하고 또 질병의 원인과 치료 및 예방들을 알려주는 것이 의사로서 제가 할 수 있는 최선의 작업이라 생각했습니다. 누구도 아픈 것을 두려워하지 않고 살아있음의 근거로 받아들이고 꿋꿋하게 이겨 나가길 바라는 마음 간절합니다.
   이 책이 나오기까지 근 8년이 소요되었습니다. 절반은 〈문학청춘〉에 연재되어 《명작 속의 질병 이야기》로 출간한 적이 있고 나머지는 〈문예바다〉에 소개되었던 작품입니다. 두 잡지사에 감사를 표하고 그리고 한권의 책으로 엮어준 재남출판사 홍윤경 편집장과 오정화 실장님에게 고마운 마음을 전합니다. 모쪼록 이 책을 읽는 독자들은 독서 가운데 평안을 느끼길 바랍니다.

2020년 6월 역삼동 진료실에서
김애양

목차

작가의 말 _ 004

각기병 | 코바야지 타끼지 《게 가공선》
지옥의 풍경 _ 012

꾀병 | 바를람 샬라모프 《콜리마 이야기》
허망한 꾀병부리기 _ 018

췌장암 | 레프 톨스토이 《이반 일리치의 죽음》
이렇게 혼자 처절하게 아프다 죽어야하다니 _ 024

전립선 비대증 | 마리오 바르가스 요사 《염소의 축제》
천하의 독재자도 오줌을 지린다네 _ 033

봉와직염 | 임레 케르테스 《운명》
작은 다리에서 얼마나 많은 고름을 짜내었던지 _ 041

위암 | 조르주 베르나노스 《어느 시골 신부의 일기》
아무려면 어떤가 모든 것이 은총이니 _ 051

포피리아증 | 이사벨 아옌데 《파울라》
딸의 영혼을 떠나보내며 _ 060

알츠하이머병 | 박완서 〈환각의 나비〉
머릿속 형광등이 깜빡일 때 _ 072

약물 부작용 | 스와보미르 므로제크 〈미망인들〉
약물의 위험성 _ 079

정맥류성 궤양 | 조지 오웰 《1984》
사찰과 감시의 세상 _ 088

명작 속에 아픈 사람들

사시 | 루이스 피란델로 《나는 고 마티아 파스칼이오》
내가 아닌 남으로 살기 _099

디프테리아 | 안톤 체호프 〈베짱이〉
깨진 쪽박과 함께 살자니 _107

천연두 | 에밀 졸라 《나나》
파리 최고 미녀의 최후 _116

부정 망상 | 미겔 데 세르반테스 《모범 소설》
질투에 휩싸여 명을 재촉한 남편 _125

조현병 | 스콧 피츠제럴드 《밤은 부드러워》
정신분열증 환자를 아내로 얻었더니 _134

페스트 | 알베르 까뮈 《페스트》
이렇게 두려운 전염병 앞에서 _144

장기 이식 | 미하일 불가코프 《개의 심장》
개에서 사람으로 _156

공수병 | 카밀로 호세 셀라 《파스쿠알 두아르테 가족》
미친개에게 물리다 _164

충수염 | 필립 로스 《울분》
과장님 방에서 왈칵 토한 학생 _171

뇌졸중 | 하진 《광인》
고매한 학자가 정신줄을 놓을 때 _181

Contents

매독 | 헨리크 입센 《유령》
당신은 날 때부터 벌레에 먹힌 _ 192

상상임신 | 아이작 싱어 《적들, 어느 사랑이야기》
당신의 아이를 갖고 싶어요 _ 199

풍진 | 애거사 크리스티 《깨어진 거울》
연쇄 살인의 단초 _ 208

마약중독 | 미하일 불가코프 《모르핀》
멈출 줄 아는 당신이 아름답습니다 _ 215

뇌막염 | 헤르만 헤세 《로스할데》
부부의 연결고리를 끊는 아이의 죽음 _ 220

폐결핵 | 토마스 만 《마의 산》
아무도 모르게 번지는 병 _ 230

출산 | 어니스트 헤밍웨이 《우리들의 시대에》
도저히 참을 수 없는 아내의 진통 _ 238

간질 | 표도르 도스토예프스키 《백치》
그의 절대적인 순수함 _ 243

성홍열 | 카렐 차페크 《우표 수집》
한 남자의 삶을 송두리채 바꾼 전염병 _ 251

선천성 대사이상 증후군 | 펄 벅 《자라지 않는 아이》
딸아이의 병, 그 견딜 수 없는 슬픔 _ 260

명작 속에 아픈 사람들

천식 | 마르셀 프루스트 《잃어버린 시간을 찾아서》
지성이 만드는 병 _ 267

외상 후 스트레스 장애 | 버지니아 울프 《댈러웨이 부인》
환청에 시달리는 남자 _ 275

요독증 | 로제 마르탱 뒤 가르 《티보가의 사람들》
단말마의 고통 _ 286

아구창 | 귀스타브 플로베르 《감정 교육》
곰팡이의 공격 _ 292

진전섬망증 | 조셉 콘래드 《로드 짐》
배를 버리고 달아난 선원은 그 후 어찌 살았을까 _ 302

해표상지증 | 카를로스 푸엔테스 《스타의 아들》
임신 중 약물 복용에 의한 기형아 출산 _ 310

강경증 | 오노레 드 발자크 《루이 랑베르》
육체와 정신의 결별 _ 317

녹내장 | 구스타프 마이링크 《골렘》
안과 의사의 만행 _ 326

건강염려증 | 몰리에르 《상상병 환자》
의사 사윗감을 찾아라 _337

명작 속에
아픈 사람들

지옥의 풍경

| 코바야시 타끼지 《게 가공선》
| 각기병

배 이름은 핫꼬오마루이다. 3,000톤 규모의 대형 선박이지만 지독히도 낡았다. 게 가공선은 하코다테(函館)를 출항하여 소련의 캄차카 영해까지 출어하는 일본의 '공장선'이므로 여느 배와는 달리 항해법이 적용되지 않는다. 여기서 게를 잡아 통조림을 만드는 일을 하여 배 한 척 당 몇십만 엔을 벌어들인다. 배는 언제라도 침몰 위험이 있는 고물인데다가 환경은 열악하기 짝이 없다. 어부와 잡부들이 숙식하는 공간은 악취가 코를 찔러 통상 '똥통'이라고 부른다. 노동자들은 주로 부당하게 땅을 빼앗긴 농민들, 탄광에서 일하다 눈앞에서 동지의 죽음을 목격한 광부 또는 계절노동자로 고용된 가난한 학생들이다. 이 배에는 악질 감독 아사카와(浅川)가 타고 있다. 그는 선주에게 충성하며 금전적 이익을 위해서는 사람이 죽어나가는 것쯤은 개의치 않는 비인간적인 인물이다.

감독의 혹독한 채찍 아래, 노동자들은 매서운 겨울 날씨에도 집게발처럼 곱은 손을 품 속에 찔러 넣거나 입김을 불어가며 일을 해야 한다. 일이 끝나면 누에처럼 각자의 선반에 들어가 잠을 청한다. 후덥지근한 공기에 썩은 악취가 진동하는 그곳은 결코 사람이 살 수 있는 곳이 아니다.

그럼에도 불구하고 자신들이 당하는 처우가 부당하다는 것을 자각하지 못하던 그들은 비위생적인 환경, 형편없는 식사에 과도한 노동, 도를 넘어선 폭력으로 점차 영양실조로 병들고 죽어가는 노동자가 발생하자 아무리 아파도 일터로 내몰리는 가혹함에 반발하기 시작한다.

특히 감독관 아사카와에 대한 증오가 나날이 쌓여 간다. 혹사를 못 견뎌 도망쳤다가 붙잡히면 말뚝에 묶어놓고 말 뒷발로 차게 하거나 뒤뜰에서 도사견에 물려 죽게 만든다. 작업량이 부족한 자는 불에 달군 쇠막대기로 혼내주겠다는 벽보를 붙인다. 육모방망이로 허리를 펼 수 없을 정도로 두들겨 패는 것은 예사이다. 배에서 진료하는 의사도 작업 중에 병에 걸리기 보다는 체벌로 얻어맞아 생기는 환자가 훨씬 많다고 진단한다. 권양기에 잡부를 매달아놓고 조롱하고 벌을 주는 일도 허다했다. 학생출신의 한 노동자는 도스토예프스키의 《죽음의 집의 기록》의 배경이 된 수용소가 이곳보다 훨씬 양호하단 생각을 하면서 언젠가 할머니를 따라가 보았던 불당의 '지옥 그림'을 떠올린다.

각기병으로 여러 사람이 죽어나간다. 죽어도 시신을 치울 틈이 없어서 그대로 며칠씩 방치되곤 한다. 도쿄 낫포리 알선소를 통해 돈을 벌기 위해 승선했던 27살의 젊은 어부도 각기병으로 숨진다. 뒤뜰로 나가는 어두운 구석에 아무렇게나 덮어놓은 거적 자락 아래로 어린아이같이 묘하게 작아진 검누렇고 윤기 없는 두 발만 보인다.

　　염을 하기 위해 옷을 벗기자 몸에서 속이 메슥거릴 정도의 악취가 뿜어 나왔다. 그리고 섬뜩하리만치 새하얗고 납작한 이들이 놀라서 줄줄이 도망쳐 나왔다. 비늘처럼 때가 앉은 몸뚱이는 마치 소나무 둥치가 널브러져 있는 듯했다. 가슴엔 갈비뼈가 하나하나 그대로 드러나 있었다. 각기병이 심해지고부터는 제대로 걷지 못했기 때문에 소변은 그냥 누워서 지렸던 듯 지독한 악취가 가득했다. 훈도시와 셔츠 역시 검붉은 색으로 변해 있었는데, 옷을 들어 올리자 황산이라도 뿌린 듯이 너덜너덜 부스러질 것 같았다. 옴폭한 배꼽 주위엔 때와 먼지가 가득 끼어 배꼽은 보이지도 않았다. 항문 주위엔 똥이 완전히 말라 진흙처럼 달라붙어 있었다.

　　모두들 이 어부의 죽음을 '죽은 것이 아니라 살해당한 것'이라고 여긴다. 당시 홋까이도나 사할린의 공사 현장 또는 탄광에서 육체노동에 시달리는 노동자를 '타코(문어)'라고 불렀다. 타꼬는 자신이 살아가기 위해서는 자기 팔다리까지 먹어치운다는데 이거야 말로 꼭 닮은 꼴이다. 또 문어잡이 항아리를 뜻하는 타꼬쓰보는 한번 들어가면 자신의 힘으로는 절대 빠져나올 수 없는 가혹한 노동 환경을 빗대는 말이다.

　　각기병으로 죽은 가여운 어부의 죽음에 동료들은 소리 내어 울지만 그 와중에 감독은 염하기 위해 데운 더운물을 아껴 쓰라는 지시를 내린다. 그는 시체 담는 마대조차 새것을 쓰지 못하게 한다. 마침내 죽은 젊은이는 깜찻까 바다에 수장되고 이를 계기로 노동자들의 쌓였던 분노가 폭발한다. 노동자들은 서로 연대하여 태업과 파업을 시작한다. 주동자는 얼마 전 배가 난파되어 러시아령에 상륙했다가 '적화선전' 삐라를 접하게 된 '말더듬이 어부'와 '학생'이다. 삐라에는 노동자들의 임금과 긴 노동시간, 회사가 몽땅 가져가는 돈과 파업에 대한 설명들이 적혀있다. 처음에는 일본인이 과연 로스케처럼 파업을 할 수 있을까 의아해 했지만 이들은 점차 단결하기 시작한다. 구호는 "살해당하고 싶지 않은 자는 오라!"였다. 여태 굴종밖에 모르던 어부들에게 자신들도 무언가를 할 수 있다는 사실을 깨우치게 만들었다.

작업량이 줄기 시작한다. 파업 대표자들은 '요구사항'과 '서약서'를 작성하여 감독과 담판을 지으려 한다. 그들은 감독의 권총을 빼앗고 힘을 과시한다. 그러나 구축함에서 파견된 해병들에 의해 무력 진압되고야 만다. 동맹파업을 주도했던 9명이 모두 총검에 떠밀려 구축함으로 호송된다. 게 가공선의 선주는 돈으로 해병까지도 포섭해 두었던 것이다. 구축함을 타고 온 해병들은 제국군함의 군인이라고 허풍을 떨었지만 사실은 재벌들의 앞잡이인 것이다. 노동자들은 다시 한 번 궐기한다. 이번에는 대표단을 구성하지 않고 전원이 함께 태업을 하기로 한다. 조직화된 힘이야말로 자본가의 탄압에서 벗어날 수 있는 유일한 무기라는 것을 깨달았기 때문이다. 이 두 번째 태업은 성공한다.

이 작품을 읽다보면 모든 노동자는 정도의 차이일 뿐 착취를 당하고 있다는 생각을 하게 된다. 우리나라에서도 《게 가공선》의 노동자처럼 부당한 고용 환경에 처해진 경우가 보도되곤 한다. 지적장애인들을 섬이나 축사에 가둬두고 노예처럼 몇 십 년씩 부리고 제대로 임금을 주지 않은 사람들이 있다는 것이다.

우리가 가장 경계해야 할 악덕은 '강자에게 약하고 약자에게 강한' 처신일 것이다. 게 가공선의 노동자들이 약자라는 이유로 감독은 지옥의 악마 역할을 도맡아 한다. 열악한 환경에서 노동력을 착취하고 와중에 체벌로 구타와 감금을 서슴지 않는다. 감독은 강자인 선주에게 충성하고 아부하여 권력을 행사하는 것이다. 물론 그조차 나중에 파업 성공을 빌미로 선주에게 토사구팽 당하는 결말이 숨겨져 있기는 하다.

여기에 나오는 각기병(beriberi)이라는 이름은 '나는 할 수 없어, 나는 할 수 없어(I can't)'를 의미하는 스리랑카 원주민의 언어로부터 유래된 것이다. 전형적인 티아민(비타민 B1) 결핍증은 정제된 쌀을 주식으로 먹는 경우에 나타나며, 수 주일간 정제된 쌀만 먹으면 발생할 수 있다. 각기병에 걸리면 다리가 퉁퉁 붓고 다리의 살을 누르면 들어가서 나오지 않는데 실제로 우리 세대도 어린 시절엔 그런 아이들을 볼 수 있었다. 요즘처럼 먹을 것이 흔하고 영양소가 풍부하며 균형 잡힌 식단이 제공되는 때엔 사라진 질병 같지만 아주 가끔씩 심한 다이어트를 하는 사람이나 또는 만성 알코올 중독자한테서 나타나기도 한다.

코바야시 타끼지 (小林多喜二)

일본 프롤레타리아문학의 대표적 작가로서 1903년 10월 13일 일본 아끼타 현 끼따아끼따 군의 가난한 농가에서 출생했다. 시오미다이 소학교를 졸업 후 오따루 상업학교에 입학하여 빵가게를 하던 백부를 도우며 통학했다. 오따루 고등 상업학교에 진학하며 문학 공부를 시작했고 졸업 후 척산 은행에 다니며 동인지 《쿠라루테》를 발간했다.
23세에 〈셰익스피어보다 먼저 맑스를〉을 발표했고 노동자 대규모 쟁의에 관여하며 노동예술가연맹에 가입하여 활동하기 시작했다.
1927년부터 중편 《방설림》과 《게 가공선》 등을 발표하자 공산당으로 몰려 가택 수사를 받기도 했다. 1928년 비합법 공산당을 중심으로 한 노동자 단체가 탄압을 받게 되는 3·15사건이 터졌을 때 검거되어 체포되었다. 《1928년 3월 15일》은 이 사건을 취재한 것으로, 경찰의 참혹한 고문을 폭로한 작품이다. 이 작품에서 노동자의 불굴의 정신력과 이것에 대비되는 천황 지배 권력의 잔학성을 폭로해 일본 프롤레타리아문학에 새로운 전기를 제공했다.
1930년 〈프롤레타리아 문학의 새로운 문장에 관하여〉 〈프롤레타리아 문학의 방향에 대하여〉 〈종교의 급소는 어디에 있는가〉 〈은행이야기〉 등을 썼고 8월에 치안유지법 위반으로 토요따마 형무소에 수감되었다. 보석으로 출옥하여 작품 활동을 하다가 1933년 1월 20일 다시 경찰에게 체포되었는데 공식적인 사인은 심장마비이지만 고문으로 사망한 것으로 알려지고 있다.

허망한 꾀병부리기

바를람 샬라모프 《콜리마 이야기》
꾀병

마구간에서 일하는 동안 메르즐랴코프는 온통 한 가지 생각뿐이었다. 말조차 품종에 따라 지급받는 식량이 다른데 왜 수인들이 받는 식량의 양은 일정한가 하는 점이었다. 왜 체격을 고려하지 않고 큰 사람이나 작은 사람이나 똑같이 급식을 주는지 이해할 수 없었다. 메르즐랴코프는 전형적인 러시아 농부답게 장대한 체격을 가졌다. 아침으로 주는 죽 세 숟갈로는 허기를 채우지 못할 뿐 아니라 오히려 위를 쓰라리게 했다. 다행이 그는 굶주림으로 완전히 쇠약해지기 전에 마구간지기 자리를 얻었고 덕택에 말이 먹는 귀리로 배를 채울 수 있게 되었다. 하지만 귀리를 훔친 죄로 천국 같았던 마구간을 떠나 일반 작업장으로 되돌아갈 수밖에 없었다. 일반 작업장이란 굶주림과 혹한, 중노동, 모욕과 학대를 뜻하는 곳이다.

메르즐랴코프는 통나무를 운반하는 수용소로 가게 되었다. 체격이 크다는 이유로 통나무의 밑동을 옮겨야 했던 메르즐랴코프는 통나무 무게에 짓눌려 비틀거리다 결국 쓰러졌다. 계속 일을 한다면 죽을 것만 같아 그대로 눈 속에 누워버렸다. 그러다 동료들과 작업 조장, 호송병에게 실컷 두들겨 맞고 나서 의무실로 옮겨졌다. 등에 난 상처와 부러진 갈비뼈는 회복되었지만 작업에 복귀하지 않으려면 어떻게 해서든 아파야 했다. 그는 다시는 허리를 펴지 않기로 결심했다. 몸을 절반으로 구부리고 있자 메르즐랴코프는 지구 병원으로 보내졌다. 진단명은 외상에 의한 척추강직이었다. 메르즐랴코프는 허리를 한 번 펴보고 싶지만 다시 수용소로 돌아가지 않으려면 각고의 노력으로 허리를 굽히고 있어야 했다.

수인으로서 그의 필사적인 의지는 온통 오래전부터 허리를 펴선 안 된다는 한 가지 점에만 집중되어 있었다. 그리고 허리를 펴지 않았다. 몸은 잠시라도 펴고 싶어 못 견딜 지경이었다. 그러나 광산과 산소 부족, 고통스러운 추위, 혹한으로 반질반질하게 얼어붙은 미끄러운 금광의 돌, 식사 때면 숟가락은 필요도 없이 단숨에 마셔 버리는 수프, 호송병의 개머리판과 조장의 부츠를 떠올리며 그는 몸을 펴지 않으려고 자기 내부에서 힘을 찾고 있었다.

반면에 수용소의 의사는 그가 '연극병'에 걸려 있다고 의심했다. 그는 꾀병 환자를 색출하는데 진찰 시간의 절반 이상을 쏟고 있었다. 의사 또한 한때 수인이었으므로 꾀병 환자들의 속임수에 쉽게 넘어가지 않았다.

의사와 꾀병 환자, 이 양자 간의 싸움에선 의사 편에 모든 이점이 있었다. 이를테면 수천가지 기묘한 약품, 수백 가지 교과서, 풍부한 장비, 호송병의 도움, 전문가의 오랜 경험이 있지만, 환자 편에는 오로지 그가 떠나왔던 세계를 그가 되돌아가기 두려워하는 공포만 있었다. 바로 그 공포가 환자에게 투쟁할 힘을 주었다.

수용소의 열악한 엑스레이 장비로는 영상이 흐리게 나와 아무 것도 밝혀낼 수 없었다. 의사는 그에게 에테르 마취를 시켰다. 마취가 되자 메르즐랴코프의 허리는 쉽게 펴졌다. 의사는 병원장 앞에서 그의 허리를 펴보였다. 하지만 마취에서 깨어난 메르즐랴코프는 "지옥에나 가버려" 하고 소리치며 다시 허리를 구부리고 아무 일도 없었다는 듯이 환자 행세를 계속했다. 지난 1년간이나 환자 행세를 하며 의료진을 우롱한 것도 모자라 눈앞에서 버젓이 부정행위를 하자 약이 오른 의사는 그의 꾀병을 밝혀내기 위해 이번엔 다른 방법을 선택했다. 이른바 충격요법이었다. 당시의 충격요법은 지금처럼 인슐린이나 전기충격이 아닌 장뇌유(캠퍼)를 이용한 것이었다. 혈관에다 장뇌유를 급속히 쏟아 넣으면 경련, 발작을 일으키게 되는데 동료의사가 그런 방법까지 동원해야 하느냐고 이의를 제기할 만큼 고통스런 검사였다. 하지만 담당의사는 의기양양하게 검사를 진행시켰다. 경련과 발작을 일으키는 동안 고릴라처럼 큰 메르즐랴코프의 몸은 펄떡거리며, 더는 허리를 굽히고 있을 수 없었다. 이렇게 그의 꾀병은 들통이 나고 말았다. 그는 퇴원서류에 사인을 하고 수용소로 돌아가는 것으로 결말이 났다.

원래 독자는 약자의 편에 서기 마련인지 읽는 내내 메르즐랴코프가 안쓰럽기 짝이 없는 반면 의사가 야속하게 느껴졌다. 치료를 위한 요법도 아니고 꾀병을 밝히기 위해 그렇게 충격적인 방법을 사용하다니……. 하기야 의사란 과학에 의거하여 진실을 밝히고 진리를 규명해야 하는 직업이긴 하다. 모든 환자가 꾀병을 부리고 의사가 거기에 동조한다면야 어떻게 하나의 체제를 바로 세울 수 있겠는가. 우리나라만 해도 군대 징집을 피하기 위해 온갖 방법을 동원하여 환자인 양 행세하는 부류가 있으니까 말이다. 게다가 그런 의도에 동조하며 허위 진단서를 써주는 의사는 공분을 사곤 한다. 하지만 혹한의 수용소에서 굶주림 가운데 하루 16시간씩 노동을 하는 수인들에게 유일한 피난처인 병원에서 그렇게까지 내쳐야 하는지 참 인정머리 없는 의사라는 생각이 들었다.

이렇게 안쓰럽기 짝이 없는 수용소 이야기를 쓴 작가 바를람 살라모프는 단지 스탈린 체제에 반대했던 이유로 17년간이나 콜리마에서 수형생활을 했다. 콜리마란 러시아 북동 지역으로 흔히 시베리아로 알려진 곳이다. 거기는 연중 9개월이 겨울이고 평균 기온이 영하 60-70도까지 떨어진다. 침을 뱉으면 공기 중에서 그대로 얼어붙을 정도이다. 침엽수 밀림이 우거지고 금과 석유 등의 지하자원이 풍부하여 러시아에선 오래전부터 이곳에 강제 노동수용소를 세워 노동 인력을 확보하였다. 하지만 혹한 속에서 가혹한 노동 끝에 희생된 숫자는 헤아릴 수가 없도록 악명이 높은 곳이다.

작가는 충격 요법에 대한 이야기를 서술하면서 한 차례도 의사를 비난하거나 꾀병을 부린 메르즐랴코프를 비호하지 않는다. 그러나 작품을 읽는 동안 우리는 이런 삶을 겪어야 하는 세상이 있었다는 사실만으로도 무한한 연민을 느낀다.

이런 수용소이야기가 과거지사이기만 한 걸까? 지금은 강제노동이란 것이 사라진 것일까? 어디에선가는 노예 계약이 이뤄지고, 어디에선가는 착취가 자행되는 오늘날 이에 대해 묻지 않을 수 없다.

바를람 샬라모프 (Varlam Shalamov)

1907년 볼로그다 시에서 사제의 아들로 출생하여 성 알렉산드르 중학교를 졸업하고 모스크바대학 법률학부에 입학하였다. '스탈린 타도! 레닌의 유언을 수행하자'는 슬로건을 내건 10월 혁명 10주년 기념일 시위에 가담하였다가 2년 후 1929년 '레닌의 유언'을 인쇄하려고 지하 인쇄소에 갔을 때 잠복 중인 경찰에 체포되어 '사회 위험 분자'로 3년형을 받고 수용소에 수감되었다.

석방 6년 후 '반혁명 트로츠키스트 활동'으로 체포되어 노동 수용소에서 5년간 중노동형을 받았다. 광산에서 금이나 석탄 채굴 등의 중노동을 하다 기진맥진하여 거의 죽어가는 사람을 '도호댜가'라 부르는데 작가가 바로 그런 상태로 병원에 입원하였다.

회복 후 노벨문학상을 받은 러시아 작가 이반 부닌을 칭찬한 죄로 다시 체포되었고 반소비에트 선전죄로 10년형을 받았다. 벌목 노동 중에 하중을 견디다 못해 탈출하다 붙잡혀 다시 일반 노동소로 보내졌으며 그곳에서 이질이 의심되어 병원에 이송되었다가 의료과정을 수료하고 보조 의사 생활을 하게 되었다. 이때부터 틈틈이 시를 쓰기 시작했다.

17년의 형기를 마치고 모스크바로 돌아와 범죄 사실이 없음을 인정받고 명예를 회복했으며 잡지사의 비정규직 기자로 취직되었다. 1961년에 첫 시집 《부싯돌》을 출간하였고 《콜리마 이야기》와 《범죄 세계의 르포》 등을 계속 집필하였다. 노후에는 메니에르병으로 운동 조절능력이 상실되었고 70세 이후 급격히 건강이 악화되었으며 말년에는 뇌졸중으로 쓰러져 정신병 환자 요양소에 이송되었다가 1982년 폐렴으로 사망하였다.

이렇게 혼자
　　　처절하게 아프다
죽어야하다니

| 레프 톨스토이 〈이반 일리치의 죽음〉
| 췌장암

　이반 일리치는 고등 법원 판사로 45살에 죽었다. 그의 부고가 신문에 실리자 동료들은 저마다 상념에 빠진다. 후임은 누구일지, 직위의 변동에 따라 자신은 어떤 이익을 얻을지 따위이다. 이반의 아내도 마찬가지이다. 남편의 사망을 슬퍼하기보다는 앞으로 받게 될 연금 액수에 더 관심을 쏟고 있다. 친구들은 이반의 장례식에 참석한 후에 다시 모여 카드놀이에 더 열을 올리고 있다. 죽음이란 이반에게만 있는 특수한 사건이고 자신들과는 아무 연관이 없다고 여기는 것이다.
　삼등 문관의 둘째 아들이었던 이반은 형제들 가운데 가장 출세한 인물로 집안의 자랑이었다. 슬기롭고 활달하며 예의바른 사람이었다. 법률학교를 우수한 성적으로 졸업한 후 지방에서 관리직을 성실하게 수행했고 예심판사가 되어 모범적이고 바른 생활을 했다. 귀족의 딸이며 재산도 적당히 있고 용모도 수려한 아내를 만나 결혼했다.

　신혼 초기에는 부부 사이가 원만하고 만족스러웠으나 아내가 임신을 하고나서부터 금이 가기 시작했다. 이반은 아내와 형식적인 관계만 유지한 채 일에 몰두하며 살았다. 법정에서 받는 대우나 동료들과의 잡담, 식사, 카드놀이들이 위로가 되었다. 아내의 성정이 점점 사나와졌어도 아이는 연이어 태어나 죽은 자식을 제하고도 딸과 아들이 하나씩 자라났다.

　결혼 17년차가 되었을 때 가정 뿐 아니라 직장에서도 권태로움에 미칠 것만 같았을 때, 청탁을 잘한 덕에 높은 지위를 얻게 되었다. 마침내 이반 일리치는 높은 연봉에 존경을 받으며 새로운 도시 페테르부르크에서 살게 되었다. 그는 수도에 먼저 올라와 아파트를 장만하고 직접 실내장식을 하며 인생을 새로 시작하는 기쁨을 느꼈다. 그러던 중에 커튼을 달다 사다리에서 떨어지면서 창틀에 옆구리를 다치는 사고를 당했지만 대수롭지 않게 여겼다.

　새집으로 이사 온 가족들은 기뻐했고 이반은 가장으로서 행복하기 짝이 없었다. 부유한 사람들을 초대해 성대한 파티를 열었다. 온 가족이 모두 건강했지만 이반만 입맛이 변하고 왼쪽 배가 거북하다고 느꼈다. 이 거북함은 그동안 새집으로 이사와 느꼈던 즐거움을 망쳐버렸다. 부부가 더욱 빈번히 다투며 간신히 외양만 갖추며 살았다. 이반은 가족들에게 트집을 잡기 시작했다. 아내는 타박을 일삼는 이반에게 화가 치밀어 의사를 찾아가 보라고 권했다.

그는 의사를 찾아갔다. 모든 것이 그가 예상한 그대로였다. 형식적인 것에 불과했다. 진료 대기, 의사의 권위적인 태도 - 그것은 이반 일리치도 익히 아는, 그 자신이 법정에서 취하는 태도였다 - 타진과 청진, 정답이 정해져 답변이 불필요해 보이는 질문들, 당신은 우리에게 맡기기만 하면 되오, 그러면 우리가 전부 알아서 할 거요, 우리는 모든 것을 어찌해야 할지 분명히 알고 있소, 당신이 어떤 의사를 원하든 모든 것은 동일한 방식으로 진행될 거요, 라고 암시하는 듯한 표정. 이 모든 것은 법정에서와 똑같이 진행되었다. 그가 법정에서 피고들을 향해 지은 표정을 고명한 의사가 그에게 똑같이 지어 보였다.

의사는 이반에게 유주신(콩팥이 제자리에 고정되어 있지 않고 비정상적인 위치로 움직이는 병)인지 맹장염인지 만성 카타르인지 알 수 없도록 애매한 진단을 내렸다. 소변검사 결과에 따라 진단이 달라진다는 조건을 달면서 의사가 설명하는 모습이 어쩌면 그렇게도 이반 자신이 피고인들을 대하던 때와 한 치도 다름없는지…….

이반은 결국 아무것도 알아내지 못한 채 집으로 돌아왔다. 자신의 병이 위중한지 아닌지조차 알 수 없었지만 의사의 태도로 미루어 비관적인 쪽으로 결과를 예상할 뿐이었다. 의사가 처방해 준 약을 복용했지만 통증은 줄어들지 않았다.

이반은 주변의 환경에 분통이 터졌다. 자신을 불쾌하게 하거나 쇠약하게 만드는 것이 모두 남의 탓일 성싶었다. 그는 또 다른 명의를 찾아갔다. 그 명의는 동종요법에 따라 다른 약을 지어주었다. 일주일간 그

약을 먹어도 차도가 없었다. 이반은 치료에 대한 신뢰를 잃고 더욱 우울해졌다. 옆구리의 통증은 더욱 심해졌고 미각은 점점 이상해졌고 입에서는 역겨운 냄새가 나는 것 같았으며 식욕과 기력도 떨어졌다. 일생일대의 중요한 일이 자신에게 발생하고 있음이 틀림없었다. 그리고 이것은 오직 자신만 알 뿐 주위 사람들은 이해하지 못하거나 알려고도 하지 않았다. 이 점이 무엇보다 이반을 괴롭혔다. 사교계의 출입에 열을 올리는 아내와 딸은 이반이 까다롭게 군다며 도리어 화를 냈다.

그렇게 두 달이 지났을 때 지방에 사는 처남이 놀러 왔다. 그는 이반을 보고 몹시 놀랐다.

"누님은 보이지 않나요? 매형은 이미 죽은 사람이나 마찬가지예요. 눈을 봐요. 빛이 없잖아요. 도대체 매형에게 무슨 일이 일어난 겁니까?"

처남의 말을 듣고 이반은 거울에 비친 자신의 모습과 예전의 초상화를 비교해 보고는 깜짝 놀라 또 다른 의사를 찾아갔다. 의사는 맹장에 대한 의학적인 소견만 장황하게 늘어놓았다. 집으로 돌아온 이반에게 새로운 자각이 생겼다. 삶과 죽음의 문제에 당면한 것이었다.

'나는 존재하지 않을 거야. 그럼 도대체 무엇이 존재하게 될까? 아무 것도 존재하지 않을 거야. 그렇다면 내가 이곳에 존재하지 않게 될 때, 난 도대체 어디에 있게 될까? 정말로 죽는 걸까? 아냐, 난 죽고 싶지 않아'

이반은 죽음에 대한 공포에 직면하고 견딜 수 없을 만큼 괴로웠다.

문밖에서는 아내가 초대한 손님들이 연주하는 음악이 들려왔다. 저들도 죽을 존재이면서 저토록 즐거워하다니, 멍청이들! 이반은 분노를 터뜨리며 서랍장을 밀치다 '쿵' 소리를 내며 쓰러졌다. 아내가 방안을 잠시 들여다보더니 손님들을 배웅하느라 곧바로 나갔다. 곧바로 이반은 외로움과 함께 끝없는 절망에 빠졌다. 일에 몰두하며 공포를 잊으려 했지만 죽음의 공포는 무엇으로도 감출 수 없었다.

석 달째 접어들었을 때 이반은 통증으로 잠을 거의 이루지 못했다. 아편을 쓰거나 모르핀 주사를 맞아보아도 통증은 여전했다. 배설이 순조롭지 못한 이반을 위해 특별한 용기가 고안되었다. 그의 용변기를 깨끗하게 닦아주는 사람은 하인 게라심이었다. 젊고 선량한 게라심은 냄새 나는 변기를 치우며 조금도 얼굴을 찌푸리지 않았다. 게라심은 주인의 옷을 입혀주며 다리를 번쩍 치켜 올려 주었는데 이때 이반은 매우 시원하게 느껴졌다. 그래서 게라심에게 다리를 들어 올려 달라고 부탁했다. 게라심은 양어깨로 기꺼이 이반의 다리를 받쳐주었다. 어느 날은 밤새도록 그런 자세를 유지하기도 했다. 하인 외에는 가족 뿐 아니라 주변의 사람들은 모두 이반을 가식으로 대했다. 뻔히 죽으리라는 걸 알면서도 마치 그렇지 않은 태도를 취했다. 진실한 사람은 오직 게라심 뿐이었다.

그는 "우리는 모두 죽습니다. 그러니 제가 나리를 위해 애쓰지 않을 이유가 있습니까?" 그는 주인의 죽음을 인정하고 있었다. 이반은 사람들의 거짓된 태도뿐만 아니라 진심으로 동정해주는 사람이 하나도 없음이 무척 서글펐다.

의사는 왕진을 와서 아무렇지도 않게 질문을 했다. 이반은 의사에게 거짓말을 하는 것이 부끄럽지 않느냐고 묻고 싶었다. 아내는 비단옷 스치는 소리를 내며 의사가 온 것을 왜 진즉 알리지 않았느냐고 하인을 나무랐다. 포동포동한 아내의 피부와 윤기 흐르는 머리칼, 그녀의 반짝이는 눈동자가 이반에게는 증오심을 불러 일으켰다.

몇 시간 후 또 다른 의사가 방문했다. 이반이 가능성이 있겠느냐고 묻자 그 의사는 장담할 수는 없지만 가능성이 있다고 대답함으로써 이반에게 몇 시간 동안의 위안을 주었다.

저녁이 되자 아내는 딸의 결혼을 성사시키기 위해 사윗감과 함께 공연을 보러 간다고 했다. 딸과 장래의 사위가 눈부시도록 아름답게 치장하고 방에 들어서자 이반은 더 큰 고통을 느꼈다. 젊은 육체를 자랑이라도 하는 듯한 그들이 적개심을 불러일으켰다.

그날 밤 더욱 많이 아팠던 그는 어린아이처럼 울었다. 의지할 데 없는 자신의 처지에 대해, 자신의 끔찍한 고독에 대해, 사람들의 몰인정함에 대해, 하나님의 잔혹함에 대해, 하나님의 부재에 대해 슬퍼했다. 밤새 자신의 삶을 반추해보았지만 삶이 이토록 무의미하고 추악하다는 것이 믿기지 않았다. 자신이 무엇을 잘못했는지 돌이켜보아도 답을 찾을 수가 없었다.

두 주일이 지났을 때 딸이 마침내 청혼을 받았다는 것을 알리러 아내가 이반을 찾아왔다. 병은 더욱 악화되어 이반은 "제발 날 편안히 죽게 해줘."라는 말밖에 못했다. 의사가 와서 많은 양의 아편을 투여했다.

이반은 몸부림쳤다. 대체 자신의 삶은 무엇이 잘못된 것일까? 자신이 바르게 살았다고 믿었지만 실제로 그렇지 않았다면 어쩔 것인가? 그 모든 것이 삶과 죽음을 은폐하는 엄청난 기만이라는 걸 깨달았다. 아내는 사제를 불러 참회식을 치러주었다. 그러나 곧 새로운 통증과 발작이 시작되자 아내에게 나가라고 소리쳤다. 그 때부터 사흘간 비명이 멈추지 않았다. 사흘 내내 검은 자루 안에서 몸부림치듯 소리를 질렀다. 그가 고통스런 외침을 잠시 멈춘 것은 죽기 한 시간 전이었다. 중학생인 아들이 아버지를 찾아와 손을 이끌어 입술에 대고 눈물을 떨어뜨렸다. 그 순간 이반은 빛을 볼 수 있었다. 아들이 몹시 애처로웠다. 그리고 그 뒤에 있는 아내에게 '용서해 줘.'라고 말하고 싶었다. 그러나 그 말 대신 "데리고 나가!"라고 말했다. 그는 죽음의 두려움 사이에서 빛을 보았고 더는 두려움이 없다고 느끼며 몸을 쭉 뻗고 그대로 숨을 거두었다.

이렇게 이반 일리치는 사망했다. 첫 증상은 미각 변화와 식욕부진, 왼쪽 복부의 통증으로 시작되었다. 이반은 언젠가 커튼을 달다가 떨어졌을 때 왼쪽 옆구리를 다친 것이 병의 원인이라 여긴다. 말하자면 가장으로서 집을 장만하고 치장하려 애쓰다 병을 얻었다고 생각하자 가족에 대해 은근히 피해 의식을 느끼게 되었다.

그의 병상 기록을 도합하면 발병 후 약 6개월 만에 사망했다. 급격한 체중 감소, 극심한 통증, 빠른 병의 경과를 통해 그의 병명이 췌장암일 것으로 추정한다. 비록 작품 속에선 맹장염이라든지 신장이 떠돌아다니는 병이라든지 위 점막의 카타르성 염증 등을 열거하지만 지금으로부터 130년 전인 톨스토이 시절엔 췌장암이란 병명이 있을 리 만무하다. 그럼에도 불구하고 톨스토이가 한 사람의 죽음의 경과를 완벽하게 우리에게 보여주는 것이 대단하다. 왜냐하면 오늘날 죽음학(Thanatology)에서 말기 환자가 겪는 심리 상태를 5가지로 분석하는데 이반 일리치가 그 과정을 고스란히 재현하고 있기 때문이다.

죽음의 과정은 ①부정과 고립(denial & isolation) ②분노(anger) ③협상(bargain) ④우울(depression) ⑤수용(acception)으로 정리한다.

작가는 이반을 통해 죽음이란 누구나 피할 수 없는 보편적인 것이지만 죽음에 직면한 개인에게 그 죽음은 아주 개별적인 것이라 그 누구도 대신하거나 동행할 수 없다는 죽음의 본질을 부각시켜 주었다.

췌장암은 이반의 경우가 보여주듯 가파르게 진행되는데 그 원인은 아직까지 명확하게 밝혀지지 않았다. 췌장암이 발생하기 쉬운 요인으로는 45세 이상의 연령, 흡연, 두경부나 폐 및 방광암의 과거력, 오래된 당뇨병, 지방이 많은 음식 섭취 등이 있으며, 만성 췌장염 및 일부 유전 질환에서 췌장암 발생률이 증가한다.

췌장암의 증상은 일반적인 소화기병의 증상을 보인다. 복통, 식욕부진, 체중감소, 황달 등이 가장 흔하고 이 외에도 지방변 또는 회색변, 식후 통증, 구토, 오심 등의 증상이 있으며, 당뇨병이 새로 발생하거나 기존의 당뇨병이 악화되기도 한다. 드물게 위장관 출혈, 우울증이나 정서 불안 등의 정신장애, 표재성 혈전성 정맥염이 나타나기도 하며 허약감, 어지러움, 오한, 근육경련, 설사 등의 증상도 나타날 수 있다.

췌장암은 5년 생존율이 5% 이하로 예후가 매우 나쁜 암이고 그 이유는 대부분 암이 진행된 후에 발견되기 때문이다. 예방하기 위한 뚜렷한 수칙이나 권고 기준이 따로 있는 건 아니지만 위험 요인으로 알려진 요소들을 피하기를 권한다. 담배를 끊고 고지방, 고칼로리 음식을 피하여 비만을 방지하고, 과일과 채소를 중심으로 하는 식생활 개선과 적당한 운동으로 암을 예방하는 습관을 가져야겠다.

레프 톨스토이 (Lev Nikolaevich Tolstoi)

1828년 러시아 중부 야스나야 폴라나에서 태어났다. 카잔 대학에 입학하여 동양어와 법을 공부하다 자퇴했다. 23세에 카프카스에 주둔한 포병대에 입대했고 크림전쟁에 참전하였다. 그때의 경험을 《세바스토폴 이야기》로 발간하여 작가로서의 명성을 확고히 했다. 34세 때 평생의 후원자가 된 소피아 베르스와 결혼한 뒤 《전쟁과 평화》 《안나 카레니나》 등의 작품 활동을 활발하게 하였다. 방탕한 젊은 시절을 보냈던 그는 52세 이후에는 극단적인 도덕가가 되어 국가와 교회를 부정하고 육체의 나약함과 사유재산을 비난하는 의견을 표명했다. 그의 사상은 당대의 타락한 종교를 배격하고 원시 그리스도교에 복귀하여 검소한 생활, 악에 대한 무저항주의, 자기완성을 실행하며 사랑의 정신으로 세계의 평화와 복지에 기여하려는 것이었다. 이런 정신은 인도의 마하트마 간디에게 크게 영향을 미친 것으로 훗날 평가되고 있다. 그의 가르침은 반대 세력의 저항을 불러와 73세에 러시아정교로부터 파문을 당하기도 했다. 1910년 82세 나이에 장녀와 함께 유람을 떠나다 기차역에서 사망했고 그의 묘지는 야스나야 폴라나에 있다. 그가 남긴 작품은 90여권의 전집에 이른다.

천하의 독재자도
오줌을 지린다네

마리오 바르사스 요사 《염소의 축제》
전립선 비대증

　여인의 이름은 우라니아. 트루히요 독재정권시절 도미니카 공화국의 상원의원인 아구스틴 카브랄의 딸이다. 아구스틴은 '지식인'이란 별명이 붙은 만큼 학식높은 사람이지만 독재자 트루히요에게 맹목적인 충성을 바치고 있다. 그의 유일한 딸 우라니아가 14살이 되던 해 그는 관직을 잃게 된다. 총통이자 수령인 트루히요가 어느 날 느닷없이 그에게 일을 수행하지 못하게 했다. '지식인'은 자신의 목숨이 위태롭다는 걸 직감한다. 지금껏 많은 관료들이 알 수 없는 이유로 감옥행이 되거나 상어밥이 되었으니까.
　아구스틴이 자신을 구할 수 있는 한 가지 방법은 14살 우라니아를 수령님에게 바치는 것이다. 그건 사실 총통 측에서 우라니아의 존재를 알고 제시한 조건이기도 했다. 그는 골몰한 끝에 '축제'에 응하기로 한다. 즉 딸을 총통이 초대하는 축제에 참석하라고 권유함으로써 그녀를 희생 제의로 만드는 것이다. 어린 우라니아는 불행한 사태를 막고자 선뜻 초대에 응한다. 초대 장소는 총통의 농장인 '마호가니의 집'이다.

우라니아는 총통을 만나러 간다. 축제라기에 또래의 다른 소녀들이 많을 줄 알았지만 그녀 혼자뿐이다. 70세의 트루히요는 14살의 우라니아를 만나 흡족해한다. 그러나 자신의 성기능이 만족스럽지 않자 점차 분노하기 시작한다. 그의 눈은 시뻘겋게 충혈 되고 눈동자는 수치심을 이기지 못해 이글거리고 있다. 그는 우라니아를 덮치고 짓누르고 거칠게 그녀를 더듬다가 욕을 퍼붓더니 눈물을 흘리기 시작한다.

그가 바로 수많은 처녀를 유린했던 이 나라의 총통이며 조국의 자선가이고 새로운 조국의 아버지 트루히요이다. 우라니아의 아버지 상원의원이 30년간 충성했고 기꺼이 자신의 딸을 바친 수령이었다. 트루히요는 떨고 있는 우라니아를 사납게 내쫓는다. 죽을 줄만 알았던 그녀는 비록 생명을 구했지만 치욕을 안고 살게 된다.

그날 이후 그녀는 아버지를 용서할 수 없었고 조국에서 살 수도 없었으며 그 어떤 남자도 사랑할 수 없게 되었다. 그녀는 다니던 수녀원 학교의 도움으로 미국으로 유학을 떠나 하버드 법대를 졸업한 후 당당하게 삶을 꾸린다. 49세가 되어 35년 만에 조국을 방문해 보니 아버지 아구스틴 전 상원의원은 반신불수가 되어 간병인의 보호아래 연명하는 처지이다. 우라니아는 병들고 무기력한 아버지를 이제라도 용서하고자 자신이 겪은 '염소의 축제' 이야기를 어렵게 사촌들에게 털어놓지만 허탈할 뿐이다.

우라니아가 고국을 떠난 후 도미니카 공화국엔 어떤 변화가 있었을까?

트루히요는 32년간의 독재국가를 장악하며 경제 발전 구축이란 생색을 내고 있지만 차츰 트루히요에게 반감을 갖게 되는 사람이 생겨난다. 이 나라에서 일어나는 일 중에 트루히요가 마음만 먹으면 못할 일이 없었다. 그가 자신의 아내에게 눈독을 들여도 저지할 수 있는 사람이라곤 없다. 총통은 자신의 관심을 불러일으키는 여성은 모두 정복했다고 떠벌린다. 게다가 악랄한 첩보부대장이 무서운 첩보원 칼리에들을 거리마다 깔아놓고 국민들을 예리하게 감시하고 있다. 독재란 무고한 사람의 인명을 앗아가기 마련이므로 가족을 잃은 원한으로 트루히요에 반대하는 사람들이 뭉치기 시작한다. 반 트루히요주의자가 결성되고 그들은 트루히요를 염소라고 부른다. 그들은 국방부 장관이자 육군 총사령관인 로만 푸포를 중심으로 거사를 준비한다. 그 중엔 변호사도 있고 군인도 있고 기술자도 있다. 심지어는 트루히요의 두터운 신임을 받는 장군의 아들도 있고 총통의 경호부대 장교도 가담한다.

1961년 5월 30일 트루히요는 '마호가니의 집'에 갈 예정이었다. 며칠 전에 만난 우라니아 때문에 심기가 잔뜩 언짢았다. 그날 밤 뻣뻣하게 굴던 그 비쩍 마른 계집애가 자신에게 불행을 가져온 듯 하얀 속옷에 자꾸 오줌을 지리고 있다. 그 불쾌함을 떨쳐버리려고 '마호가니의 집'으로 가서 마음에 드는 여자와 회포를 풀 작정이다. 이 정보를 입수한 암살단 7명은 석대의 자동차를 나누어 타고 고속도로에서 염소의 자동차를 기다린다. 트루히요가 탄 하늘색 시보레 자동차가 질주할 때 그들은 쫓아가 총격을 가한다. 암살은 성공이다. 시체를 로만 푸포에게 전달하면 그 밤으로 정권이 바뀔 것이다.

　대원 중 한명이 총상을 입자 아무 생각 없이 병원에 데려간 것이 화근이 된다. 악명 높은 첩보부대장이 병원을 덮치고 환자를 심문한다. 마취라도 한 것일까? 그는 동조자의 이름을 불게 되고 거사의 주모자는 모두 붙잡히고 만다. 사실 로만 푸포는 염소의 시체를 확인하자마자 원래 계획대로 정권을 장악해야 했었다. 그런데 푸포는 어찌된 일인지 자꾸 시간을 지체하며 쿠데타를 일으킬 적기를 놓쳐버린다. 암살단원들은 그런 푸포를 원망하게 된다.

　죽은 '염소' 트루히요의 가족이 총통을 죽인 원수들을 가만 내버려 둘 리 없다. 붙잡힌 푸포는 고문을 당한다.

　　푸포는 자기 몸이 마치 허리케인의 힘에 실려 앞으로 튀어나가는 것만 같았다. 갑작스런 전기 충격이 머리끝에서 발끝까지 그의 모든 신경을 자극했다. 가죽 끈과 고리가 그의 근육을 바짝 조였다. 그는 눈앞에서 불똥을 보았으며 날카로운 바늘 끝이 털구멍을 찔렀다. 그들은 계속 전기를 방출하며 동시에 그에게 양동이로 물을 퍼부어 정신을 차리게 만들었다. 그들이 전기 충격을 줄 때마다 그는 의식을 잃었고 아무것도 볼 수 없었다. 그런 다음 다시 의식을 되찾기를 반복했다. 그럴 때마다 그의 콧구멍은 하녀들이 쓰는 싸구려 향수 냄새로 가득 찼다.
　　전기의자에서 작업이 한차례씩 끝날 때마다 그들은 벌거벗은 그를 눅눅한 감방으로 끌고 가서 역겨운 냄새가 풍기는 구정물을 퍼부으면서 그가 다시 반응하도록 했다. 잠을 자지 못하도록 그들은 접착테이프로 그의 눈꺼풀을 눈썹에 붙였다. 눈을 뜨고 있음에도 불구하고 반수면 상태가 되면 그들은 야구방망이로 마구 때려 깨웠다. 그들은 먹을 수 없는 물질을 그의 입에 집어넣기도 했다. 처음 몇 번은 그게 똥이란 걸 알고 토해버렸다. 그러다 완전히 비인간적인 상태가 되자, 그들이 주는 것을 받아먹을 수 있었다.

    그들은 테이프를 떼어내면서 그의 눈썹도 떼어냈다. 그는 바늘이 눈꺼풀을 찌르는 걸 느꼈다. 그들이 눈을 꿰매는 동안 그는 움직이지 않았다. 실로 눈을 봉하자 전기의자에서의 충격보다 더 끔찍한 고통이 몰려왔다. 그때 이미 그는 두 번이나 자살을 시도했지만 모두 실패한 후였다. 처음에는 남아 있는 모든 힘을 모아 감방의 벽에 머리를 부딪쳤다. 의식을 잃었지만 머리카락만 온통 피에 젖었을 뿐이었다. 두 번 째는 거의 성공할 뻔했다. 전기 고문을 준비하면서 잠시 그의 수갑을 풀어주었을 때 그는 쇠창살을 타고 올라가 감방을 비추고 있던 전등을 부수었다. 두 손과 두 발로 그 유리 조각을 모두 삼키면서 내출혈로 부질없는 목숨이 끝나기를 기다렸다. 하지만 첩보부대에는 두 명의 상근 의사가 있었고 고문 받는 죄수가 스스로 목숨을 끊는 것을 막기 위해 조그만 응급실을 구비해 놓았다. 그들은 그를 의무실로 데려가 어떤 액체를 삼키게 해서 모두 토하게 만들었다. 그런 다음 몸속에 관을 넣어 창자를 청소했다. 그들은 서서히 단계별로 죽일 수 있도록 그를 살려냈다.

    이 같은 고문은 4개월이나 이어졌다. 의사들이 더는 고문을 견딜 체력이 남지 않았다고 진단하자 트루히요의 아들이 나서서 범죄자가 자연사하는 꼴은 볼 수 없다며 총을 쏴서 죽인다.

이건 비단 푸포만 겪은 고통이 아니다. 나머지 암살 가담자들도 두꺼비눈처럼 눈알이 튀어나갈 만한 전기충격과 살점이 떨어져 나가는 채찍질을 감당해야 했다. 그리고 6개월 후 변호할 기회도 없이 모두 죽임을 당한다. 절대 독재자 트루히요를 제거했지만 도미니카 공화국의 민주화는 쉽게 오지 않는다. 저항의 투쟁은 좌절당한 셈이다.

이렇게 트루히요가 죽고 난 후 35년 만에 고국땅을 밟은 우라니아는 잔인하기 그지없던 독재 기간 동안 자유를 빼앗기고 침묵을 지켜야만 했던 탄압받은 도미니카 공화국 여성을 대표하여 지난 세월의 치욕을 돌아보는 것으로 끝을 장식한다.

만일 트루히요가 전립선 비대증에 걸리지 않았다면, 그래서 노년에도 젊은 시절처럼 그의 남성성을 과시할 수 있었더라면 그의 운명은 달라졌을까?

그의 배뇨 장애는 10년 전부터 시작되었다고 한다. 처음 배뇨장애를 느꼈을 때 한 비뇨기과 의사를 소개 받았다. 그 의사는 요도염 치료 시술을 해주고 완치될 것을 장담했다. 하지만 곧 증상이 재발되자 의사는 트루히요에게 '전립선 암'이라는 병명을 붙이고 겁을 주었다. 영악한 트루히요는 그 의사가 자신의 정적이란 걸 감지했다. 그 의사는 전립선 제거 수술을 강권하고 항암제 투여를 설명했는데 트루히요는 믿지 않았다. 곧 스페인에서 저명한 의사를 모셔와 자신의 병은 다만 나이와 함께 진행되는 전립선 비대증이란 것과 약물로 치료가 가능하고 생명에 전혀 지장이 없다는 설명을 듣게 되었다. 처음 진단을 한 비뇨기과 의사는 즉시 항구에서 익사체로 발견되었다. 이런 내용으로 미루어 트루히요의 전립선 비대증은 노화의 한 과정이며 무소불위의 독재자라고 해도 노화만큼은 막을 수 없다는 사실을 실감하게 한다.

작품 속의 총통이 회의 도중 소변을 지릴까봐 노심초사하고 자신의 속옷을 자주 점검하는 모습을 그린 점이 작가의 탁월한 솜씨로 느껴진다. 전립선 비대증을 부각시킨 점이 불가능한 일이 없이 권세를 휘두르는 독재자도 나이가 들면 어쩔 수 없이 노화에 순응해야 한다는 걸 보여준다. 게다가 숱한 여인을 유린한 남성우월주의자인 그가 300만 도미니카 공화국 국민들을 굴복시킬 수 있었지만 방광만은 통제할 수 없었단 그의 하소연이 현실감 있게 와 닿는다.

전립선 비대증(Benign prostate hyperplasia)이란 50세 이상의 남성에서 하루 8회 이상 소변을 보는 빈뇨 및 야간 빈뇨, 절박뇨, 지연뇨, 단절뇨와 배뇨 시 힘을 주어야 하는 배출 장애증상을 통칭한 하부 요로증상으로 정의한다.

원인은 아직 명확하게 밝혀지지 않았지만 다른 만성 질환들과 마찬가지로 복합적인 요인이 작용하는 것으로 알려져 있다. 이를 예방하기 위해 규칙적인 생활과 충분한 휴식을 취하고 견전하고 적절한 성생활과 규칙적 운동을 권한다. 과일과 채소류 특히 토마토, 마늘, 녹차 등의 섭취를 늘리고, 육류와 지방 및 칼로리는 제한하는 것이 좋다. 된장이나 두부 등 콩 함유 음식도 전립선 비대증에 좋은 음식이다. 자극성이 강한 음식이나 음료의 섭취를 피하고, 커피도 가급적 마시지 않는 것이 좋다. 특히 저녁 식사 후에는 가급적 수분 섭취를 줄이는 것이 좋다.

전립선 비대증 환자는 평소에 체중을 조절하고 내장지방의 양을 줄이려고 노력을 해야 한다. 오래 앉아 있는 것이나 소변을 참는 것은 좋지 않으며, 과음도 삼가는 것이 좋다. 피로 또한 전립선 비대증을 악화시키므로 피해야 하고 좌욕을 하는 습관도 예방에 도움이 된다.

마리오 바르가스 요사 (Mario Vargas Llosa)

1936년 페루에서 태어났는데 부모님이 헤어진 관계로 편모슬하에서 살다가 이듬해 할아버지가 사는 볼리비아로 건너갔다. 9살 때 페루로 돌아왔고 부모님의 불화가 해결되어 수도 리마에서 살게 되었다. 일찍부터 기자 생활을 시작했고 군사학교를 중퇴했으며 대학에서 문학과 법학을 공부했다. 19살에 13살 연상의 이모와 결혼했다가 9년 만에 이혼했고 이 기간 중에 틈틈이 작품을 쓰기 시작했다. 첫 소설《도시와 개들》로 간이 도서상 수상,《녹색의 집》으로 페루 국가 소설상, 스페인 비평상, 고물로 가예고스상 등을 수상하여 다채로운 수상 기록을 남겼다. 1990년에는 페루 대통령으로 출마했으나 낙선한 경력도 예사롭지 않다.《판탈레온과 특별봉사대》《새엄마 찬양》《리고베르토씨의 비밀 노트》《또 다른 구석의 천국》《나쁜 소녀의 짓궂음》 등의 다양한 주제의 소설과 에세이집《혁명의 문학과 문학의 혁명》《가르시아 마르케스: 아버지 죽이기의 역사》《영원한 향연: 플로베르와 보바리 부인》 등을 남겼다. 1994년에 세르반테스상을, 2010년에 노벨 문학상을 받았다.

작은 다리에서
얼마나 많은 고름을
짜내었던지

임레 케르케스 《운명》
봉와직염

14살 소년 죄르지는 헝가리의 수도 부다페스트에서 아버지와 새엄마와 살고 있었다. 나라 바깥에선 세계제2차대전을 치르는 중이었으므로 죄르지의 가족은 유대인이란 표식인 노란별을 달아야 했다. 목재상을 운영하던 아버지는 마침내 노동봉사에 소집되었다. 죄르지의 친어머니는 재혼해서 따로 살고 있지만 그녀의 새남편도 역시 노동 봉사에 동원되었다. 친지들과 아련한 작별 인사를 나눈 후 아버지는 수용소로 떠났다.

두 달 후 죄르지에게도 변화가 찾아왔다. 다니던 중학교를 가는 대신에 일을 해야 한다는 공문을 받았다. 미장이 보조 일을 하러 가던 어느 날 아침, 경찰이 길을 막고 버스에 탄 승객 중 유대인은 모두 내리라고 했다. 여러 검문소에서 유대인을 구별해서 한 곳에다 모았고 그날 하루

동안 모은 유대인은 거리에서 대열을 이루고 행진을 할 정도였다. 죄르지는 집으로 돌아가지 못하고 열차에 태워져 어디론가 보내졌다. 열차 안에서 가장 고통스러운 일은 물 부족이었다. 행선지를 알 수 없는 여정이 시작되었다. 벽돌공장을 거쳐 헌병대 병영에 인계되기도 하고 독일 장교를 만나기도 했다. 모두들 자신들의 미래를 걱정했지만 죄르지와 같은 아이들은 또래끼리 어울리며 시간을 무사히 보낼 수 있었다. 다시 기차를 탔고, 배를 옮겨 탔으며 행군을 거쳐 또 다른 벽돌 공장에 도착했다. 거기서 독일로 가기를 원하는 사람을 선발한 후에 다시 기차를 타고 헝가리 국경을 지나 목적지에 하차시켰다. 그곳엔 '아우슈비츠 비르케나우'라고 쓰여 있었다. 역에 내려 사람들이 웅성거리는 가운데 나이는 열여섯 살 이상이라고 대답해야 한다는 것과 쌍둥이가 있다는 말은 절대 해서는 안 된다는 것, 살기 위해선 각자 일을 해야 하고, 병이 있어 보여서는 안 된다는 말을 주워듣고 명심하게 되었다.

 죄르지가 마침내 의사 앞에서 신체검사를 받게 되었을 때 그는 실제보다 두 살을 더 보태어 열여섯 살이라고 대답했다. 의사는 벗은 상체만 관찰할 뿐이라 진찰 속도는 무척 빨랐다. 대열을 이뤄 신체검사를 받는 중에 몇몇은 부적합자로 분류되었다. 합격자들은 철조망으로 둘러친 목욕탕 입구에서 소지품을 모두 압류 당한 다음 이발사 앞에 다가갔다. 이발사는 익숙한 솜씨로 온몸의 털을 제거해버렸다. 그리고 갈색 비누를 한 장 쥐어주며 세 명씩 공동으로 사용하라고 했다. 그 후에는 옷을 배급받았다. 할아버지 시대에나 입었을 법한 푸른색 바탕에 흰 줄무늬가 있는 셔츠는 아무리 보아도 죄수복 같았다. 그들은 헛간처럼 보이는 커다란 목조건물로 들어갔다. 가시철조망이 쳐져 있는 담에 전기가 흐른다는 말을 듣고 죄르지는 놀랐다.

이윽고 스프가 나온다는 소문이 퍼지자 사람들의 얼굴에도 환희가 번졌다. 스프는 손잡이가 긴 원뿔국자로 법랑 접시에다 퍼 주었는데 수저가 부족해서 두 명당 하나씩 쓰라고 했다. 죄르지는 스프를 한 수저 떠먹고 도저히 더는 먹을 수 없었다. 다들 이상한 표정을 짓자 누군가 그것이 쐐기풀 스프라고 알려주었다. 헝가리 사람들에겐 낯선 음식이겠지만 그 안에 각종 영양소와 비타민이 들어 있기 때문에 적응하는 것이 좋을 것이라고 말했다. 이 쐐기풀 건조법에 대해선 독일인만큼 전문가가 없다고 하며 "수용소에서 첫 번째 규칙은 오늘 주는 것을 다 먹으라는 거야. 내일도 먹을 수 있을지 모르기 때문이지."라고 덧붙였다. 하지만 몇몇 어른들과 소년들이 수프를 막사 벽 아래쪽에 쏟아버리는 것을 보고 죄르지도 쏟아 버리고 말았다. 그 때 죄르지는 어떤 특이한 냄새 때문에 속이 거북했다. 그 냄새는 도로 끝의 공장 굴뚝에서 흘러나왔는데 사람들은 그것을 가죽공장이라고 불렀지만 화장터 굴뚝이란 사실을 나중에서야 알게 되었다. 그러니까 죄르지와 함께 열차를 타고 온 사람 중에서 신체검사에서 부적합 판정을 받은 이들, 임산부나 노인들, 어린아이와 그 엄마들이 죄르지의 눈앞에서 소각되고 있었던 것이다.

죄르지는 이튿날부터 쐐기풀 수프를 먹기 시작했고 사흘째부턴 기다리기조차 했다. 빵은 하루에 한 번씩만 주었기 때문에 셋째 날부터 배고픔의 고통을 알게 되었다.

죄르지는 다시 다른 곳으로 이송되어 동향 사람 번디 치트롬을 만나게 되었다. 그는 우크라이나에서 지뢰 철거 작업을 했었고 수용소에 오래 지냈으므로 죄르지에게 많은 걸 가르쳐 주었다. 예를 들어 수용소에서 가장 중요한 것은 자포자기하지 말아야 한다는 점과 빵을 아껴먹어야 한다는 것이었다. 항상 한 조각씩 남겨 놓아야만 먹을 것이 없다는 고통스러운 생각에서 벗어날 수 있다고 했다. 행진 중엔 중간이 안전하다는 점이나 수프를 받을 땐 뒤쪽으로 가야 걸쭉한 수프를 먹을 수 있다는 점 등이었다. 죄르지는 삶의 질서나 어떤 본보기, 말하자면 습관이 수용소보다 더 중요한 곳은 없다는 생각을 했다.

그는 수용소를 벗어나는 세 가지 방법을 알고 있다. 첫째는 자살하는 것이고 둘째는 탈출하는 것이며 셋째는 상상하는 것이다. 실제로 자살자가 한 둘씩 늘어나고 있었고 누군들 자살에 대한 유혹을 느끼지 않겠냐마는 죄르지의 경우 번디 치트롬이 곁에서 항상 만류했기 때문에 자살만은 피할 수 있었다. 그가 상상을 통해 현실의 고통을 잠시 잊는다고 해도 도저히 벗어날 수 없는 것이 하나 있었으니 그것이 바로 배고픔이었다. 물론 헝가리에 있었을 때도 배고픈 적이 있었다.

하지만 이렇게 장기간 지속적으로 배가 고픈 적은 없었다. 온몸이 어떤 구멍이나 공간으로 바뀌어 버린 듯했다. (..) 내가 나무나 쇠나 돌덩어리를 먹지 않은 것은 단지 씹거나 소화시킬 수 없기 때문이었다. 모래는 먹어본 적이 있다. 나는 풀을 보면 결코 망설이지 않았다. 하지만 유감스럽게도 이곳 수용소에서는 풀을 찾아보기 쉽지 않았다.

죄르지는 소 사료용 무도 기꺼이 먹었다. 그는 자신이 이토록 빨리 늙어버릴 것이라곤 상상도 못했다. 집에서라면 이렇게 늙으려면 50-60년이 걸릴 것 같았는데 여기서는 단지 석 달이면 충분했다. 하루는 시멘트 포대를 나르다가 죄르지가 한 포대 떨어뜨렸더니 값비싼 시멘트 가루가 바닥에 흩어지는 순간 감시인의 주먹이 날아들면서 죄르지를 때려눕힌 후 장화로 가슴을 밟은 채 손으로 목덜미를 잡고 얼굴을 땅으로 가져가 시멘트 가루를 핥게 만들었다.

"내가 본때를 보여주지! 이 더럽고 저급하고 저주받은 유대인놈!"

죄르지는 자신의 안에 있는 무언가가 치료가 불가능할 정도로 손상되었다고 느꼈다. 오른쪽 무릎이 빨갛게 부어 올랐지만 만사가 귀찮아진 죄르지는 수용소에 의무실이 있다는 사실을 알고도 가려고 하지 않았다. 결국 번디 치트롬이 죄르지를 진료소로 데려갔고 거기에서 마취도 없이 무릎에다 십자모양 칼집을 내더니 많은 고름을 짜냈다. 다음날 수용소 소속 병원으로 옮겨졌다. 그는 상처의 통증뿐 아니라 고열에 시달렸다. 의사는 죄르지의 상처를 보고 옆면도 절개해야 한다고 설명했다. 허벅다리와 종아리, 허리나 엉덩이, 심지어는 목 부위도 상처가 있었다. 의학용어로 '봉와직염'이라고 부르며 수용소에 흔한 병이라고 했다.

죄르지는 또 다른 곳으로 이송되었다. 며칠 후 죄르지는 왼쪽 엉덩이에 똑같은 염증이 나타나 또다시 절개술을 받아야 했다. 아무리 봐도 다시 수용소에서 일할 수 있을 것 같지 않자 조르지는 기차에 태워져 처음에 떠나온 부헨발트로 도로 이송되었다. 죄르지와 같은 상태의 환자들을 '시체'라고 불렀다. 죄르지가 옮겨진 곳은 외과병동이었고 그곳에선 한결 능숙한 솜씨로 치료해주었다. 다리와 엉덩이에 생긴 두 곳의 상처는 여전히 화끈거리고 속살이 드러나 있었지만 간신히 혼자 걸을 정도는 되었다.

그런데 수용소에 변화가 찾아왔다. 비행기 날아가는 소리와 폭격 소리가 자주 들려오고 한밤에 마이크를 통해 "화장터 소등!" 하는 지시가 다급하게 떨어지곤 했다. 나중엔 "나치 친위대 전 대원은 즉시 수용소를 떠나라!" 하는 지시가 들렸다. 다음날 새벽엔 이런 말이 흘러나왔다. "동료 여러분! 저는 총반장입니다. 우리는 자유의 몸이 되었습니다."

죄르지는 1년 만에 집으로 돌아갔다. 그의 모습은 마치 음탕과 환락에 빠져 나이에 비해 늙어 버린 노인과 같았다. 열차를 타고 부다페스트에 돌아왔을 때, 죄르지는 번디 치트롬의 집을 먼저 찾아갔다. 그의 어머니와 누나가 살고 있었지만 번디 치트롬의 소식을 전혀 알지 못했다. 아픈 다리를 이끌고 죄르지는 전차를 탔다. 하지만 표가 없다는 이유로 검표원에게 구박을 받았다. 한 남자가 친절하게 전차삯을 대신 지불하고 죄르지에게 여러 가지를 물었다. 강제 수용소를 다녀왔다는 사실이 호기심을 자극하는 것 같았다. 그는 수용소의 지옥 같은 생활을 설명해 달라고 했다. 죄르지는 모든 것을 시간이 해결해 주었다고 답했다.

시간을 때워야 하는 것으로 이해한다면 그건 오산이고 손해가 될 수도 있다고 말했다. 나는 강제 수용소에서 이미 4년이나 6년, 12년 된 죄수들을 본 적이 있다고 했다. 이 중 12년을 예를 들면 12년×365일×24시간, 다시 12년×365일×24시간×60분×60초처럼 모든 기간을 초 단

위로, 분 단위로, 시간 단위로, 날짜 단위로 보내야 했다고 말했다. 이렇게 시간을 보내는 것이 그들에게 도움이 되었을 것이고 만약 이 12년×365일×24시간×60분×60초의 시간이 그들 앞에 한꺼번에 닥쳤다면 아무도 육체적으로나 정신적으로나 견뎌내지 못했을 것이라고 설명했다.

그는 자신을 신문 기자라고 소개하더니 앞으로 자주 만나서 수용소에 대한 연재 기사를 쓰자고 제안했다. 그는 "이 일은 너만의 일이 아니야, 우리의 일이기도 하고 전 세계의 일이기도 해."라며 자신의 연락처를 적어 주었다. 죄르지는 그가 눈앞에서 사라지자마자 그 종이쪽지를 버렸다. 죄르지가 집에 찾아갔을 때 새엄마는 이사를 가고 없었다. 단지 이웃집 노인이 반겨주었다. 아버지가 노동 봉사 현장에서 사망하셨다는 소식을 듣고 새엄마는 예전에 아버지가 경영하시던 목재공장의 관리인과 재혼했다고 했다. 죄르지는 거리로 나와 친어머니를 찾아 나서며 작품의 끝을 맺었다.

헝가리에서 단지 유대인이란 이유로 강제 수용소에 끌려간 14세 소년 죄르지는 1년 만에 다리를 절뚝이며 귀가한다. 다리와 엉덩이에 생긴 봉와직염으로 마지막 몇 달간은 병원에서 생활한 것이 그나마 다행이었다. 수용소에 계속 있었더라면 노동과 굶주림으로 살아남지 못했을 것이다.

그의 다리에 생긴 봉와직염(蜂窩織炎, Cellulitis)은 봉소염 혹은 급성 결체 조직염, 연조직염 등 여러 가지 이름으로 부르는데 진피와 피하 조직에 생기는 급성 세균 감염증이다. 그 부위에 홍반, 열감, 부종, 통증이 있는 것이 특징이며, 대부분이 A군 용혈성 사슬알균(group A streptococcus)이나 황색 포도알균(Staphylococcus aureus)에 의해 발생한다.

감염 경로는 무좀 및 발가락 사이 짓무름에 의한 경우가 흔하다. 해파리에 쏘인 환자처럼 외상을 가진 경우나 궤양, 모낭염 등의 선행 감염, 알코올 중독, 마약 남용자, 당뇨병 환자 등에서 발생할 확률이 높다.

주로 다리에 생기며, 국소적으로 붉은 홍반, 압통이 있고 심한 오한, 발열이 있은 후에 홍반이 뚜렷해지면서 주위로 급격히 퍼진다. 만지면 열감이 있고 손가락으로 누르면 들어가고 압통과 통증이 있다. 그러나 병변의 경계부가 솟아오르지 않아 뚜렷하지는 않다. 표면에 작은 물집이 생기거나 가운데가 화농되어 단단한 결절처럼 되었다가 터져 고름이 나오기도 한다. 물집은 고령, 당뇨병 환자에서 많이 발생하고 그런 경우 치료 기간이 더 길어진다.

이 작품이 우리에게 고통스럽게 다가오는 이유는 작가 임레 케르케스가 아우슈비츠를 다녀왔으므로 대부분이 그의 경험담에 의거한 까닭이리라. 이 작품은 2002년 노벨 문학상을 수상했는데 기존의 홀로코스트 작품들이 강제 수용소의 참혹상이나 잔인함을 주로 그린 반면 주인공 죄르지는 강제 수용소의 상황을 마치 자신의 일이 아닌 양 담담하게 객관적으로 묘사하고 있는 점이 차별화된다고 평가하고 있다. 말하자면 작가가 《운명》을 쓴 의도는 아우슈비츠를 통해 사회적인 힘과 폭력이 개인의 종말을 강요하는 시대를 고발하려는 것이다. 하지만 기존의 작품과는 다르게 강제 수용소에서 경험하는 고통을 마치 남이 당하는 양 지극히 객관적으로 묘사하고 가해자인 독일 나치군을 긍정적으로 표현하기도 하며 종내는 강제 수용소 생활이 행복했다는 말을 함으로써 독자들을 더욱 괴롭게 만드는 것이다.

 이 작품이 주는 메시지는 우리 모두가 아우슈비츠의 공범이라는 것과 아우슈비츠의 사건이 특정 지역과 특정 시기에 일어난 과거의 사건이 아니라 지금도 여전히 자행되고 있는 현재진행형이라는 것이다.

 아우슈비츠를 경험한 여러 지식인들이 출감 후에 자살로 생을 마감한 것을 우리는 알고 있다. 장 아메리, 빅토르 프랭클, 타데우쉬 보로프스키, 파울 첼란, 프리모 레비 등이다. 수용소 당시의 기억과 불운한 자신의 운명을 감당할 수 없어서 자살을 택하는 것으로 이해하고 있다. 그런 반면 운명 따위는 없다고 주장하는 케르테스 임레는 모름지기 우리에게 살고자 하는 의지를 가져야 한다고 권하는 것이리라.

케르테스 임레 (Kertész Imre)

1929년 헝가리 수도 부다페스트의 유대인 집안에서 태어났다. 제2차 세계 대전 중이던 1944년에 아우슈비츠 강제 수용소에 수감되었다가 1945년에 부헨발트 강제 수용소에서 해방되었다. 1953년에 작가 겸 번역가로 활동하기 시작했으며 1975년에 자신의 첫 소설인 《운명 (Sorstalanság)》을 발표했다. 이것은 그의 아우슈비츠 수용소 체험을 바탕으로 한 자전적 소설이다.

1995년에 브란덴부르크 문학상을, 1997년에 라이프치히 서적상을 수상했으며 2002년에 노벨 문학상을 수상했다. 대표 작품으로 《좌절》《태어나지 않은 아이를 위한 기도》《청산》 등이 있다. 파킨슨병을 앓다가 오랜 투병 끝에 2016년 부다페스트 자택에서 별세했다.

아무려면 어떤가
모든 것이 은총이니

조르주 베르나노스 《어느 시골 신부의 일기》
위암

    프랑스 북부의 작은 마을 앙브리쿠르 본당에 젊은 신부가 새로 부임해 온다. 권태가 절망을 낳는 이 추한 세상이 가톨릭교 전체의 모습이라고 여기는 그는 다른 사제들과 생각이 많이 다르고 또 남들에게 이해받지 못한다. 마을은 아주 작지만 신도들과 소통이 어렵다. 신부는 얼굴색이 어둡고 몹시 말라 건강이 나빠 보이는데 포도주를 많이 마신다는 소문이 돈다. 도우미도 쓰지 못할 만큼 궁핍한데도 포도주는 사 마신다고 흉을 본다. 고통스런 위경련 때문에 달리 음식을 먹을 수 없어 오직 포도주만 마시는 걸 아무도 알지 못한다. 그의 곤궁한 모습에 이웃마을의 본당신부가 슬그머니 호주머니에 돈을 넣어줄 정도이다.
    하루는 마을 세력가 백작집의 가정교사 루이즈가 신부를 찾아와 눈물짓는다. 백작의 딸 샹딸이 자신을 모욕하고 하녀로 취급한다는 이유다. 신부는 하소연을 들어주고 위로해준다.

신부는 고해를 통해 신자들이 부당하게 부자가 된 경우를 알게 되고 돈 때문에 비뚤어진 사람들을 겪게 되어 돈에 대한 회의를 갖고 있다. 자신이 배운 신학과 현실은 확연히 다르다는 걸 느낀다. 신부는 점점 마음의 평정을 잃게 되어 한 번은 교리시간에 어느 학생 어깨에 얼굴을 대고 바보처럼 울기도 했다. 아이들은 교리시간에 장난만 치고 세라피타라는 소녀는 치마를 걷어 올려 보이는 장난을 하고 '신부님 애인'이란 편지를 성경책 속에 끼워 넣어 젊은 신부를 골탕 먹인다. 신부는 그녀에게 교리 시험을 치르지 못하게 하는데 이것이 마을 사람들과의 갈등을 더욱 불거지게 만들었다.

아픈 몸으로도 신부는 열심히 가정방문을 다니지만 '병속에 든 말벌처럼 설친다.'는 평가를 받는다. 신부가 청소년 스포츠 팀 창단을 공고했을 때 적어도 모집 인원이 15명쯤은 되리라 예상했건만 실제로 4명만 모여 실망하고 만다.

백작의 딸 샹딸이 찾아왔는데 가정교사 루이즈가 어머니를 설득해 자신을 수녀원으로 보내려한다고 분노에 차 있다. 성당 안에서 "그녀을 죽여 버릴 거예요."라는 말을 서슴지 않는 샹딸에게 신부는 경악한다. 어머니에 대해 거칠게 욕을 하는 그녀는 아버지 또한 사랑하지도 존경하지도 않았다. 그녀는 마귀의 손에 떨어진 영혼처럼 가족에 대한 증오를 보이며 파리에 가서 몸을 망치고 죽어버리겠다고 위협한다. 신부는 그녀를 만류하며 설득을 하던 중에 갑자기 명치에서 쇠꼬챙이로 찌르는 듯한 통증을 느낀다.

그는 기도를 할 수 없게 된다. 벌써 몇 주일째 기도를 드리지 못한다. 정녕 하느님께서 자신의 곁을 떠나셨다는 걸 그는 홀로 느끼고 있다.

다음날 신부는 샹딸의 집으로 찾아가 백작부인을 만나 새로운 사실들을 알게된다. 11년 전 생후 1년 6개월의 아들이 죽은 후부터 남편이나 딸과 사이가 더욱 나빠졌다는 것이다. 그때부터 슬픔에 빠진 백작부인 뿐 아니라 겉으론 평화로운 이 집의 내면에는 끔찍한 가족 간의 증오가 생겼다. 신부는 샹딸을 수녀원에 보내지 말라는 이야기를 하러 갔는데 백작부인의 완고함과 죽은 아들만 그리워하는 모습에 안쓰러워진다.

백작부인은 목에 언제나 걸고 있던 로켓(locket)에서 죽은 아들의 금발을 꺼내 벽난로 장작더미에 던져버린다. 신부는 놀라서 무릎을 꿇고 불속에 팔을 집어넣는다. 로켓을 제대로 꺼내지도 못했지만 신부의 옷소매가 팔꿈치까지 타고 손가락에서 피가 나며 물집들이 부풀어 오른다. 그녀는 손수건으로 싸매주며 미안해하며 둘 사이의 대화는 아무에게도 발설하지 않기로 다짐을 받는다. 그녀는 내일 고해를 하러 오겠다고 한다. 하지만 돌아오는 길에 신부는 백작부인의 편지를 받는다. 그녀는 지난 11년간 희망을 잃고 의도적으로 죄를 지었는데 오늘 신부를 만나 비로소 평화를 느낀다며 '다시는 영원히'라는 말로 마무리 했다. 신부는 편지 내용을 예사롭지 않게 생각하지만 설마 그것이 그녀의 최후일 줄은 몰랐다. 그 밤에 잠을 자다 백작부인이 침대에서 떨어져 사망했으니…….

많은 사람들이 신부 때문에 백작부인이 죽은 것으로 믿게 되었다. 참

사신부도 찾아와 그 둘이 무슨 이야기를 나누었는지 캐묻지만 신부는 비밀을 간직하기로 한 망자와의 약속을 지킨다. 백작도 성당까지 찾아와 물었지만 신부의 함구에 역정을 내다가 죽은 아내의 편지를 발견하고는 질투심에 화를 내며 돌아간다.

신부는 열정을 다해 마을 사람들을 보살피지만 그들은 신부를 경계하고 뒤에서 수군거린다. 그러던 중에 신부가 길에서 쓰러지는 일이 생긴다. 눈을 떠보니 한 소녀가 자신이 토한 피를 닦아주고 있었다. 그녀는 세라피타였다. 교태를 부린다는 이유로 교리문답 시험도 못 치르게 했건만 그녀는 마치 성녀처럼 신부를 돌봐준다. 이날 실신한 사건을 두고 샹딸은 마치 세라피타와 신부 사이에 모종의 사건이 있는 것처럼 소문을 낸다. 또한 백작의 딸 샹딸은 가정교사 루이즈에게 6개월 치의 급료도 주지 않은 채 내보내고 신부에 대한 악담을 퍼뜨린다.

잦은 토혈이 반복되자 신부는 릴에 가서 진찰을 받기로 결심한다. 짐을 싸던 중에 샹딸의 방문을 받는다. 그녀는 여전히 악에 받쳐 신부를 증오한다. 그녀의 어머니가 죽기 직전에 신부와 대화를 나누고 나서 표정이 부드러워졌던 그 일이 마뜩치 않다는 이유다. 신부의 마음을 알기 위해 그녀가 앙탈을 부리자 신부는 이렇게 대꾸한다.

"저는 생각하는 사람이 아닙니다. 당신이 내 안에서 보고 있는 것은 바로 당신 자신입니다. 마치 거울에 비춰보듯 말입니다. 그리고 당신의 운명도 아울러 보고 있고요."

신부는 릴에 가서 의사를 만난다. 의사는 오래 진찰을 하며 병세에 대해 상당히 비관적인 견해를 보인다. 일을 그만두는 것이 좋겠다는 충고와 함께 진통제를 처방해주고 일주일 후에 X-Ray를 찍자고 말한다. 신부는 황망하게 진료실을 나서다 처방전을 가져오지 않은 사실을 기억하고 되돌아선다. 이때 신부는 의사가 바지춤을 내리고 스스로 허벅지에 주사를 꽂는 장면을 목격한다. 의사는 민망한 표정을 지으며 "이놈만 있으면, 하느님 없이도 살 수 있답니다."라고 변명한다. 모르핀을 스스로 투약하는 그 의사 또한 림파종에 걸려 6개월 시한부 선고를 받았다는 것이다. 의사는 신부의 얼굴을 들여다보며 자신의 분신처럼 느껴진다고 말한다. 그는 의사와 사제가 각각 신학과 과학에 헌신한다는 점에서 단지 방향만 다를 뿐 동일하다고 한다. 그러면서 진실을 알려주겠노라며 신부의 병은 위암이 틀림없다고 확신한다. 복부 덩어리가 크고 대단히 부풀어 올랐고 왼쪽 쇄골 밑에 트뢰지에 결절이라는 확진적인 징후를 가졌다는 것이다. 신부는 망연자실 자리를 떠날 수 없다. 그는 기어이 의사 앞에서 눈물을 흘린다. 신부는 마음속으로 기도한다.

하느님, 저는 모든 것을 당신께 기꺼이 바치나이다. 다만 저는 제대로 바치는 방법을 몰라 마치 빼앗기는 것 같은 모습으로 바치나이다. 저의 최선은 가만히 있는 것이나이다. 저는 바칠 줄 모르오나 당신, 당신께서는 취하실 줄 아시기 때문입니다……. 하오나 한 번만은, 오직 한 번만이라도 저는 '당신'을 향해 너그러운 사람이 되었으면 하고 얼마나 소망하였던지요!

도시에서 머물 곳이 없었던 신부는 신학교 동창 뒤프레티를 찾아간다. 하지만 그 또한 형편이 어려웠고 폐병에 시달리고 있다. 친구의 어려운 처지를 보자 신부는 방문한 것을 후회한다. 그러나 친구의 집을 나서기도 전에 토혈을 하고 쓰러진다. 놀란 친구가 약을 사러 뛰어나간 사이 한 여인이 신부를 돌봐준다. 그녀는 뒤프레티와 요양원에서 알게 된 사이였는데 자신이 교육도 받지 못하고 신분이 낮은 점에서 혹여 뒤프레티에게 폐가 될까봐 청혼에 승낙하지 못한 채 고결한 사랑을 간직하고 있었다. 그녀는 능숙한 솜씨로 신부가 토한 피를 치워주고 편안히 돌봐준다. 신부는 이렇게 낮은 곳에 머문 여인이 가장 아름다운 영혼을 가진 사람이란 생각을 한다.

다음날 새벽 4시경에 신부는 다시 의식을 잃고 쓰러진다. 침대로 옮기자 잠깐 정신을 차리더니 묵주를 가슴 위에 그러잡고 친구에게 마지막 말을 남긴다.

"아무러면 어떤가? 모든 것이 은총인데."

이렇게 젊은 신부는 숨을 거두었다. 작가가 달리 이름조차 붙여주지 않아 그냥 신부라 불렀는데 아마도 그가 모든 신부를 대변한다는 의미에서 무명을 선택한 것으로 보인다. 나는 비록 신앙심이 없지만 신부의 일기를 읽는 동안 그의 신실함과 청빈함 그리고 내적 갈등의 고뇌가 무척 아프게 다가왔다. 후반부에 신부를 진찰한 의사가 자신도 림프암에 걸려 모르핀을 맞는 처지라며 신부를 향해 하는 말에 잠시 움찔했다. 그는 과학과 신학이 매우 유사하고 또 학문에 헌신하는 면에서 의사와 사제가 같다고 말했던 것이다. 하지만 나는 이 신부처럼 내 분야에 대해 깊은 고민을 하거나 처절한 갈등을 겪지 않으며 살았기 때문에 의학을 신학의 경지까지 끌어올려야 한다는 새로운 관점으로 작품을 읽을 수 있었다.

이 지독히도 가난하고 또 끔찍하게 아팠던 신부의 기록에서 위암의 경과를 잘 볼 수 있다. 그는 소화불량의 증상을 느낀 지 6개월 후부터 음식을 거의 먹을 수가 없어 오직 포도주에만 의지하고 산다. 그러다 마을의 의사를 찾아가자 즉각 도시의 병원을 소개해 준다. 그 의사는 진찰을 하자마자 신부의 병이 중환이란 걸 알았던 것이다. 그런데도 자꾸 미루다가 백작부인의 장례를 치른 후에 실신과 토혈을 겪고 나서야 간신히 릴로 향했다. 그곳의 의사는 사제라면 병명을 알 권리가 있다며 위암이란 사실을 알려준다. 1주일 후 엑스레이를 찍어 확진하자고 말했지만 신부는 채 이틀이 지나기도 전에 세상을 떠난다. 그의 유일한 친구에게 '모든 것이 은총'이라는 마지막 말을 남기고 눈을 감았다.

최초로 증상을 느꼈을 때부터 채 1년이 안되어 사망한 것이다. 일반적으로 위암은 이토록 급속한 경과를 보이지 않지만 혼자 삶을 꾸려가는 신부의 경우 치료는커녕 섭식도 제대로 하지 못했고 오직 포도주로 연명했던 점이 병을 급속히 악화시켰으리라 추측할 수 있다.

위암은 대개 위선암(gastric adenocarcinoma)을 말한다. 즉 위장 점막 조직의 세포가 암세포로 바뀌어 점차 증대하며 위벽을 관통하고 주위의 림프절로 옮겨간다.

일반적으로 초기에는 증상이 없는 경우가 대부분이며 경미한 소화불량이나 명치끝의 불편함 정도이므로 건강한 성인, 특히 장·노년층에서 소화와 관련된 증상이 생기면 반드시 검진을 받아야 한다. 암이 진행되면 입맛이 없어지고 체중이 감소하며, 상복부의 동통이나 불편감 또 팽만감을 호소하고, 전신이 쇠약해지며 의욕을 잃는다. 구역질도 흔히 동반되며 투약을 하더라도 좋아지질 않는다.

조기 위암은 적절히 치료할 경우 약 90% 완치를 기대할 수 있다. 최근 내시경을 이용한 정기 검진의 결과 조기 위암의 진단률이 높아졌다. 우리나라처럼 자극적인 음식을 먹는 식습관에 의해 위암 발생이 많은 나라에서는 40세 이후에는 증상이 없더라도 1~2년에 한 번씩 내시경 검사를 시행하는 것이 필요하며, 40세 이전이라도 소화기 증상이 있거나 가족 중 위암 환자가 있을 경우 위내시경 검사를 권장한다.

위암의 원인은 환경적인 요인과 유전적 요인으로 나누고 환경적인 요인 중 중요한 것은 헬리코박터균 감염, 저장기간이 오래된 신선하지 않은 음식, 염분이 많은 음식, 포장 가공된 육류제품이나 훈제육처럼 질산염이 많이 함유된 음식의 섭취 그리고 흡연이다. 다시 말해 위암을 예방하기 위해 절대적인 금연과 저염식, 신선한 음식을 먹도록 노력해야 한다. 결론적으로 위암의 증상은 상당히 모호하고 다른 질환과 감별이 힘들기 때문에 정기적인 위내시경 검사로 조기 발견과 조기 치료가 중요하며, 비록 암이 발생했다고 하더라도 적극적인 치료를 하면 완치할 가능성이 높으므로 끝까지 포기하지 말아야 한다.

조르주 베르나노스 (Georges Bernanos)

1888년 파리에서 태어나 소르본 대학에서 문학과 법학을 공부하였다. 병역을 면제 받았음에도 제1차 세계 대전에 최전선에 지원병으로 참전하여 수차례 부상을 당했다. 제대 후 보험회사에 취직하여 틈틈이 글을 쓰다 1926년 《사탄의 태양 아래》를 발표하여 문단의 각광을 받고 이때부터 전업 작가가 되었다. 생활고로 비교적 물가가 저렴한 스페인과 브라질 등지에서 살며 유럽의 정신적 위기를 비판하는 작품을 남겼다.

소설로는 《무셰트의 새로운 이야기》《기쁨》《악몽》《윈 씨》 등과 비평집 《진리의 스캔들》《우리들 프랑스인》《로봇에 대항하는 프랑스》 등이 있고 희곡 《갈멜 수녀의 대화》를 집필하였다. 1948년 간경변으로 프랑스에서 사망하였다.

딸의 영혼을
떠나보내며

| 이사벨 아옌데 《파울라》
| 포피리아증

    이사벨이 맏딸 파울라가 아프다는 전갈을 받고 미국에서부터 스페인 마드리드 딸의 신혼집에 찾아갔을 때 파울라는 열이 펄펄 끓고 있었다. 병원에 입원 시켰지만 파울라는 무섭게 토하고 발작을 시작했다. 안색은 잿빛에다 눈은 흰자위만 보이는 상태에서 숨도 쉬지 않고 온 몸을 축 늘어뜨렸다. 파울라는 중환자실로 옮겨졌다. 수혈을 받았지만 다시 발작이 심해져 진정제를 투여했으나 혼수상태에 빠져 깨어나지 않았다.

    파울라의 남편 에르네스트 뿐 아니라 칠레에 있던 친아버지와 외할머니, 캘리포니아에 있던 이사벨의 새 남편 등이 모두 파울라 곁에 모였다. 파울라의 심장은 멈추지 않았고 호흡도 지속되었다. 간병을 도맡은 이사벨은 딸이 깨어났을 때 읽게 되기를 염원하며 자신의 인생 이야기를 시작한다. 작가인 엄마가 쓴 가장 간곡한 글이자 이사벨 아옌데의

자서전인 셈이고 아마 이렇게 편지글을 쓰지 않았더라면 견뎌내지 못했을 시간이었으리라.

　이사벨은 페루의 수도 리마에서 태어났다. 부모님 모두 칠레인이었지만 영사였던 아버지가 페루에서 근무하는 동안 탄생한 것이다. 하지만 이사벨의 아버지는 당시 세간을 뒤흔들었던 동성애추문 사건과 연루되어 사라졌고 훗날 시체안치소에서 발견되었다. 아버지가 행방불명된 때 이사벨은 네 살이었다. 이사벨은 두 남동생과 함께 칠레 산티아고의 외갓집으로 보내졌다.
　아버지가 사라졌어도 당시엔 이혼제도가 없었으므로 결혼 무효 수속을 통해 어머니는 미혼모가 되었다. 하지만 이사벨의 어머니는 은행에 근무하며 라몬 아저씨와 재혼을 한다. 유부남인 그는 이미 네 자녀의 아버지였다. 그 또한 직업이 영사였으므로 이사벨의 가족은 새아버지를 따라 외국으로 나가게 된다. 볼리비아의 수도 라 파스 뿐 아니라 리비아를 비롯하여 레바논의 수도 베이루트에서 유년기를 지내며 남다른 시간을 보냈다. 그녀는 기후와 문화적 이질감 때문에 항상 외할아버지가 계신 칠레를 그리워했다.
　고등학교를 졸업하고 나서 대학에 진학하는 대신 고국으로 돌아와 채 열일곱 살이 되기도 전에 일을 시작했다. 처음엔 유엔 산하 단체에서 비서직을 수행했는데 타자를 치고 전화를 받고 커피를 접대하는 등의 단순한 일이었다. 하지만 우연히 텔레비전에 출연하고 영어 순정소설을 스페인어로 번역하는 일로 훗날 신문 기자가 될 기반을 닦을 수 있었고 유명인사가 되었다. 하지만 남편의 유학을 위해 유럽으로 가느라 방송출연은 그만 둘 수밖에 없었다. 그들은 스위스와 벨기에에서 주로 지냈는데 남편이 엔지니어링을 공부하는 동안 이사벨은 방송을 공부했다. 장학금을 받기 위해 서른 명의 아프리카 콩고 남학생들 사이에서 부대끼며 유일한 여학생으로서 고군분투했다.

유학을 마치고 1년간 유럽일주를 한 후에 칠레로 돌아왔을 때에 마침 살바도르 아옌데가 대통령 출마를 위해 선거 운동을 하고 있었다. 이름에서 알 수 있듯이 이사벨은 살바도르 아옌데의 조카이다. 비록 아버지 토마스 아옌데가 가출하여 행방불명 상태였지만 살바도르는 이사벨 가족을 보살펴주며 친밀하게 지냈다. 이사벨은 잡지사에 취직을 했고 주로 페미니즘을 주제로 기사를 썼다.

나는 다섯 살 코흘리개 꼬마였을 때부터 성차별을 느꼈단다. 내 동생들은 정원 포플러나무에 매달려 노는데, 나는 외갓집 마루에 앉아 엄마에게 뜨개질이나 배워야 했거든. 바늘에다 털실을 감으려고 해도 굼뜬 내 손가락들은 자꾸 코를 빠뜨리고, 실패는 엉키고, 정신을 집중하다보면 진땀이 흘러 나왔단다. 그때마다 엄마는 나에게 규수답게 다리를 모으고 앉거라 했단다. 나는 털실을 멀리 집어 던지고 그때부터 남자가 되기로 결심했단다. 그리고 남학생을 보고 첫눈에 반했던 열한 살까지 그 결심을 굳게 지켰단다.

파울라! 내가 네 나이었을 때 음료수에 암소들을 발정시키는 주사약을 탔을지 모르니 아무거나 마시지 말아라, 너를 외딴 곳으로 끌고 가 무슨 짓을 할지 모르니 남자 차에는 타지 말아라⋯ 등의 무시무시한 충고를 듣고는 잔뜩 겁에 질려 혼란의 늪 속에서 헤매고만 있었다. 내 남동생들은 집 밖에서 밤을 새우고 새벽에 술 냄새를 풀풀 풍기면서 들어와도 누구나 걱정하지 않고 아무 상관도 하지 않는 그런 이중적인 도덕관념에 대해 나는 처음부터 반기를 들었다.

새아버지는 남동생들만 데리고 자기네들끼리 방에 들어가 쑥덕거렸다. 그건 '남자들만의 일'로서 엄마와 나는 낄 수가 없는 거였다. 그들은 밤에 몰래 하녀 방에 들어가는 것도 당연하게 여겼으며 자기네끼리 그에 대해 농담을 하고 낄낄대기도 했다. 그건 남성우월주의일 뿐만 아니라 계급 착취도 되기 때문에 나는 기분이 언짢았다. 내가 만약 정원사를 침대로 불러들였다면 그건 보통 난리가 아니었을 거라는 생각을 했다.

이사벨은 칠레 사회의 성차별에 대한 특별한 의식을 갖고 글을 썼으므로 인기가 높았다. 당시 정치인들은 남자만 국민으로 생각하고 여자는 투표권이 있어도 국민으로 여기지 않았다. 그런 남성들의 성차별에 도전하듯 이사벨은 친구의 아파트를 밀애장소로 사용하는 세 여인에 대한 기사를 취재해서 썼더니 큰 반향이 일었다. 그 후에 텔레비전의 페미니스트 코미디 프로그램을 담당하였고 아동 잡지사에서도 일했다. 이사벨이 그토록 많은 일을 하면서 어떻게 가정을 돌보았는지에 대한 설명도 있다.

내가 집안일에다 아이들, 남편까지 돌볼 시간을 어떻게 낼 수 있었는지 나도 모르겠다. 대충 되는대로 꾸려갔지만 틈틈이 내 옷도 만들어 입었고 동화와 극작품들을 썼고 엄마하고도 계속 열심히 편지를 주고받았다. 남편 미카엘이 나를 사랑하는 것 같았고 나도 진정 그를 사랑했다. 그는 뭐든지 다 들어주는 아빠였지만 애들한테 약간 소홀한 점이 없잖아 있었다.

어쨌든 내가 책임지고 가족에게 상을 내리고 벌을 주었다. 아이들은 엄마가 맡아서 키우는 걸로 알고 있었거든. 내 페미니즘은 집안일을 나눠서 하자고 할 정도는 아니었다. 사실 그런 생각은 머릿속으로 스쳐 지나가지도 않았다. 여성 해방이란 세상 밖으로 나와 남자들이 하는 일을 하는 거지, 내가 해야 할 일을 그들이 맡아서 할 수도 있다고는 생각해 보질 못했거든. 그 결과 나는 너무나도 피곤했다. 오늘날 페미니스트 운동을 벌이는 수백만 우리 세대의 여자들도 마찬가지겠지.

살바도르 아옌데가 역사상 처음으로 민주주의 투표를 통해 맑시스트 대통령으로 선출된 것은 이사벨에게 반가운 일이었다. 그때 파블로 네루다가 프랑스 대사로 파리에 갔고 이사벨의 새아버지는 아르헨티나 대사로 임명되었다.

그러나 아옌데 정권이 외국 자본 하에 개발되던 칠레의 구리와 철, 초산염, 석탄 등을 국유화시키고 농지개혁을 단행하자 서민들의 지지는 받았으나 대농장 소유주들의 반발로 경제 혼란과 정치 테러가 극심해졌다. 생필품을 사기 위해 줄을 서야했고 식량이 없어 쩔쩔매었다.

살바도르 아옌데가 고결함, 직관, 용기, 카리스마를 갖춘 인물이었다고 해도 미국의 세력을 배후에 둔 아우구스토 피노체트 장군의 쿠데타를 막을 수는 없었다. 1973년 9월 11일 피노체트는 군사혁명을 일으켰고 아옌데는 대통령궁에서 살아 나오지 못했다. 이때부터 칠레는 피바다가 되었다. 군사위원회가 통행금지를 선포하여 군인들만 거리를 활보하고 다니면서 정치가, 신문기자, 지식인들, 좌파예술가들을 잡아들였고 노조 지도자들은 아무런 절차도 없이 총살당했다.

이사벨은 두 군데 잡지사에서 모두 일자리를 잃었다. 사회의 탄압은 더욱 심해졌지만 이사벨은 도주자들, 고문 받은 사람들, 은신할 데 없는 사람들을 도우며 시간을 보냈다. 목숨을 걸고 위험한 일들을 수행했지만 2년 후에 자신이 블랙리스트에 올라 있다는 걸 알고 난 후에는 더는 칠레에 머물러 있을 수가 없었다. 그 역시 아르헨티나 대사에서 쫓겨난 새아버지와 어머니가 망명 간 베네수엘라를 거처로 정했다. 수도 카라카스에 정착했지만 지극히 불행한 시간이었다. 일자리는 물론 없었고 할 일도 없었다. 아는 사람 하나 없는 아파트에 갇혀 있으니 갑갑하고 미칠 것만 같았다. 스스로 포로가 된 기분이었다. 남편 미카엘은 먼 밀림 속에 일자리를 구해 가족과 떨어져 지내게 되었다. 피노체트 정권이 바뀌면 곧 칠레로 돌아가리라 기대했지만 그 독재가 장장 17년이나 지속될 줄은 꿈에도 몰랐다.

그사이 이사벨이 기억하고 싶은 일이 하나 있다. 그건 새로운 사랑이 찾아온 것이었다. 이사벨처럼 망명을 택해 베네수엘라로 일자리를 찾아 온 아르헨티나 남자였다. 부에노스아이레스에 아내와 아이들을 두고 플루트와 기타 하나 들고 카라카스로 온 음악가였다. 그는 이사벨을 만난 후에 이혼을 하고 함께 스페인으로 떠나자고 종용했다. 그때 남편 미카엘이 파리로 출장을 가게 되는 일이 생겼다. 이사벨은 남편을 따라 파리에 갔다가 혼자 마드리드로 그 음악가를 찾아갔다. 하지만 남편 미카엘이 곧 사태를 파악하고 이사벨을 찾아왔기 때문에 음악가와의 밀애는 3일밖에 지속되지 못했다. 그들 부부는 무사히 베네수엘라로 돌아왔다. 그러나 이사벨은 다시 마드리드로 애인을 찾아갔고 일자리를 구하지 못한 애인은 쉽게 좌절하며 우울증에다 성격 파탄자라는 것을 알게 되었다. 3개월을 함께 보낸 후 더는 참을 수 없어 베네수엘라로 돌아왔다. 그녀 나이 37살의 실패한 사랑이었다.

베네수엘라에서 마침내 일자리를 얻었다. 학원에서 원장을 도와 학생들을 끌어 모으고 학부모들을 응대하는 일이었다. 나중에 학원을 학교로 전환시킬 만큼 성공적인 사업수완을 발휘하였다. 이 무렵에 이사벨은 소설을 쓰기 시작했다. 어머니가 원고 교정을 하고 출판사 찾는 일을 도맡았다. 마침내 스페인의 한 출판 에이전트에서 연락이 왔다. 그리고 스페인으로 초대받았다. 그녀의 첫 작품 《영혼의 집》은 이렇게 탄생한 것이다.

남편 미카엘은 사업이 부도났고 실직자가 되었다. 이사벨은 부부 문제의 탈출구를 찾기 위해 《사랑과 그림자에 대하여》를 집필하기 시작했다. 그녀의 작품들이 번역되어 유럽에서부터 차차 알려졌다. 그리고 《에바 루나》로 문학의 입지를 굳건히 하였다. 이사벨이 글을 쓰는 동안 미카엘은 좋지 않은 시기를 보냈고 둘 사이엔 공감대라곤 남질 않았다.

이사벨은 마흔 네 살에 이혼녀가 되었다. 하지만 새로운 사랑이 그녀를 기다리고 있었다. 미국에 문학 강연을 위해 갔을 때 그녀의 소설《사랑과 그림자에 대하여》에 매료된 한 독자가 그녀에게 다가왔다. 샌프란시스코에 사는 윌리라는 변호사이고 마약중독자 자식을 두어 명 둔 이혼남이었다. 이사벨은 그를 구제해주겠단 생각에 다가갔으나 결코 헤어질 수가 없게 되었다.

> 윌리가 방문을 닫고 우리 둘만 남아 서로를 포옹하기 전부터 나는 이미 이 만남이 여느 때의 만남과는 사뭇 다르다는 걸 예감했다. 처음에는 조심스럽게 포옹했지만, 좀 지나서는 번개처럼 휘몰아치는 야릇한 열정에 휩쓸려 격렬하게 포옹했다. 그날 밤 우리는 천천히, 진지하게 사랑을 나누었다.

그녀는 미국에 남아 캘리포니아 대학에서 작가 지망생들에게 글 쓰는 법을 가르치게 되었다. 자연스럽게 윌리와 재혼이 가능하게 된 것이었다.

마침내 칠레에 변화가 왔다. 피노체트가 국민투표에서 낙선이 된 것이었다. 이사벨은 윌리와 함께 떠나온 지 13년 만에 고국 땅을 밟았다. 그녀가 유럽에서 유명한 작가가 된 걸 안 칠레인들이 공항에서부터 환호했다. 승승장구하는 가운데 파울라의 발병 소식을 듣게 되었다. 정신없이 딸에게 달려가 보았지만 도와줄 수가 없었다.

이사벨은 파울라를 비행기에 태우고 20시간이 넘는 여행 끝에 샌프란시스코에 도착했다. 미국 병원에서 다시 검사를 해보았으나 뇌손상을 돌이킬 수는 없었다. 이사벨은 필요한 모든 의료 장비를 구비한 후 딸을 집에서 돌보기 시작했다. 간병인들도 여럿 구했고 정기적인 의사들의 왕진도 신청했으며 심령학자나 최면술사들, 점쟁이와 영매자들의 도움까지도 구했다. 누구보다 파울라의 발병을 슬퍼하던 사위 에르네스트도 직장을 미국으로 옮겨 파울라를 찾아왔지만 희망은 보이지 않았다. 온 가족은 합의를 했다. 더는 파울라를 잡지 말자고.

파울라가 1년 전 신혼여행을 갔을 때 미리 유서형식으로 써놓은 편지가 있었다. 그걸 개봉한 이사벨은 경악한다. 파울라는 자신의 죽음을 예상이라도 한 듯 이런 말을 남겼다.

> 나는 내 몸 속에 갇혀 있고 싶지 않아요. 이 육신에서 자유롭게 벗어난다면 내가 사랑하는 사람들과 더 가까이 있을 것 같아요. 그들이 다른 세상에 살고 있다 해도요. 내가 두고 떠나야 하는 사람들, 남편, 엄마, 동생, 할아버지, 할머니에게 느끼는 감정을 말로 다 설명하기 어려워요. 내가 여러분 모두를 기억하는 한 여러분도 나를 기억하리라는 걸 알아요. 나를 화장해서 재를 자연에 뿌려주었으면 좋겠어요…….

발병한 지 1년 만에 파울라는 어머니 곁을 떠났다. 이사벨은 침대 곁에서 딸에게 자신의 인생을 이야기하며 이 책을 썼다. 그리고 마지막은 이렇게 끝맺었다.

나는 공(쏯)이고 또 나는 존재하는 모든 것이기도 했다. 나는 숲속 나뭇잎 하나하나, 이슬 한 방울 한 방울, 물에 휩쓸려가는 재 하나하나에 깃들여 있다. 나는 파울라이면서 또 동시에 내 자신이기도 했다. 나는 무이고 이승과 저승에 있는 다른 모든 것, 불멸이었다. 안녕, 여자로서의 파울라여, 환영한다, 영혼으로서의 파울라여.

피가 빨간 이유는 적혈구 속 헤모글로빈의 색깔 때문이다. 헤모글로빈은 헴과 글로빈과 포르피린의 결합으로 만들어져 혈액내의 산소를 운반하는 일을 한다. 헴에 들어 있는 철분이 산소와 결합하는 것이다. 그런데 헴이 만들어지려면 철분 뿐 아니라 여덟 가지의 효소가 필요하다. 그 과정에서 하나라도 부족하면 포르피리아라는 병이 생긴다. 헤모글로빈이 만들어지는 대신에 여러 물질들이 쌓여서 빈혈 뿐 아니라 복통, 신경마비, 호흡 곤란, 구토 등의 증상을 일으키는 것이다. 부족한 효소에 따라 7가지 종류의 포르피리아가 있는데 원인은 유전성이므로 딱히 예방 할 방법은 없다.

이 병은 우리나라에는 매우 드물어서 주변의 여러 의사들에게 문의했으나 실제로 이런 환자를 본 적이 없다는 답이 돌아왔다. 교과서엔 상당한 분량의 내용을 차지하고 있지만 임상에서는 만나지 못하는 병도 많다. 하지만 이 작품에서처럼 명백히 인류에게 있는 병이고 한 방울의 피가 만들어지는 데에도 여러 가지 요소가 모여 정밀한 과정이 수

반되어야 한다는 걸 생각하게 된다. 특히 급성 복통으로 내원한 경우 혹시 포르피리아가 아닌지 반드시 감별해야 하므로 응급실에서는 이에 대한 소변검사를 필수적으로 하고 있다.

포르피리아를 일으키는 유전자 결함의 종류는 매우 다양하지만 증상은 비슷하다. 이들 증상은 사춘기 이후에 발현되며 여성에게 흔하다. 불안, 초조, 불면 등의 심리적 변화와 자율신경계 및 감각운동 신경계의 병증이 급격하게 발생한다. 구토와 변비가 동반되는 복통이 나타나고 등과 팔다리의 통증도 동반된다. 의식의 혼돈 및 경련이 나타날 수 있고 부정맥이 발생하여 심장정지가 일어날 수 있다.

피부병변은 보통 햇볕에 노출된 후에 과도하게 벗겨지거나 물집, 흉터 등이 생긴다. 얼굴에 색소침착이 있거나 털이 비정상적으로 많이 자라나기도 한다. 이런 피부변화와 햇볕을 피해야하는 특성 때문에 포르피리아를 '뱀파이어 증후군'이라는 섬뜩한 이름으로 부르기도 한다.

이 작품을 통해 이사벨 아옌데와 심정적으로 부쩍 가까워졌다. 더욱이 여성 작가로서 페미니즘을 일찍부터 칠레 사회에 선도했던 그녀의 용기에 존경을 보내며 나로서는 여성의 특성을 더 이해하도록 노력하는 산부인과 의사가 되어야겠다는 생각을 하는 계기가 되었다.

이사벨 아옌데 (Isabel Allende)

1942년 페루의 수도 리마에서 태어났다. 아버지가 외교관이었으나 일찍 헤어지게 되어 칠레로 돌아와 외가에서 성장했다. 어머니가 다른 외교관과 재혼함에 따라 세계 곳곳을 다니다가 17살 때부터는 산티아고에 정착하여 저널리스트로 활동했다. 그러나 삼촌인 살바도르 아옌데가 대통령에 선출되었다가 피노체트의 쿠데타로 실권하게 되자 이사벨 아옌데는 블랙리스트에 오르고 생명의 위협을 느낀다. 이에 온 가족이 1975년 베네수엘라로 망명길에 오른다. 그곳에서 직업을 얻지 못해 오랜 고생 끝에 작가의 길을 걷게 된다. 처녀작《영혼의 집》으로 세계적인 명성을 얻게 되어 이후《사랑과 그림자에 대하여》《에바 루나》《운명의 딸》《영원한 계획》등을 발표하며 라틴아메리카를 대표하는 작가로 자리매김하고 있다.

머릿속 형광등이
깜빡일 때

| 박완서 《환각의 나비》
| 알츠하이머병

영주는 맏딸이다. 아래로 여동생 영숙이와 남동생 영탁이가 있다. 동생들과는 열 살 이상 차이가 나고 막내 영탁이는 유복자이기 때문에 영주는 하숙을 치며 생계를 꾸리던 어머니를 일찍부터 도와야했다. '애비 없는 자식들'이란 소리를 듣지 않기 위해 어머니는 신경을 많이 썼고 영주는 동생들을 엄하게 단속했으므로 집안에서 영주의 위치는 아버지와 같았다.

국문학을 전공한 영주는 하숙집에서 만난 남학생과 결혼을 하고 중학교에서 교편을 잡았다. 후에 지도교수의 권유로 허난설헌에 대한 논문을 쓰고 박사가 되었는데 6년간이나 강사로 전전하다가 전임교수가 된 지는 몇 해 되지 않았다.

대전에 있는 대학에서 서울 둔촌동 집으로 차를 운전해 귀가하려는 날이었다. 차에는 늙은 호박 두 덩어리를 실어 놓았다. 손맛 좋은 어머니에게 호박범벅을 부탁드릴 요량이었다. 어렵게 주차를 하고 영주는 생각에 잠겨 있는데 갑자기 아들 충우가 와서 창군을 두드렸다. 영주는 아들이 산책을 나가는 줄 알고 대견하게 생각했다가 할머니를 찾으러 나왔다는 말에 식겁했다. 전에도 어머니가 가출하여 소동을 치른 사례가 있기 때문이었다.

영주네가 과천에서 둔촌동으로 이사 온 것은 2년 전인데 어머니는 건망증이 심해져서 아파트의 동과 호수를 잊어버리고 헤매는 일이 간혹 있었다. 하지만 어느 날인가는 작정을 하시고 보따리와 모아둔 용돈까지 가지고 집을 나가셨다.

동트기 전에 가출한 어머니는 자정이 되어서야 고속도로 순찰대가 찾아주었다. 영주를 기막히게 만든 건 어머니가 발견된 장소가 의왕터널이란 점이었다. 그것은 동생 영탁이네 집으로 가는 길을 의미했다.

예전에 하숙을 치던 넓은 집에서 영주네가 이사 한 곳은 과천 아파트였는데 그 때엔 어머니도 비교적 아파트 생활에 잘 적응하셨다. 얼마 후 과천에서 의왕까지 터널이 뚫렸는데 처음에 어머니는 터널을 못마땅해 하셨지만 동생이 터널 지나 새로 생긴 단지에 입주를 하자 그 터널의 존재를 좋아하셨다. 이렇게 어머니에게 의왕터널은 아들로 가는 길인데 하필 터널에서 어머니가 발견된 점이 영주를 몹시 불편하게 만들었다. 둔촌동에서 의왕터널까지 어떻게 가셨는지 모르지만 어머니의 발은 모두 짓물러서 한동안 고생을 하셨다.

그 사건 이후 영주는 어머니를 아들 영탁이네로 모셔가게 했다. 얼마나 아들이 그리우면 발이 짓무르도록 걸어서 찾아가셨을까 하는 분한 마음에서이기도 했고 엄연한 아들 놔두고 딸네집에 사는 어머니를 흉보는 이모들이 미워서이기도 했으며 무엇보다 딸자식보다는 아들을 선호하는 어머니의 소원을 풀어주고 싶어서였다.

영탁이는 어려서부터 어머니는 자신이 모시겠노라고 큰소리를 쳤건만 장가들고 나서부터는 아내의 눈치만 보고 있었다. 그래도 영탁이가 어머니를 모셔가기는 했는데 삼 개월 만에 다시 영주네 집으로 돌아오셨다. 아들집에 가서 어머니는 "나 과천에 갈란다. 과천에 데려다 다오."라는 말씀만 되풀이 하셨다. 그렇게 어머니는 여기 있으면 저기에 있고 싶고 저기에 있으면 여기로 가고 싶은 그런 증세를 날로 심하게 보이는 것이었다. 그런 어머니의 가출 시도가 이어지자 영탁이 댁은 어머니를 아파트에 가두어 놓는 장치를 설치했다. 처음에는 현관문에만 잠금장치를 더 달았는데 나중에는 어머니 방에 자물쇠를 달아 방문 밖으로도 나올 수 없게 만들었다. 그렇지 않으면 온 집안을 돌아다니며 서성거리므로 함께 살 수가 없다는 것이었다. 영주는 방에 감금된 어머니의 처지를 차마 볼 수 없어 다시 둔촌동 집으로 모셔왔다.

또 다시 의왕터널에 가셨으리란 영주의 추측은 들어맞지 않았다. 경찰에 신고를 하고 전단지를 뿌리고 방송에도 공개적인 협조를 구했다. 장난 전화에 당하는 일도 있었고 변사자 시체를 확인해야 하는 일도 몇 차례 겪었지만 어머니는 어디에도 계시지 않았다. 동생들은 영주를 원망하고 이모들도 어머니를 찾지 못하는 조카들을 향해 혀를 끌끌 찼다.

집안 살림은 뒷전이고 가정이 엉망이 되도록 어머니 찾아다니는 일에만 골몰한 지 반년이 되었을 때였다. 포스터를 수천 장이나 찍어 붙이러 다니고 노인 수용기관을 방문하는 것이 일상사가 된 영주는 서울 근교에서 차를 멈추었다. 무언가 그곳이 주는 느낌이 어릴 때 하숙을 치던 종암동 집과 유사했기 때문이다. 그곳은 한국전쟁 때 집주인이 부역을 하다 몰살을 당한 후 흉가로 남아 있다가 마금이란 아이가 처녀무당으로 행세하며 점집으로 자리 잡은 곳이었다. 영주는 거기에서 빨랫줄에 널린 어머니의 스웨터를 발견했다. 숨이 멎는 충격으로 집안에 들어가 보니 부처님 앞, 연등 아래 널찍한 마루에서 회색 승복을 입은 두 여인이 도란도란 더덕 껍질을 벗기고 있었다.

    더할 나위 없이 화해로운 분위기가 아지랑이처럼 두 여인 둘레에서 피어오르고 있었다. 몸집에 비해 큰 승복 때문에 그런지 어머니의 조그만 몸은 날개를 접고 쉬고 있는 큰 나비처럼 보였다. 아니아니 헐렁한 승복 때문만이 아니었다. 살아온 무게나 잔재를 완전히 털어버린 그 가벼움, 그 자유로움 때문이었다. 여지껏 누가 어머니를 그렇게 자유롭고 행복하게 해드린 적이 있었을까. 칠십을 훨씬 넘긴 노인이 저렇게 삶의 때가 안 낀 천진덩어리 일수가 있다니.

    영주는 그토록 찾던 어머니를 눈앞에 두고도 한 발자국도 앞으로 나가지 못했다.

작품은 이렇게 끝난다. 이후 어떻게 되었을까? 딸이 다시 모셔오면 어머니는 또 가출을 하시겠지. 포교원에서 평소의 손맛 좋은 솜씨로 아욱국을 끓이고 깔끔하게 빨래를 개키며 마금이와 평온하게 사실 수 있다면 구태여 모셔올 이유가 없지 않을까? 영주가 무사히 어머니를 발견했기 때문에 안도하며 책을 덮지만 나이듦과 치매에 대한 생각은 계속 무겁게 마음을 누른다.

노화의 일환으로 찾아오는 퇴행성 변화 중에 뇌질환을 알츠하이머병이라 분류한다. 치매 가운데 가장 흔한 경우로 1907년 독일의 정신과 의사 알츠하이머에 의해 처음 보고되었다.

이 병은 매우 서서히 발병하여 점진적으로 진행되는 경과가 특징이다. 가파르게 낭떠러지로 내려가는 것이 아니라 오르락내리락 하며 하행하는 등산길처럼 길고 지루한 과정을 겪는 것이다.

초기에는 주로 최근 일을 기억하지 못하다가 진행하면서 언어기능이나 판단력 등 다른 인지기능의 이상을 동반하고 결국에는 모든 일상생활 기능을 상실한다. 흔히 성격변화, 초조행동, 우울증, 망상, 환각, 공격성 증가, 수면장애 등의 정신행동 증상이 동반되며 말기에 이르면 경직, 보행이상 등의 신경학적 장애 또는 대소변 실금, 감염, 욕창 등 신체적인 합병증까지 나타나게 된다. 알츠하이머병의 호발 연령은 65세 이후나 40, 50대에서도 드물게 발생한다. 이 병의 정확한 발병 기전과 원인에 대해서는 정확히 알려져 있지않다. 현재 베타 아밀로이드(beta-amyloid)라는 작은 단백질이 과도하게 만들어져 뇌에 침착되면서 뇌 세포에 유해한 영향을 주는 것이라고 알려져 있다. 가족력과 유전적 영향도 원인으로 알려져 있지만 무엇보다 노화가 가장 큰 원인이다.

그러다보니 그에 대한 근본 치료방법도 막연하다. 근본적으로 노화를 막을 길이란 없기 때문이다. 그러나 몇몇 신경전달물질을 사용하는 것도 도움이 되고 치료제가 전혀 없는 것은 아니다.

암이나 염증처럼 장기가 손상되어 생명을 위협하는 다른 질병과는 달리 알츠하이머병에서 빈번하게 동반되는 망상, 우울, 불안, 초조, 수면장애, 공격성 등의 각종 문제행동 등 정신행동증상에 대한 치료가 매우 중요하다. 함께 사는 보호자들이 가장 큰 고통을 받는 것이 바로 이러한 문제행동 또는 정신행동증상이기 때문이다. 정신행동증상은 많은 경우 환자의 신체적 불편이나 불안정한 주위 환경이 원인이 된다. 따라서 통증이나 피로감, 변비, 약물 부작용 등으로 인한 신체적인 이상을 개선해주거나 시끄럽고 혼란스런 물리적 환경, 부정적이고 비판적인 간병인과 같은 정서적 환경 등 환자를 둘러싼 주변 환경 문제를 잘 파악하고 조절해 줌으로써 정신행동증상이 호전될 수도 있다.

나의 어머니의 경우는 요양사가 하루에 4시간씩 온 이후로 확연하게 좋아지셨는데 경험 많은 요양사가 어머니의 의도를 잘 간파하고 돌봐준 덕이라고 본다. 오늘날 요양사라는 전문직이 생긴 것도 핵가족시대에 가족과 같은 역할을 담당할 그 누군가가 필요하기 때문이리라. 자식으로서 후회를 남기지 않으려면 부모님의 상태가 어떠하던지 간에 마지막까지 잘 돌봐드려야 한다는 그런 다짐을 하게 하는 작품이었다.

박완서 (朴婉緖)

1931년 10월 20일 경기도 개풍에서 출생. 세 살 때 아버지를 여의고 어머니를 따라 서울로 이주하여 서울대학교 국문과에 입학했으나 한국전쟁으로 학업을 중단하게 됨.

1953년 결혼 후 오 남매를 기르며 전업주부로 지내다가 1970년 《여성동아》 장편소설 공모에 《나목》이 당선되어 등단하고 이때부터 유수한 작품을 집필했다.

1981년 《엄마의 말뚝2》로 이상 문학상, 1993년 《꿈꾸는 인큐베이터로》 현대문학상, 1994년 《나의 가장 나종 지니인 것》으로 동인문학상, 1999년 《너무도 쓸쓸한 당신》으로 만해문학상, 2001년 《그리움을 위하여》로 황순원문학상 수상했다.

주요 작품 가운데 장편소설로는 《그해 겨울은 따뜻했네》《미망》《그 많던 싱아는 누가 다 먹었을까》《그 남자네 집》 등이 있고 산문집으로는 《꼴찌에게 보내는 갈채》《살아있는 날의 소망》《나는 왜 작은 일에만 분개하는가》《어른노릇 사람노릇》 등이 있다.

2011년 1월 22일 담낭암으로 사망.

약물의 위험성

| 스와보미르 므로제크 〈미망인들〉
| 약물 부작용

무대 위에 3개의 테이블이 있다. 좌우의 테이블에는 의자가 두 개씩 있고 가운데 테이블에는 의자가 하나 놓여 있다. 두 여인이 좌우의 서로 다른 테이블에 앉아있다. 둘 다 검은 모자와 검은 베일을 쓰고 있다.

    미망인 1: 당신도... 미망인이군요?
    미망인 2: 물론이죠, 보시다시피...

두 사람은 각자 같은 처지를 하소연하다가 서로의 남편들이 오늘 아침에 같은 이유로 죽었다는 것을 알게 된다. 말로는 독감이라든가 소화불량 때문이라고 하지만 결투를 하다 칼에 찔린 상처 때문에 집에 돌아와 절명한 것이다.

카페의 웨이터는 이 두 여인을 잘 알고 있다. 왜냐하면 이 두 여인은 서로 다른 시간에 남자와 함께 이곳에 들르는 단골이었기 때문이다. 오늘은 두 남자가 서로 결투를 벌이기 때문에 약속시간에 오지 못하게 되었다는 쪽지를 웨이터에게 맡겨 두었다. 쪽지를 읽어보고 나서 두 여인은 잠시 기절을 한다. 왜냐하면 서로의 애인이 바로 앞에 앉은 여자의 남편인 사실을 알게 되었기 때문이다. 또 죽은 남편의 소지품을 정리하다 발견한 숨겨놓은 여인의 사진이 바로 눈앞의 여자와 일치한다는 것을 떠올린다. 그러면서 둘은 말싸움을 벌인다. 자신이 상대에게 더 사랑받은 존재라고 주장하는 것이다. 너는 그렇게 뚱뚱하니까 네 남편은 나처럼 날씬한 여자를 사랑할 수밖에 없었다는 식의 논리를 편다.

> 미망인 1: 어쩌나? 당신 같은 말라깽이에겐 살집이 좀 필요할 것 같은데…? 적어도 그 자글자글한 주름살에는 지방이 꽤 유용할 텐데요? 그나저나 내 남편이 이런 쭈그러진 바가지를 좋아하는지 미처 몰랐네요.
> 미망인 2: 얼마나 좋아했다구요? 좋아하구 말구요.

그 때 제3의 여인이 카페에 들어와 가운데 테이블에 앉는다. 검은 장갑에다 검은 깃털로 장식한 검은 모자, 발목까지 치렁치렁 내려오는 긴 소매의 검은 드레스로 미루어 그녀 또한 누군가를 애도한다는 걸 알 수 있다. 사실 그녀는 두 남자를 다 애도하는 중이다. 바로 그녀가 두 남자의 결투를 야기 시킨 장본인이다. 이를 알게 된 두 여인은 제3의 여인에게 살금살금 다가가 베일을 확 들춰 올린다. 얼마나 예쁘기에 자신들의 남편과 애인이 그녀 때문에 결투를 벌인 것인지 확인하려는 것이다. 하지만 둘은 무척 놀란다. 창백한 해골, 즉 '죽음의 화신'의 모습을 본 것이다. 두 여인은 갑자기 사이가 좋아져 서로를 언니, 동생이라 부르며 서둘러 카페를 떠난다.

> 미망인 1: 남자란 정말 불가사의한 존재야.
> 미망인 2: 네 맞아요, 이해할 수 없는 족속이에요. 그들이 진짜로 좋아하는 게 뭔지 도무지 알 수가 없으니, 원...
> 미망인 1: 그래, 어쩜 사랑에 빠져도 하필 저런 상대랑...

두 여인이 어깨동무를 하고 나간 후 카페에서 새로운 에피소드가 시작된다. 무대에는 남자1 혼자 있다. 그는 가운데 테이블에 앉아 유리물병을 두드려가며 웨이터를 부른다. 그리고 큰 소리로 맥주를 주문한다. 하지만 웨이터는 가져다 줄 수 없다고 답한다. 그 이유는 남자1이 앉은 가운데 테이블이 이미 누군가에 의해 예약되었기 때문이라고 한다. 남자1은 이런 대우가 마땅치 않아 역정을 내며 대체 어떤 인물이 예약한 것인지 알아내려고 한다. 웨이터는 남자1에게 가운데 테이블은 치명적으로 위험한 자리라고 충고하지만 남자1은 귀담아 들으려 하지 않는다. 그는 공중전화로 다가가 전화 거는 동작을 반복한다. 그때 남자2가 등장한다. 프릴 달린 흰 와이셔츠에 화려한 조끼를 입은 그 남자도 다짜고짜 가운데 테이블에 앉으려 한다. 웨이터가 좌우의 테이블을 권해도 막무가내로 가운데 자리를 고집한다. 그에 따르면 중심의 자리는 독보적인 중요성을 가지고 있고 나머지 테이블은 얼마든지 대체할 수 있는 들러리에 불과하다는 것이다. 그는 기어이 가운데 테이블에 앉고서는 샴페인을 주문한다. 그리고 발레리안도 가져다 달라고 한다.

    웨이터: 죄송합니다만... 뭐라고 하셨죠?
    남자 2: 쥐오줌풀 뿌리로 만든 진정제 말이네. 거 왜, 심장질환에 복용하는 물약 있잖나.
    웨이터: 어디 불편하신가요?
    남자 2: 컨디션은 좋네. 하지만 알코올은 내 건강에 해롭거든.
    웨이터: 그렇다면 발레리안만 주문하시는 게 어떠신지...?

  남자2가 그 말에 대꾸하지 않고 웨이터를 쳐다만 보았으므로 웨이터는 샴페인과 발레리안을 함께 마시는 것은 치명적인 거라 생각하면서도 어쩌지 못한다.

  그동안 전화 거는 시늉을 하던 남자1이 돌아와 자신의 자리를 꿰찬 남자2를 노려본다. 남자1은 남자2가 좌석을 예약한 '중요한 인물'이라고 오해한 것이다. 남자2는 남자1의 무례한 언사에 대꾸하지 않는다. 게다가 웨이터가 가져다 준 맥주와 컵을 오른쪽 테이블 위로 옮겨다 놓을 만큼 남자1과 상대하고 싶어 하지 않는다. 그러는 사이 죽음의 화신인 아까 그 여인이 카페에 들어온다. 남자2가 그녀를 반긴다. 웨이터는 그녀를 발견하자 급히 가운데 테이블을 치우며 그녀를 배려한다. 그는 얼음 통에 국화를 꽂아 그녀에게 바치며 "최선을 다해 모시겠습니다. 언제까지나 영원토록…"이라고 말한다. 남자1은 오른쪽 테이블에 앉아 맥주를 병째 마시며 여인을 주시하고 있다. 남자2는 웨이터를 불러 발레리안을 재촉한다. 남자1이 마침내 자리에서 일어나 여인에게 다가간다. 그는 언젠가 자신이 사업상 친구를 만나기 위해 한적한 동물원에 갔을 때 그녀를 보았노라고 말한다. 그때 동물원의 악어가 자신을 유심히 쳐다보는 것이 마음에 들지 않아 악어의 아가리를 붙잡고 두 토막을 냈는데 그때 그녀가 건너편에 있었다는 것이다. 남자2는 샴페인 반잔에다 발레리안을 한 방울도 남김없이 섞어 반쯤 마신다. 남자1은 숙녀가 자신의 말에 조금도 반응하지 않는 것을 서운해 한다.

이번엔 남자2가 숙녀에게 다가가 자신을 어필하기 시작한다. 그 또한 동물원을 혼자 배회하고 있을 때 죽은 새를 발견한 적이 있었는데 그 순간 건너편에 그녀가 있었다는 것이다. 비톤 남자1의 경우처럼 악어를 손으로 가르는 영웅적인 행동이 아니었으므로 특별하다 할 수 없지만 남자2로서는 그녀를 그 자리에서 보았다는 기억이 매우 강렬했다고 말한다.

그때에 웨이터는 예약된 연회손님이 밀어 닥칠 거라며 테이블을 정리한다. 세 개의 테이블을 모아 검은 천을 씌운 후에 카페에 있던 손님들을 한 곳으로 모은다. 숙녀를 가운데 두고 남자1과 남자2가 앉는다. 남자2가 계속 말을 한다. 그는 동물원의 죽은 새 앞에서 그녀를 처음 만난 이후 언젠가 다시 만날 것이란 희망의 끈을 놓지 않았다는 것이다. 남자1도 자신의 뜻을 밝힌다. 이 숙녀와 결혼을 하겠다는 소리다. 하지만 남자1은 갑자기 자신이 기혼남이란 생각이 떠올라 우울해져 버린다. 그는 지난 2년간 집을 비우고 여행을 다니다 오늘 돌아와 집에다 전화를 하고 싶었던 참이다. 하지만 동전이 없다. 웨이터에게 동전을 달라고 하지만 전화는 이미 고장이 난 상태란 대답이 돌아온다. 남자1과 남자2가 숙녀를 사이에 두고 힘겨루기를 하는 사이 웨이터도 한 몫을 한다. 자신도 동물원에 가기를 좋아하는데 그것은 마약 판매상인 남자1과 같은 이유도 아니고 우울증 환자인 남자2와도 다르게 자신은 순전히 동물들을 좋아했기 때문에 가는 것이라고 말한다.

그때 카페에 음악소리가 들리고 남자2가 숙녀에게 춤을 청한다. 둘이 춤을 추는 동안 남자1은 안절부절 하지 못하고 여자는 남자2를 홀로 두고 남자1에게 춤을 청한다. 실랑이 끝에 남자1이 남자2의 목덜미를 휘어잡고 쓰러뜨린다. 둘이 싸우는 동안 웨이터가 양손에 칼을 들고 나온다. 차라리 결투를 하라고 권하는 것이다. 둘은 펜싱 자세를 취하고 싸우던 중 남자1이 훨씬 유리했음에도 불구하고 갑자기 넘어져 바닥에 머리를 부딪친다. 순간 음악이 멈추고 곧 그의 죽음을 확인하게 된다. 웨이터가 말한다. 가운데 테이블에 앉지 말라고 한 경고를 무시했기 때문에 생긴 결과라고…….

결투하는 동안 여인은 가버렸고 웨이터는 "그녀는 언제나 돌아왔습니다."라고 말한다. 웨이터가 카페를 정리하면서 남자1의 시체를 옮기려고 한다. 남자2에게 도움을 청하자 남자1의 다리를 들었던 남자2가 갑자기 자신의 심장을 움켜쥐고 소리도 지르지 못한 채 휘청거리다 고꾸라진다. 웨이터가 말한다.

"샴페인과 발레리안…… 만일 이 자리에 어린아이가 있다면, 저는 틀림없이 이렇게 말했을 겁니다. '얘야, 똑똑히 보렴. 나쁜 결과를 통해서도 얼마든지 뭔가를 배우고 깨우칠 수 있단다. 기억하려무나. 술을 마실 땐 절대로 약을 복용해서는 안 된단다!'"

가운데 자리에 앉지 말라는 충고를 어겼던 두 남자는 가고 잠시 후 웨이터는 돌아온 숙녀에게 정중하게 인사를 한다.

이렇게 해서 폴란드 '드라마의 아버지'로 불리는 스와보미르 므로제크의 《미망인들》의 막이 내렸다. 현대극인 만큼 난해한 면이 없진 않지만 시종일관 작품을 꿰뚫는 화두는 '죽음'이라는 것을 알 수 있다. 작품 속에는 다양한 죽음의 모습이 언급된다. 우리 인간은 저마다 치열하게 살고 있지만 죽음이 어떻게 삶을 지배하는지를 명확히 보여줌으로써 삶과 죽음이 마치 외투의 안과 밖처럼 공존하고 있음을 말하려는 것이리라.

이제 남자1과 남자2가 죽었으니 또 다른 미망인1과 미망인2가 출현할 것이고 그녀들이 이 카페에 찾아와 죽음을 증언할 것을 예상할 수 있다. 말하자면 삶과 죽음이 순환 공식을 가지고 반복된다는 것과 탄생과 동시에 죽음을 피할 수 없다는 인간의 보편적 상황을 보여주는 것이다. 그래서 마지막으로 다시 숙녀가 카페로 돌아오며 작품이 끝났다.

그런 와중에 술에다 약물 발레리안을 타먹고 죽음을 맞이하는 남자2

의 정황은 다소 어이가 없다. 술을 먹어 건강이 안 좋아지기 때문에 심장에 좋은 발레리안을 섞어 먹겠다는 그의 의도는 틀린 말이 아닌 것 같지만 웨이터의 대사처럼 술과 약을 함께 먹는 것은 청산가리와 같다지 않은가.

알코올은 일차적으로 간에서 대사되기 때문에 간염을 일으키고 지방간과 간경화증을 초래한다는 것은 널리 알려진 사실이다. 여기에서 남자2가 샴페인 반잔에 발레리안을 타먹은 이유로 사망했다는데 이 경우에는 간기능의 악화 때문은 아닐 것이다. 그러려면 시간이 많이 필요하기 때문이다. 그보다는 알코올이 몸의 자제력을 억제시키는데다가 진정작용이 있는 발레리안이 복합되어 호흡마비를 일으켰을 것으로 추정해 볼 수 있다. 그래서 과거에는 술에다 수면제를 타먹고 자살을 시도했던 일이 더러 있었다. 다행이 최근에는 수면제의 안정성이 보강되어 다량 먹어도 죽지 않는 것으로 알려져 있다.

발레리안이란 이름의 약은 우리말로 쥐오줌풀이라고 부르는데 그 이유는 약간 지린내가 나기 때문이라고 한다. 하지만 16세기에는 그 꽃을 원료로 향수를 만들기도 했다는데 특히 그 뿌리는 불안 해소, 신경과민과 불면증에 효과가 있다고 알려져 있다. 일찍이 히포크라테스도 언급한 바 있고 갈렌도 수면제로 사용했다고 한다. 외국소설을 읽다보면 예를 들어 플로베르의 《보바리 부인》이나 안톤 체호프의 단편소설 가운데 쥐오줌풀이 신경안정제로 쓰이는 장면이 나온다. 지금처럼 약물의 성분이 잘 밝혀지지 않은 오래 전부터도 쥐오줌풀의 안정효과는 인정받았던 것 같다.

무심코 먹은 술과 약이 사망을 초래한 이 작품을 읽은 사람이라면 앞으로 약물 복용을 조심할 것이라 예상한다. 사실 건강하게 살기 위해서 약이란 먹지 않으면 않을수록 좋을 것이다. 더욱이 건강을 위해 보약이나 건강식품을 챙겨 먹기 보다는 규칙적인 생활, 식이요법, 꾸준한 운동을 권하고 싶다.

스와보미르 므로제크 (Sławomir Mrożek)

1930년 크라쿠프 근교의 소도시 보젱치나(Borzęcina)에서 태어나 야기엘론스키 대학교에서 건축과 회화를 공부했다.

크라쿠프에서 발간되는 대표적인 일간지 〈드지에니크 폴스키(Dziennik Polski)〉에서 기자로 활동하는 동안 풍자적인 칼럼을 기고하면서 익살스런 삽화를 곁들여 세간의 주목을 끌었다. 칼럼과 단편소설을 모은 첫 창작집 《코끼리》(1957)를 출간하여 평단과 독자들로부터 호평을 받으며 폴란드가 가장 사랑하는 작가로 자리매김했다.

1963년 폴란드 사회주의 정부와의 마찰 때문에 해외로 망명을 택해 이탈리아, 프랑스와 미국, 독일, 멕시코 등에서 거주했다. 1996년 폴란드로 귀국했다가 2008년 다시 프랑스로 돌아갔고 2013년 83세의 나이로 니스에서 영면했다.

대표작으로 《경찰》 《대사》 《이민자들》 《탱고》 《스트립티즈》 《바다 한가운데서》 등이 있다.

사찰과
감시의 세상

조지 오웰《1984》
정맥류성 궤양

　주인공은 윈스턴 스미스, 39살이고 결혼을 했으나 아내의 행방은 모른다. 3차 세계대전이 끝난 시점인 현재 런던에서 살고 있다. 세계는 오세아니아와 유라시아, 동아시아 이렇게 3개의 초강대국으로 나뉘어져 있는데 우습게도 이 세 국가들은 계속 전쟁을 하고 있다. 두 국가가 동맹을 맺어 한 국가를 공격하다가 동맹을 깨고 다음에는 다른 국가와 동맹을 맺어 한 국가를 공격하는 방식을 취함으로서 전쟁을 매개로 국민을 통치하는 것이다. 표면적으로는 전쟁을 벌이고 있지만 소규모에 지나지 않는 국지전으로서 다만 전쟁 중이라는 위기의식을 국민에게 심어주고 있는 것이다.

　오른쪽 발목에 정맥류성 궤양을 앓고 있는 윈스턴은 아파트 7층까지 오르기 위해 몇 차례나 도중에 쉬어야 했다. 복도 끝에는 커다란 얼굴이 그려진 거대한 컬러 포스터가 붙어있다. 덥수룩한 검은 수염이 달린 얼굴 아래에는 '빅 브라더가 당신을 주시하고 있다.'라는 글이 적혀 있다. 윈스턴은 계단을 오르는 내내 층계마다 붙은 빅 브라더의 시선을 느껴야 했다.

방에 들어서자 낭랑한 목소리가 들린다. 당에서 보내는 그 소리는 벽에 붙은 금속판에서 흘러나온다. '텔레스크린'이라 부르는 이 금속판은 수신과 송신을 동시에 하는 감시 기계이다.

> 이 기계는 윈스턴이 내는 소리가 아무리 작아도 낱낱이 포착한다. 더욱이 그가 이 금속판의 시계(視界)안에 들어 있는 한, 그의 일거일동은 다 보이고 들린다. 물론 언제 감시를 받고 있는지 알 수는 없다. 사상경찰이 개개인에 대한 감시를 얼마나 자주, 그리고 어떤 방법으로 행하는지는 단지 추측만 할 수 있을 뿐이다. 어쩌면 사상경찰이 항상 모든 사람을 감시한다고 볼 수도 있을 것이다. 그래서 사람들은 자신이 내는 소리가 모두 도청을 당하고, 캄캄한 때 외에는 동작 하나하나까지 감시당하고 있다는 생각을 하며 살았는데 어느새 그런 삶에 익숙해졌다.

창밖을 내다보니 쉬파리처럼 창문을 통해 사람들을 엿보는 사상경찰의 헬리콥터가 날아간다. 또 건물마다 우아한 필체로 쓰인 세 가지 슬로건이 보인다. '전쟁은 평화, 자유는 예속, 무지는 힘' 이렇게 터무니없는 반어법으로 국민을 통치하는 이 나라의 정부기관은 네 개의 청사로 이루어져 있다. 즉 보도·연예·교육 및 예술을 관장하는 진리부와 전쟁을 관장하는 평화부, 법과 질서를 유지하는 애정부, 경제를 책임지는 풍요부이다. 윈스턴은 진리부에서 일하고 있다. 주요 업무는 과거의 신문 기사를 조작하고 수정해서 당의 실책을 가리는 것이다.

윈스턴과 같은 외부당원들은 곤궁하기 짝이 없는데도 월급에서 4분의 1을 의연금으로 내놓아야 한다. 노동자들은 당으로부터 동물 취급을 받지만 다행히 사상 통제에서 열외대상이다. 반면에 외부당원들은 얼굴 표정 하나만으로도 표정죄(Facecrime)에 의해 목숨이 왔다갔다 한다. 반면에 정치나 정부 상황에 관심을 갖지 않고 생각 없이 사는 노동자는 자유로울 수 있는 것이다.

윈스턴은 오늘부터 일기를 쓰기로 결심한다. 4월 4일, 첫 일기에 그는 어제 영화관에서 보았던 잔악한 장면으로 노트를 채워나간다.

그것은 오전에 회사에서 '2분간의 증오' 시간에 생긴 일이었다. '2분간의 증오'란 회사 직원들을 모아 놓고 텔레스크린에 인민의 적인 임마누엘 골드스타인의 얼굴을 띄우면 그를 보는 사람들은 증오를 표현하는 행사이다. 빅 브라더에 대항한 최초의 반역자이자 당의 순수성을 모독한 인물인 골드스타인이 등장하면 사람들은 펄쩍펄쩍 뛰면서 고래고래 소리를 지른다.

오늘 이 시간에 윈스턴은 두 명과 눈이 마주쳤다. 하나는 외부당원 줄리아다. 진리부 창작국 포르노과에서 일하는 여성으로서 윈스턴과 눈길이 마주쳤을 때 모종의 반짝임이 일었다. 하지만 윈스턴은 그녀를 사상경찰이나 내부당의 끄나풀로 생각했다.

또 다른 사람은 내부당원 오브라이언이다. 내부당원이란 뭔가 대단히 중요하면서도 은밀한 지위에 있는 인물이다. 오브라이언은 몸집이 크고 건장했다, 얼굴에 주름살이 많아서 언뜻 보기에는 투박하고 못생긴 편이지만 언제나 침착함을 유지하는 포커페이스 때문에 지적이면서도 세련되며 냉철한 카리스마를 발산한다. 윈스턴은 오래전부터 오브라이언에게 왠지 모를 호감과 신뢰감을 느껴왔다.

그를 마주하는 순간 '나는 당신 편이오, 당신이 뭘 생각하고 있는지 나는 다 알고 있소. 또 당신이 뭘 경멸하고 증오하며 혐오하는지도 다 알고 말이오. 하지만 걱정하지 마시오. 나는 당신 편이니까!'라고 말하는 것만 같았다. 그 눈빛 때문에 윈스턴은 오브라이언이 고위 당원이지만 실제로는 자신처럼 체제에 반대하는 사상을 가지고 있고 빅 브라더를 배반하고 골드스타인을 추종하는 지하 형제단원이 아닐까 하는 생각을 어렴풋이 가지게 되었다.

하루 동안의 일을 반추하며 윈스턴은 일기를 계속 쓰다가 저도 모르게 같은 글을 되풀이해서 쓴다.

빅 브라더를 타도하라
빅 브라더를 타도하라

텔레스크린이 자신의 일기를 볼 수도 있는데 윈스턴은 감출 생각도 하지 않는다. 사상죄는 발각되거나 아니거나 머릿속에 있었다는 죄목만으로도 호적에서 이름을 지우고 그가 존재했던 모든 기록을 없앨만한 일이다. 세상으로부터 완전히 잊히도록 하기 때문에 이를 '증발되었다'고 말한다. 윈스턴은 이미 모든 걸 다 각오하고 있다.

며칠 후 윈스턴은 회사에서 화장실에 가는 길에 줄리아와 맞부딪친다. 그런데 줄리아가 윈스턴 앞에서 불현듯 쓰러져 버리는 게 아닌가! 윈스턴이 팔을 내밀어 그녀를 잡아 일으키자 그녀는 아무 일 없다는 듯이 유유히 갔는데 윈스턴의 손바닥엔 쪽지가 남겨져 있고 거기에는 '당신을 사랑합니다.'라고 적혀 있다. 윈스턴은 놀란 심장을 진정시키는데 많은 에너지를 할애해야 했다. 그녀에게 접근할 방법을 찾지 못해 애쓰다가 식당에서 우연히 합석한 후에 데이트 약속을 할 수 있게 된다. 광장에서 만난 그들은 다음 일요일에 교외에서 다시 만나기로 약속을 한다. 기차를 타고 멀리까지 가서 데이트를 하면서 그들은 비로소 속내를 털어놓을 수 있다. 윈스턴은 그녀가 사상경찰이나 스파이인줄 알고 미워했었노라고 고백하는 반면 그녀는 윈스턴의 얼굴을 보자마자 그가 당에 저항하는 인물임을 알았노라고 말한다. 윈스턴은 그녀에게 빠져 들어간다.

윈스턴과 줄리아는 당의 눈길을 피할 수 있는 데이트 장소를 물색하다가 잡화상점 노인에게 방을 빌린다. 윈스턴이 일기를 쓰려고 노트를 산 그 잡화상점 주인이다. 그는 노동자계급이고 상점 위층에는 텔레스크린이 없는 빈방이 있으므로 밀회 장소로 이용하기에 안성맞춤이다. 줄리아는 데이트 약속 때 내부당원만 마시는 진짜 커피를 얻어다주기도 하고 얼굴에 화장을 하기도 해서 윈스턴을 기쁘게 한다. 윈스턴은 정맥류성 궤양 때문에 혈관이 장딴지 위로 툭 튀어나오고 발목에 얼룩 같은 반점이 있어 몹시 부끄럽게 생각해왔다. 윈스턴은 밤낮없이 마시던 술버릇을 버릴 수 있었고 양 볼에 살도 조금 오른다. 정맥류성 궤양도 상태가 좋아지고 아침마다 발작적으로 터져 나오던 기침도 멎는다.

하루는 윈스턴이 줄리아에게 오브라이언에 대한 이야기를 한다. 오브라이언에게 묘한 친밀감이 느껴지고 자기 눈에는 그도 체제에 반대하는 인물처럼 보이는데 한번 대화를 나눠보면 어떻겠냐는 의견이다. 당에 대해 잘 알고 판단력이 예리한 줄리아 또한 반대하지 않는다. 그런데 우연히 청사 복도에서 만난 오브라이언이 윈스턴에게 집으로 놀러오라고 초대를 한다. 《타임스》에 실린 윈스턴의 글에 관심이 있다는 것이다.

용기를 내어 윈스턴과 줄리아는 오브라이언의 집을 방문한다. 내부 당원답게 하인이 딸린 호화스러운 집에 사는 오브라이언은 와인을 대접하며 친절하게 대한다. 윈스턴은 더욱 오브라이언을 믿는다. 누구보다 당에 불만을 가진 사람이고 빅 브라더가 아닌 골드스타인을 추종하고 있으며 형제단의 단원이라고 믿게 된 것이다. 그의 믿음을 저버리지 않고 오브라이언은 윈스턴과 줄리아 두 사람을 형제단에 가입시키며 교리문답과 같은 질문에 대답하라고 한다. 목숨을 바칠 각오가 되어 있는지, 살인을 할 용의가 있는지 혹은 두 사람이 헤어질 수도 있는지를 묻는다.

하지만 어느 날 줄리아와 함께 그 방에서 현장 체포된다. 텔레스크린이 없는 줄 알았건만 그곳은 함정이었다. 그들에게 방을 빌려준 잡화점 주인도 실제로는 노인이 아니라 젊은 사상경찰로서 정교한 분장을 하면서까지 이들을 속인 것이었다. 그동안 오브라이언이 당 내부의 불만

분자를 색출하기 위해 함정을 파두었다가 윈스턴을 집으로 불러 형제단에 가입시킨 것이다. 체포된 윈스턴과 줄리아는 애정부로 끌려간다. 여기서 오브라이언을 만나자 윈스턴은 반가워하며 그가 자신을 구해줄 거라 예상하지만 그때부터 그의 고문이 시작된다.

때로는 주먹과 곤봉이 날아오고, 어떤 때는 쇠몽둥이로 때리거나 구둣발질을 하기도 했다. 그는 창피한 줄도 모르고 짐승처럼 몸을 비틀며 마룻바닥을 이리저리 뒹굴었지만 그럴수록 오히려 갈비뼈, 복부, 팔꿈치, 정강이, 사타구니, 불알, 척추 끝에 더 심한 매질만 당할 뿐이었다. 고문이 어찌나 한없이 계속되는지, 세상에서 가장 잔악하며 용서할 수 없는 일은 간수들의 매질이 아니라 그 매질에도 정신을 잃지 않는 것이라고 생각되었다.

오브라이언은 윈스턴을 전기고문실로 데려간다. 그는 주파수 다이얼을 올려가며 윈스턴을 고문하기 시작한다. 오브라이언은 지난 7년간 윈스턴을 주목해왔고 그의 사상이 불순한 걸 알고 있었지만 그냥 죽여 버리면 순교자가 되는 셈이므로 죽이는 대신 개조를 시키려는 것이라고 말한다.

전기주파수가 올라갈수록 윈스턴은 범하지도 않은 죄를 자백하고 존재하지도 않는 골드스타인을 만났다고 자백한다. 오브라이언은 세상에 진실 따위는 없고 모든 생각을 통제하는 당의 권력이 세상의 유일한 진실이라는 자신의 사상을 주지시킨다. 윈스턴은 오브라이언이 빅 브라더일지도 모른다는 추측을 하기에 이른다.

모진 고문 끝에 윈스턴은 체중이 25킬로그램이나 빠지고 치아도 열한 개 밖에 남지 않는다.

그럼에도 불구하고 윈스턴은 줄리아를 배신하지 않았으며 아직 그녀를 사랑한다. 또 여전히 빅브라더를 증오한다고 답함으로써 오브라이언을 자극한다. 오브라이언은 윈스턴을 101호실로 보낸다. 거기는 사람마다 서로 다른 맞춤형의 고문이 준비되어 있는 곳이다. 윈스턴의 경우는 세상에서 가장 무서운 것이 '쥐'이다. 오브라이언은 쥐가 든 상자를 윈스턴 앞에 가져다놓고 굶주린 쥐가 윈스턴의 얼굴을 파먹을 것이라고 알려준다. 공포에 질린 윈스턴은 소리친다.

"줄리아한테 하세요! 줄리아한테! 제게 하지 말고 줄리아한테 하세요! 그 여자에게 무슨 짓을 하든 상관없어요. 얼굴을 갈기갈기 찢어도, 살갗을 벗겨 뼈를 발라내도 말예요. 저는 안 돼요! 줄리아한테 하세요! 저는 안 됩니다!"

이로서 윈스턴은 석방된다. 얼마 후 카페에서 줄리아와 윈스턴이 해후한다. 줄리아가 먼저 말한다. "저는 당신을 배반했어요." 윈스턴도 말한다. "나도 당신을 배반했어." 둘은 이전처럼 사랑할 수 없다. 또 예전과는 다른 사람이 되었다. 윈스턴은 벽에 붙은 빅 브라더의 거대한 사진을 올려다보며 그를 사랑한다고 생각하며 소설은 끝난다.

정맥류성 궤양

어느 설문조사에 의하면 읽지 않았으나 읽었다고 대답하는 책 1위가 바로 《1984》라고 한다. 아마 줄거리가 워낙 독특해서 구태여 다 읽지 않아도 듣기만해도 읽은 것처럼 착각하기 때문이 아닐까 싶다. 하지만 누구에게도 읽으라고 권하고 싶지는 않다. 작품의 분위기가 너무 으스스하기 때문이다. 우리는 숨 쉬듯 당연하게 누리는 자유이지만 그 자유가 박탈당한 세상을 그려보기란 쉽지 않을 것 같다. 그런 의미에서 조지 오웰이 1949년에 35년 후의 미래를 내다 본 혜안에 놀라움을 금할 수 없다. 더욱이 오늘날엔 기술력의 발달로 도청이나 몰래카메라에 의한 공권력의 불법사찰이 가능해진 점을 생각해 볼 때 더욱 섬뜩하게 느껴진다.

《1984》는 우리에게 당연한 자유가 말살되었을 때의 공포를 보여줌으로서 우리가 어떻게 더 인간적인 면모를 중요시해야 하는지 생각하게 만드는 점에서 훌륭한 작품이다. 예를 들면 윈스턴이 어머니 꿈을 꾸는 대목이 자주 나오는데 그의 기억속의 어머니와 아버지 또 여동생의 존재가 가족애를 더욱 소중하게 대비시켜 주었다. 또 윈스턴의 부인 캐서린을 통해 사랑 없는 부부가 얼마나 불행한 관계인지를 잘 보여주었다.

작품 속에서 윈스턴이 앓고 있는 질병 '정맥류성 궤양(varicose ulcer)'이 여러 차례 언급되는데 고문 당하는 동안 궤양이 곪아터져 발목 근처 살갗이 하얗게 벗겨져 버릴 지경이 된다. 정맥류의 류(瘤)는 '혹'이라는 뜻으로 정맥이 혹처럼 확장되고 부풀어 오른 것을 말한다. 주로 다리와 발등 하지에 흔한데 이것은 보행과 직립 자세가 하반신 정맥의 압력을 증가시키기 때문이며 특히 종아리 뒤쪽이나 다리의 안쪽에 잘 생긴다. 혈관 안에는 혈류를 조절하는 판막이 있는데 정맥 내의 판막이 제 기능을 하지 못하여 생기는 결과이다.

 증상은 일단 보기에 흉한 미용 상의 문제점 외에도 하지의 피로감, 무거움, 국소적으로 타는 듯하고 쑤시는 듯한 느낌, 간간히 칼로 찌르는 듯한 느낌, 야간의 경련성 통증 즉 쥐가 나는 듯한 느낌, 하지의 불안감 등이 있는 반면에 전혀 증상을 느끼지 않는 사람도 많다. 만성적으로 진행된 경우 통증 및 부종이 생기고 염증이 재발하며 색소 침착과 함께 발열감과 피부에 궤양까지 나타나게 된다. 작품 속의 윈스턴이 대표적인 사례이다.

 다행히 정맥류의 치료는 간단하다 가장 기본적인 치료는 정맥류용 압박 스타킹을 착용하는 것이고 정맥을 폐쇄시키는 경화제 주사제를 주입하기도 한다.

 하지 정맥류도 다른 병과 마찬가지로 예방이 가장 중요하다. 그러므로 다리를 움직이는 운동을 하되 걷거나 달리기, 수영 및 요가 등은 좋지만 장시간의 달리기나 높은 등산 및 역기 들기 등은 오히려 정맥류를 유발하거나 악화시킬 수 있다. 체중 감량도 필요하고 변비를 피하는 것도 중요하므로 식이섬유가 많이 든 음식을 섭취하는 것이 좋다. 높은 굽의 신발은 피해야 하고 꽉 끼는 옷을 입으면 정맥류를 발생시키거나 악화시킬 수 있다. 병이란 항상 조화와 균형이 깨질 때 생기는 것이므로 적절한 운동을 계속하는 것과 적당한 체중을 유지하란 말을 강조하고 싶다.

조지 오웰 (George Orwell)

본명은 에릭 아서 블레어(Eric Arthur Blair) 1903년 영국의 식민지 인도에서 하급 관료의 아들로 태어났다. 8세 때 영국에 귀국하여 이튼 학교를 장학생으로 졸업하였으나, 더학 진학을 포기하고 버마에서 5년간 경찰로 근무했다. 유럽으로 돌아가서는 부랑자 생활을 하기도 하고 초등학교 교사를 하기도 했다. 1933년 첫 소설《파리와 런던 안팎에서》를 발표했고 1935년《버마시절》을 출간했다. 스페인 내전을 참전한 기록인《카탈로니아 찬가》와 소련의 스탈린 체제를 우화화한《동물농장》으로 작가로서의 명성을 크게 얻었다. 인간의 존엄성과 자유를 박탈하는 전체주의를 비판한《1984》를 출간하고 이듬해 1950년에 지병인 폐병으로 사망하였다.

내가 아닌
남으로 살기

| 루이스 피란델로 《나는 고 마티아 파스칼이오》
| 사시

    이탈리아의 노벨문학상 수상 작가 루이지 피란델로의 《나는 고 마티아 파스칼이오》에 사팔뜨기 주인공이 나온다. 그의 이름 '마티아 파스칼'에는 다소 제정신이 아니라는 의미가 들어있다. 본래는 부잣집 아들이었지만 4살 때 아버지가 돌아가시고 나자 관리인이 막대한 유산을 두더지처럼 착복해 가버렸다. 양순하기만 한 어머니는 재산을 지킬 능력이 없고 형은 일찌감치 집을 떠나 버렸다.

    마티아 파스칼은 간신히 도서관 사서 일을 하며 근근이 살아가다가 원치 않는 여자와 결혼을 한다. 친구의 부탁으로 그가 좋아하는 여자에게 접근하여 친구와 엮어주려다 일이 틀어진 결과였다. 결혼할 즈음엔 빈곤하기 짝이 없었지만 경제적 곤란보다도 괴로운 것은 성정이 고약한 장모의 횡포다. 어머니도 함께 모시고 살았는데 자신이 없는 동안 장모가 어머니를 괴롭힐 거란 생각에 한 시도 마음 편한 순간이 없다.

얼마 후 쌍둥이 딸을 얻었으나 하나는 태어나자마자 죽고 다른 아이는 한 살에 숨을 거둔다. 같은 날 어머니까지 세상을 떠나 마티아 파스칼은 감당하지 못할 슬픔과 절망에 빠진다. 그때 형이 장례비용으로 보내준 500리라를 가지고 무작정 길을 나선다. 집으로 들어가기가 지긋지긋해서 아메리카로 떠나는 모험을 계획한다. 가는 길에 우연히 몬테카를로의 카지노에 들어가 생전 처음으로 도박판에 도전한다. 거기서 뜻하지 않은 행운을 만나 열 이틀간 82,000리라의 거액을 딴다. 이 돈이라면 관리인에게 부당하게 빼앗긴 땅을 되찾을 수 있다. 그러면 어려운 형편도 개선시키고 또 거칠고 광포한 장모를 변화시킬 수 있을 거란 희망을 안고 집으로 향한다. 그러나 기차 안에서 우연히 신문 부고 기사를 보고 깜짝 놀란다. 기사에 의하면 마티아 파스칼이 생활고를 견디지 못하고 저수지에 빠져 죽었다는 것이다. 이미 부패가 진행된 시신을 아내와 장모가 자신이라고 확인했다는 내용이 적혀 있었다.

엄연히 살아 있는 나를 죽었다고 발표한다면 얼마나 기가 막히랴. 마티아는 부르르 떨다가 펄쩍 펄쩍 뛰기도 하지만 달리 생각하면 해방과 자유를 얻은 셈이다. 수중에는 돈이 넉넉하고 딸린 식구도 없으니 이제부턴 원하는 대로 살 수 있다. 오랜 망설임 끝에 집으로 돌아가던 발걸음을 되돌린다.

그리고 제일 먼저 이름을 바꾸어 아드리아노 메이스란 이름을 선택한다. 아르헨티나에서 태어났고 태어나자마자 이탈리아로 이주해왔다고 유년 시절을 새로 조작한다.

내게 남아 있는 지난 생의 모든 기억들을 말끔히 삭제해버리고 새 삶을 시작하기로 결심하니 나는 마치 어린아이처럼 순수한 희열에 들떴다. 마치 잃어버린 처녀성을 회복한 것 같았으며, 의식은 투명해졌고, 정신은 나의 새 자아를 확립하기 위해서라면 두엇이든 활용할 수 있도록 만반의 준비를 끝내고 맑아진 듯했다. 내 영혼은 새로운 자유를 얻은 기쁨으로 고동치고 있었다. 사람들과 주변 물건들이 여태와는 다른 모습으로 보였다.

그는 자유를 한껏 누리며 유럽 전역을 누빈다. 마침내 정착한 곳은 로마의 하숙집이다. 집주인은 미신과 강신술에 빠져 있는 괴짜 노인이고, 젊은 둘째딸이 하숙집을 운영하고 있다. 다른 하숙생으로는 피아노를 가르치는 여선생이 있다. 시간이 흐르며 그곳에도 갈등이 생겨난다. 가장 큰 문제는 하숙집 큰딸의 남편이 등장한 후부터 생긴다. 건달에 불과한 그는 아내가 이미 죽었음에도 불구하고 장인 집을 드나들며 하숙생들을 압박한다. 그는 처제와 재혼할 흑심을 갖고 접근하는데 그녀는 아드리아노를 사랑하고 있다. 아드리아노 또한 그녀가 아버지를 보살피며 조신하게 하숙집을 관리하는 모습에 반해 있다.

하지만 신분이 불확실한 그가 누구를 사랑할 수 있기나 한 것인가? 때마침 피아노선생의 권유로 아드리아노는 눈 수술을 받는다. 그녀는 사팔뜨기 눈을 교정하면 그의 외모가 훨씬 출중해질 것을 장담하며 안과 의사를 소개해 준다. 아드리아노는 잘생겨지기 위해서가 아니라 카지노에서 만났던 어떤 인물이 자신을 알아볼지 모른다는 걱정에 기꺼이 수술을 받는다.

수술 후 40일간 눈을 가리고 누워 지내다가 회복 후 눈을 떠보니 놀라운 일이 생긴다. 누군가 그의 금고를 부셔 12,000리라를 꺼내갔다는 사실이다. 그건 명백히 하숙집 사위와 그의 장애인 동생이 공모한 일임을 알지만 아드리아노는 경찰에 신고할 수도 없다. 금고 속에 많은 돈을 넣어둔 것도 문제지만 경찰에게 제시할 신분확인서도 없는 처지이다. 하는 수 없이 돈을 잃어버렸다는 말을 번복하고 다른 곳에서 찾았다고 둘러댔지만 주변인들에게 더 큰 의혹을 산다.

그 와중에 어느 백작의 파티에 초대되어 갔다가 귀족 한 명과 시비가 붙어 결투에 응해야 하는 순간이 온다. 결투를 하려면 두 명의 증인이 필요하다. 하지만 그에게는 그 누구도 도와줄 사람이 없었다. 한 사람도…….

아드리아노는 그 순간 깨닫는다. '더는 마티아 파스칼이 아닌 남의 이름으로 살 수는 없다.' 그는 다리 위에다 마치 아드리아노 메이스가 강에 떨어져 자살한 것처럼 흔적을 남긴 후에 유유히 기차를 타고 고향으로 돌아온다. 2년만의 귀환이다. 제일 먼저 형에게 찾아간다. 모두 귀신이라도 본 듯이 놀란다. 마티아 파스칼이 이렇게 해명한다.

"죽은 자는 말이 없지. 다 말할게. 하지만 지금은 아니야. 지금은 단지 이것만 말할 수 있어. 여기저기 돌아다니며 행복한 줄만 알았지. 처음엔, 알겠어? 그 후…… 이런저런 변화를 겪으면서 깨달았어. 내가 잘못했다는 걸. 망자로 산다는 게 할 짓이 못 된다는 걸 말이야. 해서 이렇게 돌아왔어. 다시 살아 있는 사람으로 돌아왔어."

형은 집으로 돌아가려는 마티아를 한사코 만류한다. 그의 아내가 이미 재혼을 했기 때문이다. 본래 그녀를 좋아하던 마티아의 부자 친구와 결혼하여 딸까지 낳았다는 사실을 알려준다. 그간에 아내가 변심한 내용을 알자 마티아는 더욱 분노에 사로잡혀 집을 향해 달려간다. 친구네 집에 당도한 그는 자신을 보고 놀라 자빠지려는 사람들에게 악다구니를 퍼붓는다. 다른 자의 시신을 보고 자신의 죽음을 쉽게 인정한 아내와 장모, 친구가 그에겐 마치 자신을 죽인 살인자들처럼 여겨지는 것이다. 비록 사시교정 수술을 받았어도 그가 마티아 파스칼임을 모르는 사람은 없다. 다만 그가 살아 돌아왔어도 현재 자신들의 삶이 바뀌는 것을 원치 않는다. 친구도 아내도 장모도…….

마티아 파스칼은 예전에 일하던 성당 도서관으로 돌아가 신부님과 이야기를 나누며 혼자 조용히 살아간다. 사람들이 그에게 누구냐고 물으면 "나는 죽은 마티아 파스칼이요"라고 대답하면서…….

다소 황당한 이 이야기는 작가 피란델로에게 명성을 안겨 준 최초의 소설로 등장인물들이 모두 우울하고 불안하기 때문에 더욱 공감을 얻었으리라 본다. 누군들 자신의 처지에서 벗어나고 싶지 않은 사람이 있으랴. 내가 아닌 다른 사람이 되어보고 싶은 열망은 누구나 느끼는 감정이리라.

쌍둥이 아이를 잃고 어머니까지 여의었을 때 마티아 파스칼에겐 고통과 번민, 불행과 가난함만 남아 있었으므로 그가 가정을 훌훌 떠나기로 결정하자 우리는 함께 자유를 느낄 수 있었다. 하지만 사회적인 신분을 상실한 그로서는 아무런 관계를 형성할 수 없게 된다. 카지노에서 큰돈을 땄어도 은행에 예금할 수도 없고, 절도를 당해도 신고할 수 없으며, 사랑하는 여인이 생겨도 결혼할 수도 없고, 강아지를 키우기 위해 내야하는 세금도 낼 수 없는 처지가 된다. 그토록 갈망하던 자유가 환상에 지나지 않은 껍데기 자유일 뿐인 것이다.

그 와중에 자신의 신분을 더욱 철저히 숨기기 위해 사시 교정수술을 받는 대목이 나온다. 그는 안과에 가서 600리라의 수술비를 내고 수술 후 40일간 안정 후에 회복된다. 하지만 그 수술의 결과가 확연히 상대가 못 알아볼 정도는 아니다. 그저 전보다 보기에 좋아졌다는 정도의 평가를 받는다.

사시(strabismus)는 두 눈이 정렬되지 않고 서로 다른 지점을 바라보는 시력 장애이다. 그런 탓에 상대방에게 나쁜 인상을 주기 쉽다.

소아에게 흔히 나타나는 현상으로 약 2%에서 나타나며 드물게는 늦게 나타나기도 한다. 남성과 여성에 비슷한 비율로 나타나며 대부분 원인을 알 수 없지만 가족력이 있는 경우도 많다. 시신경발육부전, 망막이상, 선천성 백내장, 각막이상과 같은 질병에 의한 사시도 있고, 눈을 움직이는 근육을 지배하는 신경이 마비되었을 경우 생기는 '마비사시'도 있다.

소아의 시력과 시각을 융합하는 능력은 8세가 되어야 완성되므로 8세 이전에 사시가 있는 경우에는 심각한 시력저하와 시각기능 손상이 오게 된다. 그러므로 융합기능이 완성되기 전에 사시를 조기 발견하여 치료하면 시력도 증진되고 시각 기능의 손상을 예방할 수 있다.

사시에 있어서 가장 강조할 점은 부모의 관찰과 가족력이다. 특히 잠복 성향의 사시는 진찰실에서 전혀 관찰되지 않을 수 있기 때문에 평소의 아이 눈의 이상 소견을 발견해야 한다. 예를 들면 햇볕에 나가면 한쪽 눈을 감거나, 멍하게 있으면 눈이 이상해 보인다거나, 초점이 잘 맞지 않는다거나, 물건을 볼 때 고개를 돌리는 등의 사소한 소견은 진단의 중요한 단서가 될 수 있으므로 관심을 가지고 지켜봐야 한다. 모든 병이 다 그렇듯 사시의 경우도 조기 발견이 가장 중요하다.

루이지 피란델로 (Luigi Pirandello)

1867년 이탈리아 시칠리아의 섬 작은 마을에서 태어났다. 아버지가 유황 광산을 운영하는 재력가 집안이었다. 13세에 팔레르모로 이사해 그곳에서 고등학교를 졸업하고 팔레르모 대학 법학과에 입학하였다. 그러나 이듬해 로마대학 문학부로 재입학하고 2년 만에 독일의 본 대학으로 편입하였다.
25세에 로마로 돌아와 문학에 전념하였고 다음해에 결혼을 하여 첫 아들을 얻었다.
이 무렵 첫 단편집 《애정 없는 연인》을 출판하였다. 꾸준히 작품 활동을 하며 30세부터 24년간 로마 사범대학에서 이탈리아 문학과 문체론을 가르쳤다. 그 동안은 아버지의 경제적 도움을 받으며 살았는데 36세에 홍수로 인하여 유황 광산이 폐쇄되자 집안이 다산했다. 경제적인 이유로 아내가 정신질환자가 되어 그녀를 돌보며 인간정신에 깊이 천착하게 됐다. 문학 뿐 아니라 연극에 관심을 두고 집필한 결과 1934년 노벨문학상을 수상하였다.

주요작품으로 《아무도 아닌, 동시에 십만 명인 어떤 사람》《배척받는 여인》《노장과 청년들》 등의 장편과 평론집 《우모리스모》, 희곡으로 《작가를 찾는 여섯 명의 등장인물》《엔리코 4세》〈여러분이 그렇다면 그런 거죠〉 등 많은 작품을 남겼다.

1936년 향년 69세로 폐렴에 걸려 로마에서 사망하였다.

깨진 쪽박과 함께 살자니

| 안톤 체호프 《베짱이》
| 디프테리아

    아름다운 여성 올가 이바노브나가 있다. 그녀의 남편 드이모프는 두 군데서 일을 한다. 한 곳에선 해부학 교실 주임의사이고 다른 한 곳에선 비상근 주임의사이다. 매일 아침 9시부터 12까지는 환자를 진료하고 오후에는 말을 타고 다른 병원으로 가서 죽은 환자를 해부한다. 그러다보니 그의 수입은 그리 많지 않다. 일 년에 고작 500루블 정도이다. 그런 성실하고 소박한 의사의 아내로 올가는 지나친 점이 없지 않다. 그녀의 아버지가 드이모프와 같은 병원에서 일하다 돌아가셨을 때 드이모프가 밤낮없이 지극정성으로 돌보았던 일이 계기가 되어 둘은 결혼에 이르렀다. 올가가 22살, 드이모프가 31살 때 일이다.

    올가는 한 마디로 예술가 그 자체이다. 그녀의 친구들은 모두 저명인사이다. 예를 들면 극장에서 인기가 많은 배우이거나, 오페라 가수, 그림 한 작품이 500루블에 팔리는 화가, 그녀의 피아노 반주를 극찬하는 첼리스트, 시나 대본을 잘 쓰는 작가 또 유명 삽화가 등이다.

결혼식을 마치고 올가는 근사하게 살림을 꾸리기 시작한다. 벽마다 그림을 붙이고 탁월한 예술적 안목으로 누구나 아담하고 아름답다고 인정하는 집안 분위기를 만든다. 그녀는 매일 11시쯤 잠자리에서 일어나 피아노를 치거나 그림을 그렸다. 12시에는 단골 재단사를 찾아가 헌 옷을 새 옷으로 개조하는 작업을 한다. 가난한 의사의 아내로 새 옷을 살 수 없어 창의성을 발휘하는 것이다. 그 다음에는 여배우를 찾아가 극장가의 뉴스를 알아내고 또 전람회를 가거나 화가를 방문하기도 한다. 사람들은 모두 그녀를 훌륭하고, 매력적이고, 개성 있는 여성이라고 칭찬한다. 그녀는 비범하고 우아하고 매력적인 재능을 갖추었는데 무엇보다 유명한 사람과 재빨리 사귀고 가까운 사이가 되는 일에 그녀의 재능이 돋보였다. 그녀는 유명한 사람을 숭배하며 꿈을 꿀 정도가 되지만 금방 익숙해지는 만큼 금방 싫증을 낸다.

식사 후에 올가는 친구 집에 갔다가 그 다음에는 극장으로 또는 연주회로 향한다. 집에 돌아오면 한밤중이다. 매일 그런 식이다. 매주 수요일에는 집에서 파티를 벌인다. 배우는 대사를 낭송하고, 가수는 노래를 부르고, 첼리스트가 연주하거나, 화가들이 그림을 그린다. 그런 가운데 예술에 대한 열띤 토론을 벌인다. 그런데 특이하게도 이 모임에는 숙녀들 대신 신사들만 모인다. 올가는 여자들이란 따분한 속물이라 여기기 때문이다. 파티가 열리는 날이면 남편 드이모프가 음식을 장만한다. 퇴근길에 장을 보고 식탁을 차리는 남편을 향해 올가는 손뼉을 치며 "나의 사랑스런 집사님!"이라 추켜세운다.

이렇게 신혼생활을 보내는데 한 번은 드이모프가 단독(erysipelas)에 걸려 6일간 침대에 누워 지내며 머리를 모두 밀어야 했다. 그 때 올가는 침대 곁에서 애처롭게 흐느꼈지만 남편이 회복되자 머리에 두건을 씌워놓고 베두인족(族)을 모델 삼아 그림을 그리기 시작한다. 반면 드이모프는 아내의 요구를 모두 들어주는 이상적인 남편으로 지내는데 시체 해부를 하다가 자주 손을 베이곤 한다.

4월이 오자 올가는 화가들과 여행을 떠난다. 별장에서 기거하며 자연을 만끽하고 그림을 그리는 행사에 참석하고 볼가강 유람도 계획한다. 올가의 화가 친구인 랴보프스키가 매일 올가의 집에 찾아와 그림 솜씨를 칭찬하며 여행 준비를 도와준다.

올가가 별장에서 지내는 동안 어느 오후 드이모프는 아내를 찾아간다. 찬거리와 과자를 사가지고 기차를 타고, 시골길을 걸으며 아내를 만날 생각에 피곤과 허기도 잊는다. 해가 저물어 별장에 도착하지만 아내는 집에 없다. 낯선 남자들만 집에 기거하고 있는데 뒤늦게 화가와 깔깔거리며 돌아 온 올가는 드이모프를 몹시 반긴다.

"당신이군요! 왜 이렇게 오랫동안 안 왔어요? 왜? 왜?"

"아, 당신을 보니까 얼마나 좋은지 몰라! 밤새 당신 꿈만 꿨어요. 병에 걸렸을까봐 얼마나 걱정했는지 몰라요. 아, 당신이 얼마나 소중한 사람인지 당신은 모를 거예요. 때마침 잘 왔다고요! 당신은 나의 구원자예요. 당신만이 나를 구원할 수 있어요."

그러나 이토록 반기는 데는 이유가 따로 있다. 자신이 내일 전통결혼식에 참석해야 하는데 입고 갈 옷이 없으니 드이모프더러 다시 집으로 돌아가 드레스와 장식구를 가져다 달라는 것이다. 드이모프가 다음날 가져다주겠다고 하자 올가는 깜짝 놀라며 시간이 부족하니 당장 떠나라고 그의 등을 떠다민다. 드이모프는 여태 아내와 함께 먹으려고 차조차 마시지 않다가 간신히 빵 한 조각을 들고 역으로 향한다. 그가 가져간 흰 살 생선과 캐비어와 치즈는 다른 화가들의 차지가 된다.

시간이 흘러 7월의 달밤에 볼가 강 여객선 갑판 위에 올가와 화가 랴보프스키가 서 있다. 화가는 흐르는 강물을 바라보며 인생은 허망한 거라며 그녀를 유혹하기 시작한다. 올가는 그의 유혹에 처음에는 입술을 그 다음에는 몸을 맡긴다.

그러나 시간이 흘러 9월이 되자 올가와 랴보프스키의 관계는 악화된다. 화가는 나이프로 자신의 초고 걸작을 찢으며 우울함과 권태로움을 호소한다. 자신은 재능을 잃고 한 물 갔는데 그 모두가 올가와 관계를 맺은 탓이라고 한다. 올가는 랴보프스키가 자신을 대하는 태도가 변하자 울기 시작하고 화가는 볼가 강에 뛰어들거나 미쳐버릴 것 같다고 소리 지른다. 그때 그녀는 문득 남편을 떠올린다. 그리고 여행 예정이 20일 정도 남았지만 먼저 짐을 싸서 돌아와 버린다. 이틀이 더 걸려 집에 도착해보니 남편 혼자 꿩고기로 식사를 하고 있다. 올가는 이토록 성실한 남편에게 솔직해지고자 불륜 사실을 말하고 싶었지만 남편의 눈길이 너무 부드러워 아무 말도 하지 못한다.

그러나 시간이 지나자 드이모프는 아내에게 속고 있음을 눈치 챈다.

더는 행복한 미소를 짓지 못하고 올가와 단 둘이 있는 시간을 피하기 위해 일부러 동료를 집으로 불러들인다. 식사 시간에도 동료와 온통 의학적인 대화만 나눈다.

올가는 랴보프스키가 전시회를 준비한다는 소문을 듣는다. 올가는 자신이 랴보프스키에게 좋은 작품을 그릴 수 있도록 영감을 준 덕택이라고 생각하고 그를 찾아간다. 그의 그림 앞에서 자신의 존재를 부각시키며 다시 사랑해달라고 호소하고 집으로 찾아오지 않으면 독약을 마시겠다고 생떼를 부린다. 협박에 못 이겨 올가의 집을 방문한 랴보스키는 드이모프 눈앞에서 올가와 말다툼을 하거나 심지어 드이모프의 동료가 있어도 아랑곳하지 않고 추태를 부린다. 하루는 올가가 외출하기 위해 옷을 차려 입고 나설 때 드이모프도 연미복에 하얀 넥타이를 매고 활짝 웃으며 수줍게 말한다. "내 박사 학위 논문이 통과됐어."

드이모프는 이제부터 병리학 강의를 맡게 될 것이라고 기뻐하지만 그녀는 병리학이 무언지 몰라 대꾸 하지 못한다. 이때 올가가 남편의 기쁨을 함께 나누는 시늉이라도 했더라면 그 다음 일은 생기지 않았을 것이다.

얼마 후 드이모프는 두통을 호소하며 출근하지 못하고 소파에 누워 있다. 올가는 여느 날과 마찬가지로 랴보프스키를 찾아 화실로 향한다. 화가는 그녀가 그려 간 그림을 보며 매번 같은 스케치가 지겹지도 않느냐며 음악이 그녀와 더 어울린다고 비아냥댄다. 화가에게 수모를 당한 올가는 이제야말로 그와 결별하리라 결심을 한다. 그에게 편지를 써서 자신이 얼마나 중요한 여자인지, 그 덕택에 좋은 그림을 그렸지만, 앞으로 그런 걸작을 그리지 못한다면 자신이 아닌 다른 여자를 만나기 때문이라는 내용을 적는다.

그때 서재에 있던 남편이 부른다. 감염의 우려가 있으므로 문은 열지 말라며 삼일 전에 디프테리아 환자에게 전염이 된 것 같으니 동료의사를 불러달라고 한다. 다음날 아침 동료의사가 그녀에게 남편과의 접근을 만류하며 도이모프가 왜 아프게 되었는지 알려준다.

"그가 어떻게 전염됐는지 아십니까? 화요일에 어떤 소년한테서 디프테리아 막을 유리 대롱으로 빨아내다가 그렇게 된 거예요. 뭣 때문에 그랬을까요? 바보같이……."

드이모프가 혼수상태가 되자 동료의사가 또 다른 의사를 부른다. 올가는 침실에 앉아 남편을 속인 죄로 받는 벌이라 생각한다. 왕진을 온 의사들은 올가를 마치 드이모프의 병의 주범인 듯 그녀를 바라보며 안타깝게 말한다.

"끝나갑니다. 자신을 희생한 대가로 죽어가고 있어요……. 학문의 별이 떨어졌어요! 우리 모두는 그 사람과 비교도 안 돼요. 그는 위대하고 비범한 인물이었습니다."

"선하고 순수하고 사랑을 담은 영혼이었지. 사람이 아니라 유리였어! 학문에 헌신했는데 그 학문 때문에 죽었네. 황소처럼 낮이나 밤이나 일했지만 아무도 그를 소중히 여기지 않았어. 이 젊은 학자가, 미래의 교수가, 과외 진료 일자리를 찾아다니고 밤마다 번역을 해서 돈을 댔던 것이 이 따위……."

그들은 말을 마치지도 못하고 분노를 삼킨다.

올가는 자신의 삶을 돌아다본다. 그리고 그가 참으로 얼마나 비범하고 보기 드문 선량한 인간인지, 자신이 알았던 다른 사람들에 비하면 얼마나 위대한 인간인지 깨닫는다. 그녀는 죽은 남편에게 달려가 끔찍하게 야위고 노란 얼굴을 만지며 큰 소리로 이름을 부른다.

"드이모프!"

이렇게 의사 드이모프는 디프테리아에 걸려 죽었다. 그가 병에 걸린 이유는 환자의 목에 걸린 디프테리아 막을 유리대롱으로 빨아내는 치료를 하다 부주의로 흡입하게 된 것이라 하지만 동료의사는 다분히 의도적으로 흡입했을 것이라 추측한다. 왜냐하면 그의 부정한 아내 올가가 그를 너무 힘들게 했기 때문이다.

올가는 남편의 직업인 의학에는 전혀 관심이 없지만 그림이나 연극, 음악에 대해서는 조예도 깊고 재능도 갖췄다. 그러다보니 예술가들과 어울리며 베짱이와 같이 살아간다. 심지어는 화가와 여행을 떠나 불륜을 저지르기에 이른다. 어찌 보면 그런 불륜조차 예술의 일환인 듯 남편에게 숨기려고도 하지도 않는다. 그 결과 의사는 세균을 몸에 흡입시켜 자살을 택했다는 추정이 가능하게 만든다. 남편이 사망한 다음에야 그의 가치를 깨닫고 후회를 하는 베짱이 여사는 이후 어떤 삶을 살 것인가?

이 작품은 과학을 상징하는 남편과 예술을 대표하는 아내를 대립시켜 무엇의 가치가 더 소중한지를 한 번쯤 생각하게 만든다. 물론 인간의 생명을 다루는 과학이 소중하다는 건 누구라도 인정하지만 사실 인간의 생명력에 예술적인 미학이 더해지지 않는다면 그 또한 진정한 인간이 아닐 것이다. 그런 의미에서 체호프는 결국 과학과 의학이 조화와 균형을 잃지 않고 잘 어우러진 중용의 감각을 말하고자 이 작품을 썼을 것이다. 그 자신이 의사이자 작가였으니 이런 생각을 아니할 수 없었을 것 같다.

체호프가 설정한 디프테리아는 주로 코와 목의 점막이나 피부에 영향을 미치는 심각한 세균 전염병이다. 특징적으로는 감염 부위에 회백색의 위곽(pseudo-membrane)을 형성하여 기도가 막히는 경우 숨을 못 쉬게 된다. 우리나라에서는 제2종 법정전염병으로 분류되어 있으나 백신 예방접종이 도입되어 1987년 이후 발병 사례가 보고되지 않았다.

주로 겨울철에 유행하고 사람이 유일한 숙주이다. 환자나 보균자의 기침 등을 통해 공기 중에 균이 퍼지게 되고 이것을 들이마셔서 감염될 수 있다. 잠복기는 2~6일 정도이다.

증상으로는 기침, 목의 통증이나 쉰 목소리, 침을 삼킬 때 아픔, 목 부위 임파선이 부음, 편도에 생기는 회백색의 위막, 호흡 곤란이나 빠른 호흡, 콧물의 점도 증가, 발열과 오한 그리고 기운쇠약 등이 있다. 디프테리아가 피부에 발생하는 경우 피부의 발적, 부종 및 회백색의 위막이 생길 수 있으며 드물게는 눈, 귀, 생식기까지 침범하기도 한다. 합병증으로는 심근괴사나 신장괴사 등의 전신을 침범한다. 작품 중에서 드이모프의 정확한 사인은 밝히지 않았다.

현재 우리나라에서는 모든 영유아를 대상으로 예방접종을 실시하고 있다. 흔히 DPT라 부르는 디프테리아/파상균/백일해 백신을 생후 2개월부터 3차례 기초접종하고 이후 추가접종을 한다. 예방접종의 결과 현재는 발병되고 있지 않지만 앞으로는 불행한 부부사이를 대표하는 병으로 기억할 것 같다.

안톤 체호프 (Anton pavlovich chekhov)

러시아가 낳은 최고의 단편작가이자 극작가인 체호프는 1860년 1월 17일 남러시아 항구도시 타간로그에서 태어났다. 16세 때 아버지의 사업 실패로 일가족이 모스크바 빈민가로 이주했지만 혼자 고향에 남아 고학으로 모스크바 학부에 입학했다. 어릴 때부터 연극과 문학에 관심이 많아 주간지에 기고한 원고료로 가족을 부양하기도 했다. 24세에 의과대학 졸업 후 개업했는데 이때 폐결핵이 시작되어 처음 객혈을 보였다.

26세에 단편집《잡화집》이 주목받자 적극적인 문학 활동을 시작했다. 시베리아 횡단과 사할린 섬을 여행, 유형지의 실정을 상세히 조사하는 등 작가정신을 키웠다. 이후 모스크바에 정착하여 의업에 종사하면서 왕성한 작품 활동을 했다. 1888년 푸슈킨상을 수상했다.

주요 작품으로 〈개를 데리고 다니는 부인〉〈귀여운 여인〉〈약혼녀〉 단편과 희곡으로는 〈바냐 아저씨〉〈세 자매〉〈갈매기〉〈벚꽃동산〉 등 600여 편을 남겼다.

1904년 7월 2일 장결핵으로 사망, 유해는 모스크바 노보데비치 수도원 묘지에 안장되어 있다. 극작가로서의 체호프는 사실주의 희곡의 정수이자 현대 연극의 이정표를 세운 작가로 평가된다.

파리 최고
미녀의 최후

| 에밀 졸라 《나나》
| 천연두

    파리, 바리에테 극장에서 〈금발의 비너스〉를 초연하는 날이다. 관객들은 모두 비너스 역을 맡은 '나나'에게 열광하고 있다. 18세의 금발 미녀, 풍만한 체격의 신인 배우. 그녀는 음정도 박자도 제대로 맞추지 못하건만 관중들은 나나에게 압도된다. 하늘거리는 망사 옷을 입고 엉덩이를 흔드는 눈부신 그녀의 육체에 반하지 않는 남자라곤 없다. 그녀의 타고난 관능미에 파리 신사들은 정신을 잃고 만 것이다. 그 중에는 돈 많은 은행가 스타이너도 있고 궁정에서 시종장을 맡은 점잖은 뮈파 백작도 있고, 그의 장인 슈아르 후작도 있고, 잘 나가는 신문 기자 포슈리도 있고, 심지어는 15살짜리 중학생 조르주도 있다. 성황리에 〈금발의 비너스〉가 공연되는 동안 왕세자까지 나나에게 접근하기 시작한다. 그녀에게 전해지는 꽃다발의 행렬이 이어지고 그녀 집을 찾아오는 팬들

로 성황을 이룬다.

　나나는 그 나이에 이미 아들이 하나 딸렸는데 아버지가 누군지도 확실치 않고 몹시 병약한 그 아이는 고모가 맡아 키우고 있다. 나나는 태생 환경이 좋지 않았다. 할아버지와 아버지가 도두 알코올 중독자였고 외할머니는 신경증 환자였다. 어머니 또한 세탁부로 열심히 살려고 노력했으나 실패하고 결국 알코올의 희생자가 되었던 것이다. 나나는 어릴 적부터 어머니의 침실을 엿보고 자라난 조숙한 소녀였고 고등학교 시절 가출하여 일찍부터 거리의 여자로 떠돌았다.

　그러다 일약 무대에서 성공을 거두자 그녀는 남자들 사이에서 유명세를 치르며 시달리기 시작한다. 재력가 스타이너는 나나에게 별장을 사주지만 그녀를 사로잡는 것은 돈이 아니었다. 그녀는 돈 많은 신사 나리들보다는 15세 소년 조르주와 더 사랑스런 밤을 보낸다. 뮈파 백작처럼 명망 높은 귀족은 여태 여자라곤 부인밖엔 모르고 깊은 신앙심을 갖고 철저한 종교생활을 해왔건만 무대 위의 나나를 본 이후론 도무지 정신을 차리질 못하게 된다. 그런 뮈파 백작의 외도와 맞물려 뮈파 부인도 맞바람을 피우기 때문에 당시 파리에는 귀족도 창녀도 같은 급수로 보인다.

　나나는 무대 위에서의 성공에도 불구하고 빚쟁이들이 찾아와 독촉을 하자 어느 날 가구를 팔아 잠적하고 만다. 그때 그녀가 동반한 남자는 못생긴 연극배우 퐁탕이다. 나나는 퐁탕을 사랑하고 순정을 바치지만 퐁탕과의 동거는 오래가지 못한다. 퐁탕은 곧 그녀에게 손찌검을 하며 돈도 주지 않으므로 나나는 몰래 몸을 팔아 밥값을 벌어오기도 한다.

그러다가 뮈파 백작을 다시 만난다. 뮈파 백작은 나나에게 거액의 돈을 제시하며 자신의 품으로 돌아오라고 한다. 나나는 코웃음을 치며 이렇게 말한다.

"우스운 일이에요. 돈 많은 남자들은 돈으로 무엇이든 가질 수 있다고 생각한다니까⋯⋯ 하지만 내가 싫다고 하면?⋯⋯ 나는 당신이 무엇을 준대도 관심이 없어요. 파리 전체를 준다고 해도 안 돼요. 보시다시피 이 방은 더럽죠? 하지만 당신과 함께 여기서 살고 싶은 마음만 있다면 나는 이 방을 기분 좋은 곳으로 생각할 거예요. 반대로 마음이 동하지 않으면 궁전에서 산다 해도 죽을 지경일 거고요. 아! 돈! 이 불쌍한 양반아, 그건 어디에나 있어요! 돈이라니, 나는 그걸 짓밟아버리고 거기에 침을 뱉을 거예요."

결국 나나는 뮈파 백작을 비롯한 남자들의 어리석음과 방탕함에서 거둬들인 돈으로 상류사회의 후작부인처럼 멋진 부인이 된다. 파리 중심에 저택을 얻고 마부와 집사, 요리사와 시종과 미용사 등 여러 하인을 부리며 호사스러운 생활을 영위한다. 하지만 자유로움만큼은 양보하지 않는다. 뮈파 백작은 나나에게 절개를 지킬 것을 강요하며 많은 돈을 갖다 주어도 오직 정해진 시간에만 찾아와야했고 응접실에서 남자들끼리 부딪히는 사례는 다반사였다. 그녀는 뒤를 봐주는 남자에 대해 경멸하고 있었다. 그녀는 애인들의 파산을 자랑으로 삼는 낭비벽 심한 요부의 지속적인 변덕을 보였다.

파리 중심가를 나나의 마차가 지날 때면 귀족보다 우선해서 길을 비켜주는 일이 생겨난다. 나나가 유행을 선도하기 시작하고 귀부인조차 일개 창녀에 불과한 나나를 따라 치장하기에 급급하다. 그러나 호화로운 저택 한 가운데서 사치스러운 생활을 하면서도 나나는 따분해 죽을 지경이다. 밤마다 남자는 끊이지 않았고 화장대의 서랍 속에는 빗과 돈이 섞여 굴러다녀도 그녀는 그런 것에 만족하지 못했고 허전함만 느낀다. 나나의 유일한 즐거움은 고모 집에 가서 세 살 배기 아들 루이제를 만나는 것이다. 하지만 그 아이는 날 때부터 허약하고 목에는 습진, 두 귀에는 고름집이 생겨 뼈가 괴사되지나 않을까 걱정을 하게 만든다.

　한편 나나는 동성애 취향도 가져서 창녀 친구인 사탱과 즐길 때가 많다. 사탱과 침대에서 뒹굴며 뭇 남자를 지배하고 향락하겠다는 욕망을 키운다. 만일 뮈파 백작이 돈을 제때에 가져오지 않으면 얼굴이 하얗게 질려 소리친다.

　"뭐요? 돈이 없다고요? …… 그렇다면 핫바지씨, 빨리 나가요. 어서! 당신이야말로 비열한 사람이에요! 그러면서 나를 껴안고 싶다는 거예요? …… 돈이 없으면 아무 것도 없어요! 알아들었죠!"

　나나의 낭비벽은 멈출 줄 모른다. 왕실보다 호화롭게 금과 은으로 장식을 한 침대는 옥좌보다 더 권능에 차 있었다. 그 새 침대에서 나나는 슈아르 후작과 뒹군다. 때마침 찾아온 뮈파 백작은 자신의 늙은 장인과 놀아나는 나나에게 경악한다. 4천 프랑에 달하는 침대 값을 구하러 뮈파 백작이 지방에 간 사이 장인이 돈을 치르고 나나를 소유한 것이었다. 뮈파 백작의 아내도 백화점 점원과 정분이 나 도망가고 말았다.

여러 남자의 파국이 이어진다. 돈 많던 귀족 방되브르 백작도 탕진을 거듭하다 경마에 모든 걸 건다. 경마대회에서 말 이름을 '나나'라고 붙이기도 했지만 파산 끝에 마구간을 불 지르고 말과 함께 타죽고 만다. 또한 어린 조르주는 형 필리프가 나나에게 흠뻑 빠져버린 상황에 화가 나서 가위로 자신의 심장을 찌르며 나나를 위협한다. 대위인 필리프는 나나에게 돈을 가져다주기 위해 군대의 공금을 횡령하고 영창에 갇힌다. 조르주도 결국 상처가 덧나서인지 사망하고 만다. 나나 때문에 중국 바다에 빠져 죽은 남자도 생긴다. 나나에게 돈을 모두 털리고 시골로 내려가 검소한 생활을 이어가는 남자의 숫자도 날로 늘어난다. 이때 나나가 소리친다.

"빌어먹을! 이런 법이 어디 있어요! 이 사회가 잘못돼먹었지. 그 짓거리를 요구하는 건 남자들인데 욕은 여자들이 먹는단 말이에요…… 그래요! 이제는 말하겠어요. 그 사람들과 같이 잘 때 나는 전혀 재미가 없었어요! 전혀 재미가 없었다고요! 솔직히 말해서 귀찮아 죽을 지경이었죠!…… 그러니 내가 이 사태에 무슨 책임이 있는지 말해 봐요!…… 그들이 없었다면, 그래요, 그들이 내게 그런 짓을 하지 않았다면 나는 수녀원에 들어가서 하느님께 기도드렸을 거예요. 왜냐하면 나에겐 언제나 신앙심이 있었으니까요…… 제기랄! 그들이 그 짓거리에 돈과 몸을 뿌리고 다닌 건 그들 잘못이에요! 나는 그 일과 아무 상관이 없다고요!"

어느 날 나나는 잠적한다. 그녀의 저택과 가구와 보석과 의상과 속옷을 판돈이 60만 프랑도 넘었다. 누구는 나나가 터키에 갔다고도 하고 누구는 러시아에 갔다고도 한다. 몇 달 후에 그녀가 다시 파리에 나타났지만 천연두에 걸려 호텔방에서 외롭게 죽는다. 어린 아들을 만나러 왔건만 아이는 천연두에 걸려 사망하고 아이에게서 병을 옮아 온 것이다. 그녀의 처참한 주검은 이렇게 묘사된다.

문을 닫았다. 나나만이 홀로 밝은 촛불 아래에서 고개를 위로 향하고 있었다. 그것은 송장이었고, 피와 고름 덩어리였고, 쿠션 위에 던져진 썩은 살덩어리였다. 작은 고름집들이 얼굴 전체를 뒤덮었고 뾰루지들이 엉켜있었다. 퇴색하고 문드러져서 진흙덩이처럼 회색이 된 고름집들은 형체를 알 수 없는 반죽 같은 얼굴 위에 핀 곰팡이 같았다. 거기서 옛 모습이라고는 찾을 길이 없었다. 왼쪽 눈은 완전히 곪아 푹 꺼졌다. 반쯤 뜬 오른쪽 눈은 썩은 구멍처럼 시커멓게 파여 있었다. 코에서는 아직도 고름이 흘렀다. 뺨을 덮은 불그스름한 딱지가 입 언저리까지 떨어져 나왔는데, 거기에는 기분 나쁜 미소가 새겨져 있었다. 그 무섭고 끔찍한 죽음의 얼굴 위로 머리칼이, 그 아름다운 머리칼이 햇빛처럼 찬란한 불꽃을 지닌 채 황금의 개울처럼 흐르고 있었다. 비너스가 썩은 것이다. 시냇가에 버려진 내성 강한 시체에서 그녀에 의해 채집된 바이러스가, 그녀가 민중을 망쳐놓은 그 효소가 그녀 자신의 얼굴로 옮겨와 그녀를 썩게 만든 것 같았다.

바로 그날 프랑스는 프로이센과 전쟁을 선포하였으므로 거리에는 민중들의 소리가 드높게 퍼진다.

"베를린으로! 베를린으로! 베를린으로!"

　19세기 프랑스의 풍속 화가라고 부를 만큼 당시 시대상을 그려내려고 애썼던 에밀 졸라는 '루공 마카르 총서' 20권을 비롯하여 30권 안팎의 작품을 남겼다. 우리나라에는 그 1/3도 번역이 되어 있지 않지만 내가 읽은 졸라의 작품 중에서 단연 《나나》가 마음을 끌었다. '나나'는 화류계 여성이자 몸을 파는 창녀이고 상류사회의 뭇 남성들을 파멸시킨 요부이다.

　아름다움으로 한 시대를 풍미한 나나가 걸린 병은 하필 천연두이다. 천연두는 두창(痘瘡)·포창(疱瘡) 등 여러 이름이 있으며, 속칭으로는 마마(媽媽)·손님이라고도 부른다. 고열과 함께 수포, 농포성의 피부 변화를 특징으로 하는 급성 질환으로, 두창 바이러스에 의해 발생한다. 전염력이 매우 강하여 18세기까지 유럽에서 매년 40만 인구를 희생시켰던 혹독한 전염병이다. 3,000년 전 이집트 미이라 중 람세스 V세에서 발견될 만큼 무구한 역사를 가졌는데 1796년 영국 의사 에드워드 제너가 종두를 창시하여 보급시키고 난 후에 격감하기 시작하였다. 제너는 소의 젖을 짜면서 우두에 걸렸던 사람이 천연두에 걸리지 않은 것에 착안하여 백신을 개발한 것이다.

　우리나라에는 고려 가요 '처용가'에서 처용의 아내를 범한 역신이 바로 천연두라고 전해져 내려오기도 하는데 1880년 지석영(池錫永)이 일본에서 종두를 도입함으로써 예방을 시작했다. 6·25전쟁 중엔 4만 여 명의 천연두 환자가 발생했으나, 1960년 3명의 환자가 발생한 이후로 우리나라에서는 천연두가 사라졌다.

서양에서는 콜럼버스가 신대륙을 발견할 때 천연두를 전파시켰다는데 남미의 경우 원주민 80-90%를 몰살시킨 모진 질병으로 이름을 남겼다. 인도 · 동남아시아 · 아프리카 · 남아메리카 등에서 매년 10만 명에 가까운 환자가 발생했으나, 1967년 이래 세계보건기구(WHO)에 의해 추진된 천연두 근절계획 실천으로 1977년에 소수의 환자가 발생했을 뿐 2년간 환자발생이 없었으므로 1980년 WHO에서는 천연두 근절선언을 발표하였다. 그 후 우리나라도 천연두 예방접종을 권장하지 않았으며, 1993년 천연두는 완전히 사라졌다고 발표하였다.

한편 2001년 9월 11일 미국대폭발테러사건 이후 미국은 테러 조직인 알 카에다가 숨어 있는 아프가니스탄을 공격하였다. 이에 대한 반격으로 탄저균 테러가 발생하여 전 세계적인 공포의 대상으로 대두되었다. 탄저균 다음의 생화학무기의 테러는 천연두가 될 거라는 관측이 무성한 가운데, 프랑스 등 세계 각국은 백신개발에 재개하고 있는 움직임을 보이고 있다. 이에 우리나라에서도 2001년 11월 6일 천연두를 법정 전염병으로 지정하였다.

우리는 모두 언젠가는 죽어야 하므로 나는 어떤 이유로 사망하게 될까를 막연히 그려보기도 한다. 다만 모쪼록 천연두에 걸려서 죽고 싶지는 않다는 소망을 가져 본다. 그런 의미에서 그토록 예쁜 얼굴과 매혹적인 태도로 뭇 남성의 사랑을 받았다는 우리의 여주인공 나나가 하필 천연두에 걸려 미모를 모두 망가뜨리고 추하디 추하게 죽었다는 설정이 몹시 가슴에 와 닿는 작품이다.

에밀 졸라 (Emile Zola)

1840년 파리에서 출생. 아버지는 이탈리아인 토목기사였으나 졸라가 7세 때에 사망하여 일찍부터 가세가 기울었다. 부르봉 중학교를 거쳐 생 루이 고등학교 장학생으로 입학했으나 대학입학 자격시험인 바깔로레아에 연이은 낙방으로 실의에 빠져 중퇴하였다. 부두 세관 사무원을 비롯하여 출판사 등 여러 직업을 전전하다가 26세에 첫 소설 《떼레즈 라캥》을 발표하였다. 이후 발자크의 《인간
희극》에 영향을 받아 제2제정기 프랑스 사회를 배경으로 한 가족의 역사를 그려내기 위해 《루공 마카르 총서》를 기획한다. 이 총서는 모두 20권으로 《나나》는 그 중 9번째 발간된 소설이다. 1898년 드레퓌스 사건을 기화로 《나는 고발한다》를 발표하여 양심 있는 지식인의 표본이 된다. 1902년 파리에서 의문의 가스중독 사고로 사망했고, 유해는 1908년 팡테옹 국립묘지에 이장되었다.

질투에 휩싸여
명을 재촉한 남편

미겔 데 세르반테스 《모범 소설》
부정 망상

　주인공 펠리포 카리살레스는 시골귀족 출신이다. 스페인 서쪽 엑스투레마두라에서 태어난 그는 세상 곳곳을 방랑하며 부모님이 물려주신 유산을 탕진한다. 나중에 부모님이 돌아가시고 빈털터리가 되자 당시의 많은 스페인 사람들이 그랬듯 아메리카로 떠난다. 마흔여덟 살에 아메리카에 도착한 그는 뒤늦게 성실하게 일한 덕에 거액을 모은다. 그는 재산을 금괴와 은괴로 모두 바꾸어 고향으로 돌아온다. 부자가 되어 고향에 자리 잡은 카리살레스는 우연히 길을 걷다 창가에서 아름다운 여인을 발견한다. 그는 이 세상 누구보다도 천성적으로 질투심이 많았던 터라 결혼은 진즉에 포기한 상태였으나 그 처녀를 본 순간 카리살레스는 그만 자제력을 잃고 만다. 아름다운 처녀의 이름은 레오노라이고 비록 가난하지만 귀족 집안의 딸이다. 카리살레스는 두둑한 재산을 준비해 레오노라에게 청혼을 한다. 신랑감이 비록 나이가 많지만 재산이 많은 덕에 둘의 결혼은 무난히 성사된다. 하지만 그는 새신랑이 되자마자 돌연 병적인 질투에 사로잡혀 이유 없이 몸을 떨며 근심을 하기 시작한다.

질투 많은 천성을 드러내는 첫 증세는 부인에게 옷을 해 주고 싶어도 어떤 재봉사에게도 그녀의 몸 치수를 잴 수 없게 하는 데 나타났다. 그래서 그녀와 체형이 엇비슷한 여자를 찾아다녔고 마침 가난한 여자를 찾아 그녀의 체형에 맞추어 옷을 한 벌 만들어 아내에게 입혀보니 썩 잘 맞았다. 다른 옷들도 그렇게 맞추어 입혔다.

두 번째 증상은 집을 따로 얻을 때까지 신부를 가까이 하지 않은 것인데 그 새집은 다음과 같은 형태로 지어졌다. 우선 거리로 난 창은 물론 나머지 창들도 모두 막아버리고 하늘 방향으로 창을 만들었다. 대문간에는 한 마리 노새를 위한 마구간을 만들고 그 위에는 헛간과 작은 방을 만들어 노새를 돌보는 거세된 늙은 흑인을 살게 했다. 옥상에는 벽을 높이 올려서 집에 들어가는 사람은 곧바로 하늘 외에 다른 것은 볼 수 없게 만들었다. 또한 백인 여자 노예 네 명을 사서 얼굴에 낙인을 찍고 아프리카에서 갓 도착한 흑인 여자 노예도 둘을 샀다.

카리살레스가 이렇게 철저히 봉쇄된 집을 마련한 후에 처가에 가서 아내를 달라고 하자 그 부모는 딸이 무덤에 끌려가기라도 하는 것처럼 눈물을 흘린다. 유일한 위안은 그나마 부잣집으로 팔려간다는 점이다. 레오노라를 데리고 집에 들어서자 카리살레스는 하인들에게 아내를 잘 지키라는 당부를 하고 그 누구도 문 안에 들이지 말라고 지시한다.

늙은 카리살레스의 뜻대로 그 집에는 수고양이가 쥐를 물어본 적이 없으며 수캐의 짖는 소리도 들린 적이 없으니 모두가 암컷뿐이었다. 그의 빈틈없는 예방책과 삼엄한 감시하에 둘은 신혼의 단맛을 즐기기 시작하는데 결혼에 대한 경험이 없는 레오노라로서는 즐겁지도 괴롭지도 않다. 남편이 허구한 날 꿀과 설탕으로 장식한 맛있는 음식을 제공해 주는 한 풍족하고 편안한 삶을 보낼 수 있을 것만 같다. 그렇게 1년이 지났을 때 훼방꾼이 나타난다.

로아이사란 총각이다. 그는 세비야에 흔한 부류인 거리의 놀고먹는 사람이다. 이 바람둥이 총각 로아이사는 카리살레스의 집이 늘 닫혀 있는 것을 보고는 호기심이 발동한다. 수소문 끝에 늙은 남편의 의처증과 젊은 아내에 대해 알게 되고 그렇게 잘 지켜진 난공불락의 성을 공략할 방법이 없는지 시험해보고 싶어진다. 그의 주변에는 마침 사건을 도와줄 바람둥이 친구들이 여럿 있다. 로아이사는 먼저 한쪽 눈에 안대를 하고 한쪽 다리는 붕대로 감아 목발 짚은 거지로 변장을 한다. 그는 그 집 앞에서 매일 밤 기타를 치며 흥겨운 노래를 부르기 시작했는데 흑인 문지기가 이 음악에 푹 빠진다. 본래 흑인들이 음악을 좋아한다는 사실을 간파한 로아이사는 흑인에게 물을 달라고 청하며 접근하기로 한다. 하지만 흑인에겐 문을 열어 줄 열쇠도 없을뿐더러 세상에서 가장 질투심 많은 주인은 자신이 외부 사람과 말하는 것만으로도 죽일 것이라며 손사래를 친다. 로아이사는 집요하게 설득하여 흑인이 자물쇠를 부수도록 만든다.

마침내 대문 안에 들어선 그는 거지 분장을 벗고 흑인에게 포도주를 잔뜩 마시게 한 뒤 집안의 다른 하녀들에게도 음악을 들려주자고 꼬드긴다. 감금 상태나 마찬가지로 지내던 하녀들에게 젊은이의 출현은 천사의 강림과 같다. 그녀들은 로아이사의 멋진 음악에 반하고 혼자만 듣기 아까운 그의 음악을 여주인 레오노라에게도 들려주자고 한다. 그러나 레오노라는 방에 갇혀 있고 방문열쇠는 남편이 잠들 때에도 품고 자기 때문에 밖으로 나올 수가 없다. 로아이사는 친구들에게 몸에 바르면 잠들게 만드는 연고를 가져오게 한다. 연고를 관자놀이에 바르기만 하면 깊은 잠에 빠져 약 바른 곳을 모두 식초로 닦아 내지 않는 한 이틀이 지나도 깨어나지 않는다는 것이다. 연고를 레오노라에게 건네주자 그녀는 정성스럽게 남편의 몸 요소요소에 바른다. 코를 골기 시작한 남편 카레살레스는 시체보다 더 깊이 잠든 것 같다. 그가 숨겨 둔 마스터키를 매트리스 속 사이에서 꺼낸 레오노라는 문을 열고 복도로 나간다. 흑인 하녀 한 명만 남편이 깨어나는지 지키게 하고 집사와 하녀들은 모두 로아이사의 음악을 감상하러 연단이 있는 방으로 몰려간다.

당시 세비야에서 유행하던 노래를 로아이사가 기타로 반주하자 나이 많은 여자 집사가 노래를 부른다. 집사는 점점 젊은이를 차지하고 싶은 욕망이 생긴다. 그래서 그녀는 로아이사와 거래를 한다. 일단 로아이사가 원하는 대로 레오노라와 함께 밤을 보내게 해주면 그 다음에는 집사의 남자가 되는 것으로…….

집사가 하도 끈덕지게 설득하는 바람에 레오노라는 굴복하고 만다. 집사는 거의 완력으로 주인 아씨를 로아이사가 있는 방에 몰아넣고 문을 잠근다. 그런데 하늘의 뜻인지 수면 연고의 효능이 다해 카리살레스가 저절로 깨어난다. 그는 평소의 습관대로 침대를 더듬어보다가 놀라 집안을 뒤지기 시작한다. 그러다 집사의 방에서 아내가 젊은 남자의 팔에 안겨 잠들어 있는 모습을 본다.

이 씁쓸한 광경을 본 카리살레스는 맥박이 멈추는 것 같았다. 목이 메고 팔이 축 처져 차가운 대리석 조각처럼 되어버렸다. 그리고 분노가 자연스럽게 흥분을 일으켜 거의 죽어 있던 영혼을 깨울 듯도 했지만 그보다 고통이 더욱 커 기운을 낼 수 없었다. 손에 무기만 넣을 수 있는 상황이었다면 그 가증스러운 악행에 상응하는 복수를 했을 것이다. 그래서 방에 들어가 단도 한 자루를 들고 돌아와 자신의 명예를 더럽힌 두 원수의 피와 집 안에 있는 모든 사람들의 피로 잃어버린 명예를 다시 회복하기로 결심했다. 이렇게 체통을 지킬 부득이한 결심을 하고는 아까 나갈 때처럼 조용하고도 조심스럽게 침대로 돌아왔다. 하지만 고통과 괴로움이 마음을 억눌러 어떻게 달리 해보지도 못한 채 침대 위에 기절해 쓰러져버리고 말았다.

날이 밝자 밤을 함께 보낸 연인들도 일어난다. 레오노라는 아침이 밝아 온 것을 보고 놀라 남편에게 달려간다. 혼절했던 남편은 그녀의 기척에 깨어나 한숨을 쉬기 시작한다. 그리고는 자신은 곧 죽을 것 같다며 아내에게 장인, 장모를 모셔오게 한다. 레오노라를 비롯하여 집사나 하녀들은 늙은 주인이 왜 시름시름 앓는지 전혀 눈치 채지 못한다.

장인, 장모가 도착하자 카리살레스는 집사와 레오노라를 앉혀놓고 이야기한다. 자신이 결혼하여 일 년하고도 한 달 닷새 그리고 아홉 시간이 되는 이 시각까지 얼마나 아내를 사랑했는지를. 그러다가 그는 폭탄선언을 한다.

"저 여자가 못된 집사의 방에 갇혀 있는 건장한 젊은이의 품에 안겨 있는 걸 보았단 말이오."

카리살레스가 가슴에 담긴 원한을 말하자 이번엔 레오노라가 남편의 무릎위에 쓰러져 실신한다. 카리살레스가 계속 말한다.

"내가 이번 모욕에 대해 하고자 하는 복수는 일반적인 복수와는 다르고 마땅히 달라야 할 겁니다. 제일 탓해야 할 사람이 결국 나 자신이니 나를 먼저 복수할 것이오. 열다섯 살의 여인과 거의 여든 살인 내가 잘 맞지 않을 것이라는 생각을 했어야 했지요. 나는 누에고치처럼 스스로 죽을 집을 지은 것이었습니다. 아내를 원망하지는 않소."

이어서 카리살레스는 유서를 작성하는데 레오노라의 실책은 언급하지 않고 좋은 뜻으로, 그가 죽고 나면 은밀하게 점지해 둔 그 청년과 결혼하라고 당부한다. 레오노라는 답변을 제대로 하지 못한 채 또다시 실신하고 만다. 유서의 내용에는 재산의 일부는 기부하고 나머지는 집안의 하녀들에게 먹고 살 것을 남겨주고, 노예들과 흑인에게는 자유를 주고, 단지 나쁜 일을 한 집사에게는 일한 삯 외엔 아무것도 주지 말라고 되어 있다. 많은 재산을 레오노라에게 물려준 채 카리살레스는 7일 째 되던 날에 무덤으로 간다.

이렇게 해서 레오노라는 돈 많은 과부가 된다. 그러나 일주일이 지난 후에 수도원으로 들어간다. 로아이사는 유서 내용에 따라 레오노라가 자신의 품으로 올 것을 기대했으나 수도원으로 갔다는 소식에 몹시 실망하여 아메리카로 떠난다.

그런데 사실은 그날 밤 레오노라와 로아이사는 함께 잠들었지만 둘 사이엔 아무 일도 생기지 않았다. 레오노라가 여러 차례 로아이사에게 정숙할 것을 맹세케 했던 결과이다. 그러므로 레오노라는 남편의 명예에 손상을 입힐 만한 일을 하지 않았다는 걸 말하고 용서를 받았어야 했다. 그녀는 오해를 받은 채 남편과 사별하고 여생을 수녀원에서 마치게 된 것이다.

작품은 이렇게 끝나지만 읽고 나면 늙은 의처증 환자 카리살레스가 참 딱하게 느껴진다. 의처증 때문에 무리하게 아내를 격리시키고 세상과 차단했으나 결과는 참담했다. 여기에서 레오노라가 끝내 자신의 결백을 주장하지 않은 것이 조금 이상해 보일 수도 있지만 사실 로아이사와 그날 밤 관계를 맺었는지 아닌지는 중요하지 않을 것이다. 카리살레스는 본래 재봉사가 치수 재기 위해 아내 몸을 손대는 것조차 견디지 못하던 남자였는데 그런 남편 몰래 하루 밤을 외간 남자 품에 안겨 잠들다니……. 가히 카리살레스를 죽일만한 타격이 되었으리라.

요즘에 나오는 라디오 공익광고 가운데 '의심이 안심입니다.'라는 말을 들을 수 있다. 전화로 정보를 묻는 보이스 피싱이 난무하는 세상이라 상대가 조금이라도 이상하면 의심부터 하라고 계몽하는 것이다. 근대 철학의 아버지인 데카르트도 모든 지식을 의심한 후에 '나는 생각한다, 그러므로 존재한다'라는 명제에 도달했으므로 의심이란 유용한 것임에 틀림없다. 하지만 세상에 의심할 것을 의심해야지 배우자의 정조를 무작정 의심하는 병적인 의심은 작품 속의 카리살레스처럼 자신에게 겨누는 칼이 되고야 마는 것이다.

정신과에서 부정망상(infidelity delusion)은 주로 편집증적 성격을 지닌 사람에게 많이 나타난다. 여성의 경우 의존성이 강해서 배우자가 옆에 있어야만 안심하는 사람, 질투가 많고 독점력이 강한 성격의 사람에게 많이 발생한다. 또 심리적으로 배우자에 대한 열등감, 동성애적 경향, 자신의 마음속에서 부정한 행동을 하고 싶은 욕구가 있을 때 이러한 망상이 나타날 수 있다. 알코올중독이나 편집증이 있는 부모 또는 지배적인 부모 밑에서 자란 사람에게도 많이 나타난다.

이들 환자들은 자신의 망상을 뒷받침할 수 있는 증거를 찾기 위해 도청, 녹음, 비디오 촬영, 미행, 폭력, 협박 등을 행사하기도 한다. 그러나 다른 면에서는 정상적으로 행동하기 때문에 실제 치료로 연결하기가 매우 어렵다. 또 의사도 환자의 망상 속의 한 인물이 되기 쉽기 때문에 정신과 질병 가운데 가장 치료하기 어려운 병으로 알려져 있다. 향정신성의약품을 사용한 약물치료, 정신치료, 부부치료 및 가족치료 등의 방법이 있다.

정신과적인 측면에서 늙은 카리살레스가 느닷없이 죽는 것이 좀 싱거운 결말이고, 그가 진정한 부정망상 환자라면 결코 관대한 유산을 작성하지는 않았으리라 본다. 셰익스피어의 《오델로》처럼 아내를 의심하는 나머지 질투에 사로잡혀 목을 졸라 죽이고야 마는 게 부정망상의 대표적 표현이니까. 평소 그의 병적인 성격대로라면 아내와 젊은이를 동시에 무척 괴롭힐 것만 같은데 재산도 남겨주고 착한 결론을 내리는 점이 의아하긴 하다. 하지만 작품의 제목이 《모범 소설》인 점을 감안할 때, 세르반테스는 소설의 형식으로도 모범을 보이고 동시에 도덕적인 모범을 말하고자 의도한 것이라 볼 수 있겠다.

미겔 데 세르반테스 (Miguel de Cervantes)

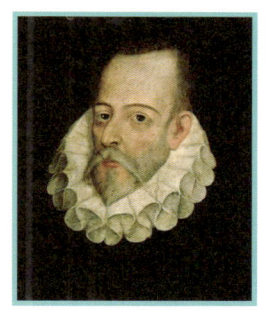

1547년 마드리드 근교에서 의사의 아들로 태어났다. 21세 때부터 문학수업을 시작하여 이듬해 이탈리아로 건너가 스페인 보병대에 입대한다. 1571년 레판토 해협에서 터키군과 싸우다 세 발의 총탄을 맞고 평생 왼팔을 못 쓰게 되어 '레판토의 외팔이'라는 별명을 얻는다. 4년 후 군복무를 마치고 귀국하던 중에 해적에게 잡혀 아프리카로 끌려간 뒤 고달픈 포로생활을 한다. 4번이나 탈출을 기도하지만 실패하고 신부들이 몸값을 치러주어 마드리드로 귀환하게 된다. 35세에 첫 극작품 《알제리에서의 대우》를 집필하고 이듬해 극작품 《누만시아》를 발표한다. 이후 목가소설 《라 갈라테아》를 발간했고 밝혀지지 않은 이유로 몇 차례 감옥에 갇히기도 했다. 옥중에서 《돈키호테》를 구상한 후 1604년 1편을 발간하여 크게 성공을 거두었다. 이후 열두 편의 중편 소설을 담은 《모범 소설》을 출판했고 《돈키호테》 2편도 썼다. 1616년 4월 23일 69세의 나이로 영면했다.

정신분열증 환자를
아내로 얻었더니

| 스콧 피츠제랄드 《밤은 부드러워》
| 조현병

프랑스 남동부 해안가 프렌치 리비에라에서 이야기가 시작된다. 상류사회 저명인사들이 모이는 이곳 휴양지에 정신과 의사인 딕 다이버와 니콜 부부가 두 아이들과 함께 별장에서 여름을 나고 있다. 여기에 미국인 모녀가 찾아온다. 18세의 배우 로즈마리와 어머니이다. 로즈마리는 최근 영화 〈아버지의 딸〉이 성공리에 상영되어 인기를 얻고 있다.

로즈마리는 딕 다이버를 보자마자 사랑에 빠진다. 유부남인 것은 문제로 여기지도 않는다. 로즈마리가 보기에 딕은 친절하고도 매력적이었고 주위 사람들의 존경을 독차지하고 있었다. 그의 아내 니콜도 세련되고 아름다웠다.

해변에서 미국 사람들끼리 함께 어울리다가 하루는 딕의 집에서 파티를 연다. 몇몇 작가 부부와 군인인 토미 바르방, 음악가 부부와 영화

감독 그리고 로즈마리 모녀 등 여럿이다. 그날 야릇한 일이 생긴다. 한 소설가의 아내가 화장실에 갔다가 니콜이 이상하게 행동하는 걸 발견했다고 소란을 떤다. 그러자 니콜을 짝사랑하는 바르방이 아무 말도 하지 말라고 윽박지르는 것이다. 자신의 아내를 윽박지르는 바르방에게 소설가는 결투를 하자고 청한다. 모두 술김에 일어난 일이다. 다행이도 결투는 희생자 없이 무사히 끝나지만 대체 니콜이 화장실에서 어떤 행동을 한 것인지 몹시 궁금하게 만든다.

며칠 후 이들 일행은 파리로 무대를 옮겨간다. 로즈마리도 동행한다. 모처럼 어머니와 떨어져 로즈마리 혼자 가는 여행이다. 그녀는 끊임없이 딕을 유혹한다. 그녀는 딕이 의사란 사실을 알게 되고 또 '과학 논문'을 쓰고 있다는 것도 알게 되자 더욱 관심을 갖는다. 그녀의 작고한 아버지도 의사였다는 사실 때문에 더 친근감을 주는지도 모른다.

로즈마리는 딕을 자신의 호텔방으로 불러들이고 이렇게 말한다.

"나를 가지세요. 부디 나를 가지세요. 어떻게 하는지 보여주세요. 나는 온전히 당신 거예요. 이건 제가 원하는 거예요."

딕은 승낙하지 않는다. "무엇보다 이게 니콜에게 얼마나 큰 상처를 줄지 생각해봤어요?"라며 거절한다. 그러나 사건이 발생하고야 만다. 로즈마리가 잠시 딕의 방에 가 있던 사이에 로즈마리의 침대 위에 흑인 남자의 시체가 유혈이 낭자한 채 누워있는 것이다. 로즈마리가 딕에게 도움을 청하자 딕은 재빨리 시체를 복도로 옮기고 그녀의 침대보와 자신의 침대보를 바꿔치기 하여 로즈마리가 살인사건에 연루되지 않도록 조처를 취한다. 여배우에게는 작은 루머 하나라도 앞길을 망치게 된다는 걸 잘 알기에 한 행동이다. 그러나 나중에 침대에 묻은 피를 보게 된 니콜은 발작을 일으킨다.

> 니콜은 욕조 옆에 무릎을 꿇고 좌우로 몸을 흔들거렸다.
> "당신!" 그녀가 소리 질렀다. "당신이 내가 세상에서 유일하게 숨을 수 있는 곳에 침범하다니⋯⋯. 빨간 피가 묻은 침대 커버를 가지고 말이야. 내가 당신을 위해 저걸 입어주지⋯⋯. 난 창피하지 않아, 참 안된 일이지만, 만우절에 우리는 취리히 호수에서 파티를 했지. 바보들의 날에 모든 바보들이 거기 다 모였어, 침대 커버를 뒤집어쓰고 파티에 가려 했는데 그들이 못 하게 했어⋯⋯."

이제야 로즈마리는 결투가 있던 날, 소설가의 아내가 화장실에서 무얼 보았는지 알게 된다. 정신병을 앓는 니콜은 종종 발작을 일으키는 것이다.

이야기는 8년 전으로 거슬러 올라간다. 1917년, 1차 세계대전 중에 미국에서 의과대학을 마친 딕이 취리히로 건너와 정신과 의사가 되었다. 26세의 잘생긴 딕은 그 때가 인생의 전성기였다. 누구에게나 호감을 얻고 논문을 쓸 기회가 많았다. 그러다 군대에 가게 되어 프랑스에서 행정직으로 복무하는 동안 한 여성에게서 50통 가까이 위문편지를 받는다. 그녀의 이름은 니콜 워런으로서 취리히 병원에 입원하고 있는 정신과 환자였다. 열여섯 살 때 아버지의 손에 이끌려 취리히 병원으로 온 니콜은 집안의 하인이 자신을 덮치려했다는 등의 의심스런 말을 하며 발작을 시작했는데 미국에서 치료를 받아도 호전되지 않자 스위스로 오게 된 것이다. 그녀의 어머니는 열한 살 때 사망하였으므로 사업가인 아버지가 니콜을 키우고 있었다. 취리히 병원에서는 그녀를 면담한 후에 정신분열증이란 진단을 붙인다. 그리고 보호자와 상담과정에서 아버지에게 놀라운 고백을 듣게 된다.

"니콜이 어렸을 때 애 엄마가 죽고 나서 매일 아침 제 침대로 오곤 했어요. 어떤 때는 제 침대에서 잤죠. 저는 그 어린 것이 가엽기만 했어요. 오, 그 뒤로 우리는 자동차를 타거나 기차를 타고 어디를 가든 손을 잡고 다녔죠. 니콜은 저에게 노래를 불러줬어요. 우리는 '오늘 오후에는 다른 아무도 생각하지 말자'든가 '서로만 소유하자'든가 서로 '오늘 아침은 내 것'이라고 말하곤 했어요. 사람들은 늘 우리가 아주 멋진 부녀라고 했어요. 우리를 보고 눈물을 닦곤 했죠. 우리는 연인 같았어요. 그러다 어느 순간 갑자기 연인이 되었어요……. 그 일이 있고 나서 곧장 자살을 하고 싶은 심정이었지만 너무 형편없이 타락한 놈이라 그럴 배짱도 없었습니다."

니콜의 정신병의 원인은 근친상간에서 비롯되었음을 알 수 있는 대목이다. 니콜은 취리히에서 치료를 받으며 위문편지를 보냈고 제대 후에 딕과 본격적인 교제를 한다. 둘은 서서히 사랑에 빠진다. 동료 프란츠는 정신분열증 환자와 결혼하는 딕에게 혀를 차며 반대한다.

"뭐라고! 그래서 한 여자의 의사나 간호사 노릇을 하는 데 자네 인생의 절반을 바치겠다는 건가. 절대로 그럴 수 없네! 내가 이런 유의 사례를 알아. 스무 번에 한 번은 첫 번째 위기에 깨져버려. 다시는 니콜을 보지 마!"

한편 대단한 재력가인 니콜 집안에서는 딕이 니콜의 돈을 보고 결혼하는 것이라 단정 짓고 딕은 니콜을 돌봐주고 싶은 마음으로 결혼을 감행한다. 니콜이 적극적으로 딕에게 사랑을 고백하던 터였다. 아무리 니콜이 부자라고 해도 딕은 자신이 버는 인세와 어머니의 유산으로 살아가려고 한다. 니콜의 씀씀이는 딕과는 비교가 되지 않는다. 그래도 6년간은 잘 살아왔다. 아이도 둘이나 얻었지만 니콜의 정신병이 문제가 되지 않았는데 로즈마리가 나타난 이후로 두 주 사이에 두 번이나 발작을 일으킨 것이다. 파티가 있던 밤 니콜이 소설가 부인에게 열쇠를 우물에 던져버려서 화장실을 쓸 수 없다고 말하면서 침실에서 정신을 잃고 광기에 사로잡혀 웃었단 것이다. 그 일이 어이없는 결투로까지 이어졌고 또 파리에서 침대에 묻은 피를 보고 니콜이 발작을 일으킨 것이다.

딕과 니콜 부부는 파리를 떠나 알프스로 간다. 스위스에 도착하자 딕의 옛 동료 프란츠가 사업이야기를 한다. 스위스의 큰 정신병원을 인수하여 딕과 동업을 하겠다는 계획이다. 딕의 논문은 학계의 인정을 받고 있고 프란츠는 환자를 열심히 돌볼 자신이 있는데 자금은 딕이 부담해야했다. 딕은 처가의 도움으로 병원을 인수하여 일을 시작한다.

그러다 또 다음 사건이 발생한다. 딕의 입원 환자의 딸이 딕을 유혹하려다 거절당한 일이 있었다. 그녀는 앙심을 품고 어머니를 퇴원을 시켜버리고 난 후 딕을 음해하는 편지를 니콜에게 보낸 것이다. 딕과 그 여자는 키스까지 했다는 사연이 적혀 있다. 딕이 보기엔 어디까지나 정신병자의 편지가 틀림없다. 하지만 니콜은 다시 광란에 사로잡힌다. 니콜은 집에 가라는 딕의 말에 이렇게 대꾸한다.

"집! 그래서? 나더러 집에 가만히 앉아 우리 모두 썩고 있고, 내가 여는 상자마다 아이들의 재가 썩고 있다는 생각이나 하고 있으라고? 그 불결한!"

뿐만 아니라 딕과 가족이 차를 타고 가던 중에 차가 흔들리자 니콜은 운전하는 딕의 귀에 비명을 질러대며 딕의 손을 움켜쥐는 바람에 차가 구르는 사고가 생긴다. 동승한 아이들은 무사했지만 니콜의 광기는 그저 간과할 수준이 아니었다. 딕은 이제 히죽거리는 니콜의 낯짝을 으깨어 젤리로 만들고 싶은 마음이 생길 정도다.

그래서 딕은 여행을 떠나기로 한다. 베를린 정신과 학회에 참석한다는 명목으로 니콜 곁을 떠난다. 황폐해진 정신으로 떠난 딕의 여행은 평화롭지만은 않다. 뮌헨에서 군인 친구 토미 바르방을 우연히 만난다. 예전에 니콜을 위해 결투를 벌였던 당사자이다. 그를 통해 딕의 소설가 친구가 뉴욕의 불법 술집에서 맞아 죽었다는 소식을 듣게 된다. 그 친구를 애도하는 딕은 가슴이 터질 것만 같다.

여행 중의 딕은 부친의 사망 소식을 받고 서둘러 버펄로로 간다. 목사였던 아버지의 장례를 치르고 고향과 작별을 하고 다시 로마로 향한다. 그리고 거기에서 로즈마리를 다시 만난다. 그녀는 그곳에서 영화 촬영 중이다. 그 둘은 밤을 함께 보낸다. 하지만 로마에서 딕은 곤경에 처하게 된다. 택시 요금을 가지고 실랑이 중 딕의 얼굴에다 침을 뱉은 운전기사를 구타했던 것이다. 딕은 경찰서로 연행되고 거기에서 이탈리어 말에 서툰 딕을 모욕하는 사람을 경찰인 줄도 모르고 주먹으로 치게 된다. 딕은 엄청나게 얻어맞고 구치소에 갇히게 된다. 다행이 니콜의 언니 베이비 워런의 도움으로 방면이 되지만 딕은 신망을 잃게 되는 계기가 된다.

딕은 스위스로 돌아와 진료에 매진하지만 어느새 알코올에 중독되어 가고 동업자 프란츠와도 사이가 나빠지게 된다. 그는 잘생기고 예의바르고 멋있는 의사였지만 알코올을 가까이하면서부터 불쑥 무례한 말을 내뱉고 상대의 기분을 상하게 만드는 사람으로 전락해 간다. 결국 딕은 동업자에게서 결별을 통보받는다.

딕의 가족은 다시 리비에라 별장으로 돌아간다. 니콜은 자신이 딕의 신세를 망쳤다는 생각을 하지만 스스로도 점점 술주정뱅이 딕을 견딜 수 없게 된다. 딕이 무엇을 하든 그에게 화가 난다. 그러던 중에 군인 토미 바르방이 다시 등장한다. 그는 항상 니콜을 사랑하던 터였다. 니콜은 저도 모르게 그에게 마음을 빼앗긴다. 딕이 집을 비운 어느 날 니콜은 바르방에게 편지를 보내고 니콜과 바르방은 호텔에서 하루를 보내게 된다. 바르방은 딕에게 면담을 청해 이렇게 말한다.

"자네 아내는 자네를 사랑하지 않아. 니콜은 나를 사랑해. (…) 자네는 니콜을 이해하지 못해. 한때 아팠다고 언제나 환자 취급이지."

딕은 니콜을 바르방에게 보내고 미국으로 건너간다. 버팔로에서 개업을 했지만 성공하지 못한다. 정신과가 아닌 내과 의사로 여러 곳을 전전한다는 소문만 들린다.

제1차 세계대전이 끝났던 1920년대를 살았던 작가 스콧 피츠제랄드가 당시 일부 미국인의 삶의 모습을 이렇게 긴 소설로 옮겼다. 돈 있는 미국인들은 유럽의 휴양지에 가서 즐겼지만 진정한 삶의 가치를 깨달을 순 없었다. 작품의 주인공들은 미국 출신인데 프랑스며 로마며 스위스에서 시간을 보내는 것으로 되어 있다. 건실하고도 학문적으로 출중한 의사 딕은 환자로 만난 니콜을 돌봐주려는 의도로 결혼을 하지만 결과는 파멸에 가깝다. 그녀의 정신분열증이 가정생활을 파탄으로 이끌고야 만다. 결국 딕은 알코올이라는 도피처에 빠지고 더는 사람들과 공감을 나누지 못한다. 그는 술만 마시면 폭력을 행사하거나 무례한 말을 내뱉는 사람으로 인격이 와해된다. 선의로 한 결혼은 파국을 맞는다. 여전히 돈도 많고 미모가 출중한 아내 니콜은 평소 그녀를 사랑하던 남자를 선택한다. 바로 딕의 친구인 토미 바르방이다. 니콜도 이젠 그를 사랑하게 되었다는데야 딕으로선 할 말이 없다. 딕은 순순히 가정에서 물러서서 미국으로 돌아가지만 어려운 여생을 꾸려가고 있다는 뒷소문만 들린다. 한마디로 짧게 말하자면 남의 인생을 구제하려다 자신의 인생을 망가뜨린 의사의 이야기라고 할 수 있겠다.

이 이야기는 벌써 100년 전의 일이고 이젠 정신분열증에 대한 탁월한 치료제가 개발되고 있다. 특기할 사항은 현자 정신분열증은 '조현병(調絃病)'으로 개명되었단 사실이다. 2011년에 정신분열증이란 병명이 사회적인 이질감과 거부감을 불러일으킨다는 이유로 편견을 없애기 위하여 바뀐 것이다. 조현(調絃)이란 현악기의 줄을 고르다는 뜻으로, 조현병 환자의 모습이 마치 현악기가 정상적으로 조율되지 못했을 때의 모습처럼 혼란스러운 상태를 보인다는 데서 비롯된 이름이다.

조현병은 망상, 환청, 와해된 언어, 정서적 둔감 등의 증상과 더불어 사회적 기능에 장애를 일으킬 수도 있는 질환으로, 예후가 좋지 않고 만성적인 경과를 보여 환자나 가족들에게 상당한 고통을 주지만, 최근 약물 요법을 포함한 치료에 뚜렷한 진보가 있으므로 조기 진단과 치료에 적극적인 관심이 필요한 질환이다.

스콧 피츠제랄드 (Scott Fitzgerald)

1896년 9월 24일 미네소타주 세인트폴에서 출생하여 12세 때 세인트폴 아카데미에 입학했다. 교내 잡지에 첫 단편 〈레이먼드 저당의 신비〉를 발표했다.

15세에 뉴저지 주의 가톨릭 기숙학교에 진학 후 프린스턴 대학에 입학함. 학내 유머잡지 〈프린스턴 타이거〉를 편집하고, 뮤지컬 대본을 쓰는 등 왕성한 활동을 하지만 성적부진으로 자퇴하고 육군에 입대한다.

22세에 첫 장편을 쓰기 시작하여 24세에 발표한 《낙원의 이쪽》이 주목받게 되자, 소설의 성공에 힘입어 젤다와 결혼식을 올리게 된다. 《아름답고 저주받은 사람들》《재즈 시대의 이야기》《위대한 개츠비》《한심한 젊은이들》을 발표하며 작품 활동을 계속한다.

34세가 되던 1940년에 아내 젤다의 정신분열증 증상이 시작되어 스위스와 프랑스의 요양소에서 입원 치료를 받게 한다. 이듬해 퇴원하지만 젤다의 병은 3년 후 재발한다. 이 해에 《밤은 부드러워》를 출간한다. 경제적으로 곤궁해져 빚에 시달리며 단편 집필에 몰두한다. 하지만 38세부터 알코올 중독으로 건강을 잃고 요양원에 들어가게 되고 1940년 12월 21일 심장마비를 일으켜 44세를 일기로 사망한다.

이렇게 두려운
전염병 앞에서

알베르 카뮈 《페스트》
페스트

　이 소설은 프랑스 식민지령인 알제리의 주도인 오랑에서 생긴 가상 사건이다.

　194X년 4월 16일 아침, 젊은 의사 베르나르 리유는 출근길에 계단에서 죽은 쥐를 발견한다. 수위에게 말하자 누군가 장난을 치는 거라며 펄쩍 뛴다. 건물에는 쥐가 한 마리도 없게끔 잘 관리했단 것이다. 퇴근길의 의사는 빠끔히 벌린 주둥이에서 피를 토하면서 몸부림치며 죽는 쥐를 또 보게 된다.

　의사 리유의 아내는 폐결핵으로 일 년째 병석에 누워있다. 쥐가 발견된 다음날 그녀는 요양소로 정양을 떠난다. 역까지 배웅하고 오던 길에 리유는 열 마리도 넘는 쥐의 사체를 본다. 그리고 나흘째 되는 날부터 쥐들이 떼를 지어 거리로 나와 죽는다. 4월 28일 하루 동안에 죽은 쥐의 숫자는 8천 마리가 넘는다. 사람들은 그 원인을 모르기에 더욱 불안해하고 있다.

13일째 날 죽은 쥐의 숫자는 감소되었으나 그걸 치우던 수위가 병들게 된다. 목과 겨드랑이, 사타구니 임파선에 멍울이 지고 사지가 부어오르며 온몸에 반점이 돋아나면서 죽을듯한 통증을 호소한다. 열은 대번에 40도를 넘으며 불그레한 담즙을 토해내고 끊임없이 헛소리를 하다 발작을 일으키며 숨이 끊어진다. 이런 열병 증상을 보이는 환자들이 급증하기 시작한다. 리유는 시체를 격리시키고 브건위원회를 소집하여 사태의 심각성을 부각시킨다.

동료 및 선배 의사들은 이 병을 선뜻 '페스트'라고 진단하기를 주저한다. 페스트는 역사상 30차례나 발생하여 1억에 가까운 인명을 앗아간 재앙이었다. 보건위원회에선 감히 페스트란 말을 입에 올리기 두려워하지만 리유는 병명을 무어라 부르던 간에 페스트가 발생했을 때 취하는 예방조치를 적용하여 오랑 시민 20만 명을 보호하자고 주장한다.

"어떤 세균이 사흘 동안에 비장의 크기를 네 배로 부풀리고, 장간막 림프샘을 오렌지 만하게 증대시키고 죽처럼 만들었다면 이야말로 주저해서는 안 됩니다. 전염지역은 점점 더 확대되어 가고 있습니다. 전파되는 양상을 볼 때 만약 전염을 막지 못한다면, 3개월 이내에 온 도시의 반수 이상의 생명이 위태로울 것입니다. 그러므로 여러분이 그것을 페스트라고 부르건, 전염성 열병이라고 부르건 그런 것은 문제가 아닙니다. 다만 중요한 것은 시민들의 반수가 죽는 것을 막아내는 일입니다."

이 전염병은 일정한 증상을 나타냈다.

"마비와 쇠약, 눈의 충혈, 지저분한 입, 두통, 가래톳, 심한 갈증, 정신 착란, 전신 반점, 내부적인 장애, 그리고 마침내는…… 맥박이 미약해지고 하찮은 동작을 하다가 숨이 끊어지는 것이다."

곪은 것을 째보면 응어리에서는 피가 섞인 고름이 흘러나온다. 환자는 피투성이로 만신창이가 되다가 지독한 악취를 풍기며 죽어간다. 리유가 열병환자를 격리시키고 사타구니의 멍울들을 절개하여 피고름을 짜내고 파리에다 면역 혈청을 주문하는 등 백방으로 애쓰는 동안에도 사망자 수가 점점 늘어나 30명에 이른다. 그리고 마침내 지사로부터 공문을 받는다.

"페스트 사태를 선언하고 도시를 폐쇄하라."

시민들은 감금되고 유폐되어 기약 없는 귀양살이에 들어간다. 그때부터 페스트는 시민 전체의 문제로 대두된다. 여태까지는 이 이상한 사건이 빚은 놀라움과 불안에도 불구하고 시민들은 제각각 평소와 마찬가지로 그럭저럭 일을 계속하고 있었다. 그러나 도시가 폐쇄되자 그들은 모두 제자리 앉아서 죄수와 유형수들의 고통을 맛보게 된다.

취재차 잠시 오랑에 들른 신문기자 랑베르에겐 이 돌발적인 상황이 황당하기 짝이 없다. 이 지역 사람이 아닌데다 파리에다 사랑하는 아내를 두고 온 그로선 어떡해서든 돌아가겠다는 일념뿐이다. 그는 리유를 찾아와 페스트에 걸리지 않았다는 증명서를 부탁한다. 하지만 의사로서 그런 증명서를 발급해 줄 수도 없거니와 써 준다한들 증명서 따윈 효력도 없다. 편지조차 왕래가 차단된 도시의 성문은 굳게 봉쇄되어 있기 때문이다. 기자는 증명서를 써주지 않는 의사에게 생이별을 당한 사람을 이해하지 못한다고 원망한다. 한편 오랑에서 신망을 얻고 있는 파늘루 신부는 어느 비 내리는 일요일에 열렬한 설교를 한다. 신도들이 성당을 채우고 넘쳐 거리까지 흘러난다.

"여러 형제들, 여러분은 불행을 겪고 계십니다. 여러 형제들, 여러분은 그 불행을 겪어 마땅합니다 …… 오늘날 페스트가 우리에게 개입하게 된 것은 반성의 시기가 왔기 때문입니다. 올바른 사람들은 조금도 그것을 두려워 할 필요가 없습니다. 그러나 사악한 사람들이 떠는 것은 당연한 일입니다. 우주라는 거대한 곳간 속에서 가차 없는 재앙은 짚과 낟알을 가리기 위해서 인류라는 밀을 타작할 것입니다."

신부의 설교인즉 페스트란 신이 내리신 인간에 대한 징벌이고 이 재앙이 도리어 인간을 향상시키고 나아갈 길을 제시한다는 내용이다. 말하자면 페스트에도 그것대로의 유익한 점이 있어서 사람의 눈을 뜨게 하고, 사람으로 하여금 생각을 하게 만든다는 것이다.

군중들은 신부의 설교에 술렁이지만 리유에게 종교는 관심 밖이다. 그는 "병고의 유익한 점을 증명하려 하기 전에 치료부터 할 것"이라며 신부의 의견에 동조하지 않는다. 이 치료란 리우의 신념인 '반항'을 의미하는 것이다.

더위가 시작된 6월에는 매주 700명이 넘는 사망자가 발생한다. 도시는 온통 절망에 사로잡히고 시민들은 향락에 빠져 들어간다. 밤늦은 시각 중심가에는 청춘 남녀들이 열정을 불태우며 도덕이 점점 헐렁해진다.

페스트에 대응하는 사람은 몇몇 유형으로 나뉜다. 그 중엔 페스트와 같은 재앙이 오히려 행복한 자가 있으니 코타르란 밀매업자이다. 그는 마약 따위의 나쁜 사업을 벌이다 동업자의 밀고로 체포되기 전에 목매달아 죽으려고 시도했던 인물이다. 다행히 목매기 직전에 이웃에게 발견되어 죽다 살아난 코타르로선 도시가 마비되어 안도한다. 혼자서 죄수가 되는 것보다 모든 사람과 함께 갇힌 것이 좋은 것이다. 더욱이 그는 생필품의 암거래를 통해 호황을 누리고 있으므로 내심 페스트가 끝나지 않기를 바라고 있다.

반면에 의사에게 힘을 실어 주고 친구가 되어 준 타루가 있다. 그는 자원봉사자를 모아 보건대를 조직하여 페스트와 싸우는 투지를 보인다. 리유가 가난한 노동자의 아들로 태어난 반면 타루는 차장검사의 집안에서 유복한 유년 시절을 보낸 사람이다. 하지만 그런 타루에게도 아픔이 있다. 타루는 열일곱 살 때 법정에 갔다가 피고에게 사형선고를 주장하는 아버지의 논고를 듣고는 구역질이 나서 가출을 해버렸던 것이다.

"간단히 말하자면 리유, 나는 이 도시와 전염병을 만나게 되기 훨씬 전부터 페스트로 고생한 사람입니다. 그것은 말하자면, 나도 이곳의 모든 사람과 마찬가지란 얘기죠. 그러나 세상에는 그런 것을 모르는 사람들도 있고, 그런 상태가 좋다고 살고 있는 사람들도 있고, 또 그런 것을 알면서 거기서 어떻게든 빠져나가려고 애쓰는 사람들도 있어요. 나는 항상 빠져나가려고 했어요."

타루는 사형선고와 같은 인간의 부조리한 제도에 대해 대항하며 반드시 없애야 한다는 신념을 가지고 있었다. 그는 리유에게 직업관을 묻는다. 그러자 의사는 이렇게 답한다.

"내가 이 직업에 발을 들여놓았을 때, 나는 말하자면 그냥 추상적으로 택했지요. 직업이 필요했었고, 다른 직업이나 마찬가지로 괜찮은 직업이었고, 젊은 사람이 한번 해볼 만한 직업의 하나였기 때문이죠. 또 어쩌면 나 같은 노동자의 자식으로서는 성취하기가 특별히 어려운 일이었기 때문이었는지도 모릅니다. 택하고 났더니 죽는 장면을 보아야만 했지요. 죽기를 거부하는 사람이 있는 것을 아시나요? 어떤 여자가 죽는 순간에 '안 돼!' 하고 외치는 것을 들은 일이 있나요? 나는 있지요. 그때 나는 절대로 그런 것에 익숙해질 수 없다는 것을 깨달았지요. 그때는 나도 젊었고, 해서 나의 혐오감은 세계의 질서 그 자체에 대하여 솟구치는 것이라고 생각했죠. 그 후 나는 한층 겸허해졌어요.…… 신은 우리가 있는 힘을 다해서 싸워주기를 더 바랄지도 모릅니다."

이렇게 리유는 신이 있다면 신조차도 인간에게 무조건 복종하기보다는 '반항'을 더 요구하리라 생각한다는 것이다. 나날이 기승을 떨치고 사망자 수를 늘이는 페스트가 리유에게는 의사로서 '끝없는 패배'이지만 그렇다고 해서 그 싸움을 멈추어야 할 이유는 되지 못한다고 말한다. 타루도 전적으로 리유의 의견에 동의한다. 또한 페스트와 싸우는데 공헌

한 사람 중에는 시청 말단 서기 그랑도 있다. 가난한 나머지 결혼도 못한 그랑은 보건대에서 등록과 통계 작성 등으로 큰 도움을 주고 있다.

"인간에게서 소위 영웅이라는 것은 그랑처럼 약간의 선량한 마음씨와 조금 우스꽝스러운 이상을 가지고 묵묵히 자신의 일에 최선을 다하는 사람일 것이다."라고 리유가 생각하듯 그랑은 보건대를 살아 움직이게 하는 조용한 미덕의 실질적 대표자이다.

한편 기자 랑베르는 갖가지 노력 끝에 마침내 탈출구를 찾는다. 하지만 탈출 일보 직전에 "혼자만 행복하다는 것은 부끄러운 일이지요."라며 떠나지 않기로 결심한다. 뿐만 아니라 보건대 일을 열심히 돕기 시작한다. 자신도 이제 이곳 사람이 되었단 자각이 들기도 했거니와 리유도 요양소에 간 아내와 떨어져 지낸다는 사실을 뒤늦게 알고 나서 내린 결정이었다.

여름 내내 맹위를 떨치며 페스트는 묘지와 화장터를 포화 상태로 만든다. 경험 많은 노 의사가 열심히 면역혈청을 제조하여 10월 하순이 되어서야 완성된다. 리유는 이 혈청을 가지고 판사의 어린 아들 필리프에게 첫 시험을 해 본다. 그 혈청은 명백히 효과가 있었다. 하지만 그것을 투여 받은 어린아이는 그 효과 때문에 다른 환자들보다 더 오랜 시간 고통을 겪으며 비참하게 죽는 결과를 보여준다. 리유는 신부를 향해 격렬한 어조로 소리친다.

"허, 이애는, 적어도 아무 죄가 없습니다. 당신도 그것은 알고 계실 거예요!"

"왜 나한테 그렇게 화를 내지요? 정말 우리에겐 도가 넘치는 일이니

반항심도 생길 만합니다. 그렇지만 우리는 스스로 이해할 수 없는 것도 사랑해야 할지도 모릅니다."

신부의 대답에 리유는 고개를 저으며 대꾸한다.

"어린애들마저도 주리를 틀도록 창조해 놓은 이 세상이라면 나는 죽더라도 그 사랑을 거부하겠습니다."

죄 없는 아이의 처참한 죽음을 목격한 이후, 파늘루 신부는 조금씩 변해간다. 그의 설교 태도도 점차 바뀌어서 부드럽고 신중해지며 주저하는 빛을 보인다. 신부는 이내 병이 들지만 끝까지 진찰을 거부하다가 숨을 거둔다. 파늘루는 성직자가 진찰을 받는 것은 온당하지 않다는 의견을 굽히지 않고 죽은 것이다.

추위가 오면 페스트가 물러갈 것으로 기대했지만 12월이 되어도 역병은 수그러들지 않는다. 도시 전체가 미래에 대한 희망 없이 살고 있다. 크리스마스도 지옥의 명절이 되고 만다. 성탄절에 그랑은 거리를 떠돌며 과거에 사랑했던 여인을 그리워하다 쓰러진다. 그랑도 페스트에 걸린 것이다. 하지만 리유와 타루가 열심히 간병한 결과 병을 이겨낸 사람이 된다.

이윽고 쥐들이 다시 거리에 나타나기 시작한다. 정월이 되면서 통계표에서 사망자수가 하향곡선을 그린다. 이번엔 타루가 페스트에 걸린다. 남을 위해 바쁘게 봉사하면서 정작 자신은 혈청주사 맞는 걸 소홀히 한 결과 스스로의 말처럼 페스트에게 패배한 것이다. 리유의 치료에도 불구하고 타루는 속절없이 사망한다. 그가 죽은 다음날 리유는 아내의 부음이 담긴 전보를 받는다. 리유의 고통은 표현할 길이 없다.

페스트

마침내 2월의 어느 화창한 아침, 오랑 시의 문이 활짝 열린다. 밤낮없이 성대한 축하 행사가 이어진다. 생이별을 참고 지냈던 사람들이 플랫폼에서 뜨겁게 재회한다. 기자 랑베르의 아내가 제일 먼저 찾아온다.

페스트가 만연한 동안 밀매업으로 이득을 많이 본 코타르는 병이 물러갈 무렵부터 안절부절못하더니 결국 경찰에게 연행되어 간다.

리유는 마지막에 가서야 이 연대기를 쓴 당사자가 자신임을 밝히며 재앙의 소용돌이 속에서 배운 점은 인간에게는 경멸해야 할 것보다는 찬양해야 할 것이 더 많다는 점이라고 결론지으며 이렇게 경고한다.

"페스트 병균은 결코 죽지 않는다. 수십 년간 가구나 속옷들 사이에서 잠자고 있거나, 방이나 지하실이나 트렁크나 손수건이나 헌 종이들 틈에서 꾸준히 기다리고 있으며, 따라서 언젠가 인간에게 불행과 교훈을 갖다 주기 위해서, 또다시 저 쥐들을 깨워 행복한 도시로 병균들을 몰아넣어 거기서 죽음을 가져올 날이 온다는 것을 알고 있다."

작가가 주지했듯 페스트란 역사상 30차례나 발생하여 1억에 가까운 인구를 희생시킨 큰 재앙이다. 하지만 쥐벼룩이 옮기던 페스트 정도는 오늘날 복제인간을 꿈꿀 만큼 의학이 발달한 마당에 다소 생경해 보이기도 한다. 하지만 페스트 대신 오늘날엔 코로나처럼 새로운 이름의 바이러스들이 더 기승을 떨치고 있다. 아마 인류가 살아있는 한 전염병에 대한 공포는 피할 수 없으리라.

　페스트는 온몸이 괴사되어 시커멓게 변하므로 흑사병(黑死病) 이라고도 부른다. 페스트균(Yersinia pestis)에 의해 발생하는 급성 열성 전염병으로 쥐에 기생하는 벼룩이 사람에게 옮긴다. 13세기 중세 유럽에선 크게 유행해서 인구의 절반쯤 희생되었고 지금도 아프리카 등 일부지역에선 풍토병으로 남아있지만 다행히 국내에선 근래에 보고된 바가 없다.

　작품에서 까뮈가 말하고 싶었던 페스트는 실제의 질병이라기보다는 전쟁이나 억압, 독재, 차별, 빈곤과 기아와 같은 부조리를 은유한 것이라 본다. 페스트 대신 부조리나 허망이란 단어로 대치해 읽으면 뜻이 선명해진다. 특히 히틀러의 전체주의를 대입하면 더욱 쉬워진다.

　이 작품의 주인공 베르나르 리유는 전염병에 대처하는 의사로서 매우 모범적인 모습을 보여주었다. 그는 환자가 발생하기 시작한 초기에 누구도 감히 '페스트'란 병명을 입에 올리기를 꺼려할 때 과감하게 주장한다. 그것이 설령 페스트가 아니라 해도, 페스트가 발생했을 때 취하는 예방조치가 적용되어야 한다고, 시민의 반수가 목숨을 잃는 사태를 저지시키는 방도를 취해야 한다고.

　또 그는 하루 4시간 정도 밖에 잠을 자지 않으며 헌신적으로 진료에 임한다. "죽기 싫은 사람들이 죽는 것을 보고만 있을 수 없어서"라면서 맹렬하게 질병에 반항한다. 비록 영원히 승리하지 못할 것이 뻔할지라도 '싸워야 한다.'는 것이 그의 소신이었다.

　"이미 창조되어 있는 그대로의 세계를 거부하며 투쟁함으로써 나는 진리의 길을 걸어가고 있다고 믿는다."는 리유의 말이 작가 정신을 대표하는 말이리라. 또한 객관적인 연대기를 작성하여 자료를 남긴 점이 무척 존경스럽다. 이런 재앙 속에서 치밀하게 병의 양상을 관찰하고 개별적인 환자들의 심리상태와 전체적인 군중심리를 알아내기란 쉽지 않을 것이다.

이렇게 《페스트》는 까뮈의 일관된 철학적 입장이 '반항'이라는 걸 잘 보여주고 있다. 하지만 이러한 철학이 없다 해도 질병 앞에 선 의사들은 환자의 생명을 구하기 위해 싸우는 것이 지극히 당연하다. 의사라면 누구나 질병의 의미나 가치를 따지기에 앞서 리유처럼 행동하리라 믿어 마지않는다.

'성자가 될 수도 없고 재앙을 용납할 수도 없기에 그 대신 의사가 되겠다고 노력하는 사람들이 그들의 개인적인 고통에도 불구하고 아직도 수행해나가야 할 것에 대한 증언'이라고 결론을 내린 이 작품은 오늘날 코로나19 현장에서 싸우는 의사들을 위해 쓰인 것이 아닐까 하는 생각을 하게 한다.

알베르 까뮈 (Albert Camus)

1913년 11월 7일 프랑스령 알제리에서 태어났다. 포도농장의 저장창고 노동자였던 아버지가 제1차 세계대전에 참전 직후 전사하자 어머니가 가정부 일을 하며 두 아들을 키워냈다. 스페인 하녀 출신의 어머니는 선천적으로 귀가 어둡고 말을 더듬었다. 까뮈는 유년 시절에 극심한 가난속에서 자유를 배웠다고 말하곤 했다. 이후 장학생으로 알제중학교에 입학하고 바칼로레아(대학 입학자격 국가고시)에 합격했다. 알제대학 축구단에 입단하고 알제대학 문학부 상급반에 등록했으며 그 때 소중한 스승 장 그르니에를 만난다.

1934년 알제지구 공산당 입당했으나 이듬해 탈당하고 만다.

1937년 수필집 《안과 밖》 간행. 극단 '에퀴프'를 창단하고 1938년 《알제 레퓌블리캥》 신문기자로 일하다 1942년 폐결핵 각혈 때문에 샹봉에서 요양한다.

1943년 《콩바》지에 참여하여 레지스탕스 운동에 참가한다.

1957년 최연소 작가로 노벨문학상을 수상한다.

주요작품으로 《이방인》 《시지프의 신화》 《칼리귤라》 《반항적 인간》 《전락》 등이 있다.

1960년 1월 4일 파리 동남쪽 몽토르의 빌레블르뱅에서 자동차 사고로 즉사하여 루르마랭 공원묘지에 안장되었다.

개에서 사람으로

| 미하일 불가코프 《개의 심장》
| 장기 이식

　모스크바 거리에서 잡종견 한 마리가 앓고 있다. 주방장이 끓는 물을 끼얹는 바람에 옆구리에 화상을 입고 개구멍 속에서 한탄을 하는 중이다. 이제는 영락없이 죽는가보다 체념하던 중에 한 신사가 다가와 고급 소시지를 던져 준다. 몹시 배가 고팠던 차에 개는 덥석 소시지를 베어 물고 신사를 생명의 은인으로 여기게 된다. 개는 신사의 바짓단에 입을 맞추며 무한한 존경심을 표한다. 주인 없는 개가 필요했던 신사는 녀석을 집으로 데리고 가고 '샤리끄'라 부르기 시작한다.

　개가 따라간 신사의 집은 주택조합원 아파트로 그는 여러 채를 쓰고 있다. 신사의 이름은 필리쁘 필리뽀비치이고 직업은 의사다. 의사는 집에 도착하여 하녀에게 개의 진찰을 준비시키고 샤리끄의 화상을 치료한다. 그 순간 샤리끄는 자신이 병원에 끌려온 것을 알고 난동을 부리며 달아나다가 한 남자에게 저지당한다. 샤리끄는 와락 그 남자를 물어 버린다. 그는 필리뽀비치의 제자인 젊은 의사로 버릇없는 개를 마취시킨다. 한참 후에 깨어난 샤리끄는 얌전해져 진료실에서 의사가 하는 일들을 바라본다. 의사 덕택에 정력이 좋아진 남자 환자도 찾아오고, 또 젊음을 유지하기 위해 원숭이 난소의 이식을 요청하는 51세의 귀부인도 있다. 덕분에 샤리끄는 인간세계가 요지경이란 걸 알게 된다.

잠시 후 아파트 벨이 울리더니 이번에는 주택관리위원회 직원 4명이 찾아온다. 이들은 의사가 아파트 7채를 사용하는 것이 불만이다. 당시 러시아에서는 혁명이후 농촌 주민들이 모스크바로 몰려들자 부유층의 아파트에다 프롤레타리아를 입주시키는 정책을 시행 중이다. 일인당 16아르신(11.38평)이 합법적인 거주 면적인데 의사는 혼자서 7채나 차지하고 식당까지 따로 사용하는 것은 불법이라고 윽박지른다. 의사는 고위간부에게 전화를 걸어 그들을 퇴치한다. 필리뽀비치는 당의 보호를 받는 유럽의 대학자였던 것이다.

개는 의사의 집에 기거하며 치료를 받고 건강해진다. 어느 날 젊은 의사가 트렁크에 무거운 짐을 담아 온다. 필리뽀비치가 죽은 지 얼마나 되었느냐고 묻자 3시간 전이라고 대답한다. 얼마 후에 샤리크는 수술실로 끌려간다. 클로로포름으로 마취시킨 후 필리뽀비치는 먼저 개의 배를 가르고 죽은 사람의 고환을 이식한다. 그리고 두개골을 뚫고 뇌하수체를 이식한다.

젊은 의사가 작성한 기록에 의하면 죽은 사람은 28세 남자로서 그의 뇌하수체와 고환을 꺼내 멸균 생리식염수에 보관했다가 개에게 세계

최초로 이식 수술을 행한 것이다. 수술직후 개는 사경을 헤매지만 강심제와 아드레날린 투여로 호전되기 시작한다. 이틀이 경과하자 개의 털이 점차 빠지고 점점 사람의 신음과 비슷한 소리를 낸다.

  1주일 후 사진 촬영을 했을 때 개는 웃기 시작했고 나날이 키가 커지며 사람의 형체를 갖추고 주로 욕설을 입에 담는다. 2주일 후 꼬리가 떨어져 나가고 완전한 사람의 모습이 되자 도시에 소문이 퍼져서 구경꾼들이 몰려들게 된다. 2주일 후 필리뽀비치는 자신의 실수를 인정한다. 단지 개를 젊어지게 하려고 뇌하수체를 이식했는데 뜻하지 않게 '완전한 인간'으로 만들게 되었단 것이다. 개는 사람의 말을 알아듣고 계속 욕설을 내뱉는다. 한 달이 지나자 개는 흡연을 시작하고 스스로 옷을 입고 막힘없이 대화를 한다.

  죽은 남자는 이름이 끌림이었고 술집에서 발랄라이카를 연주했었는데 알코올중독자로서 싸움 끝에 칼에 찔려 사망한 자였다. 끌림의 장기가 개에 이식되어 탄생한 이 인물은 불량하기 짝이 없다. 하녀들에게 치근대기 위해 부엌에서 잠을 자고 천박한 옷차림새에다 담배꽁초를 아무데나 버리고 벼룩을 옮겨오는 등 의사를 견딜 수 없게 만든다. 또 주택관리위원회 사람들과 어울려 다니며 의사를 곤경에 처하게 한다. 주민등록증을 만들어 달라 요구하자 의사는 샤리크였던 개에게 샤리꼬프란 이름을 붙여주고 아파트에서 태어났다는 증명서를 써준다. 한 마디로 의사는 이식 수술 후에 지독한 스트레스에 시달리게 된다.

  이 개는 원래 고양이만 보면 발작적으로 덤볐는데 사람이 된 후에도 마찬가지이다. 한번은 샤리꼬프가 부엌에서 고양이를 발견하고 잡으려고 유리창을 깨뜨리며 난동을 부려 욕실에 가두어 둔다. 그러자 샤리꼬프는 욕실 문을 열기 위해 수도파이프를 잡아당겨 집안을 홍수가 난 듯 물에 잠기게 만든다. 대기실엔 환자 11명이 대기하고 있는 마당이었다. 결국 하루 진료를 망치고 39명의 환자를 돌려보내고, 유리창과 수도꼭지 수선비를 물면서 의사는 샤리꼬프라면 진저리를 친다. 뿐만 아니라 샤리꼬프는 의사의 돈 20루블을 훔쳐, 나가 놀다가 나쁜 친구들을 데리고 귀가한다. 그들이 떠나고 나면 꼭 의사의 재덜이나 비버털모자, 지팡이 따위가 사라진다. 두 의사는 샤리꼬프 때문에 여간 곤혹스러운 게 아니다.

젊은 의사는 아버지뻘인 필리뽀비치가 고심하는 것이 안타깝기 짝이 없다. 그는 샤리꼬프에게 비소를 먹여 죽여 버리겠다는 말을 꺼낸다. 필리뽀비치는 펄쩍 뛰며 만류하면서 하소연을 한다.

"이런 빌어먹을⋯⋯ 내가 뇌에서 돌기를 찾아내느라 5년이나 틀어박혀 연구했는데⋯⋯ 자넨 알고 있네, 내가 무슨 일을 해왔는지. 이건 그냥 이해될 수 있는 일이 아니야. 그런데 이제 와서 무슨 목적으로 그랬느냐고 질문을 하지. 어느 멋진 날, 사랑스러운 개 한 마리를 저런 쓸모없는 놈으로 변형시키기 위해서라니 정말 머리카락이 거꾸로 서는군."

"자넨 이번 수술이 어떤 것이었는지 보았잖는가. 한마디로 말해서, 나, 필리쁘 필리뽀비치가 평생토록 이보다 더 어려운 수술을 해본 적이 없네. 물론 스피노자의 뇌하수체든 다른 어떤 도깨비의 뇌하수체든 접목시켜 개를 아주 고상한 존재로 만들 수도 있겠지. 하지만 '도대체 무엇을 위해'라는 문제가 있네."

"이것만은 알아야 하네. 이식된 뇌하수체가 아직 허공에 걸린 채로 완전히 개의 것이 되지 않은 상태이네. 아직 샤리꼬프는 개 뇌의 잔재만을 나타내고 있는 것이야. 고양이를 공격하는 것은 그나마 샤리꼬프가 저지르는 일 중에 가장 나은 행동이지. 그가 개가 아닌 인간의 심장을 갖게 되는 날에는 얼마나 끔찍한 일이 벌어지겠소? 이 자연계에 존재하는 모든 것 중 가장 추악한 인간의 심장을 말이야."

두 의사가 토론을 하는 사이에도 샤리꼬프는 일을 벌인다. 잠자는 두 하녀들을 덮치려하다가 들켜서 거의 벌거벗은 채로 주방에서 질질 끌려나오고 있다. 젊은 의사가 다가가 흠씬 패주지만 샤리꼬프는 "당신은 날 때릴 권리를 갖고 있지 않아."라며 대든다. 의사들은 술에 취한 샤리꼬프를 억지로 재우고 특단의 조치를 취하겠다고 생각한다. 하지만 다음날 샤리꼬프는 집에서 나가 눈에 띄질 않는다.

3일 후에 샤리꼬프는 괴상한 털 코트를 입고 고약한 냄새를 풍기며 집으로 들어서더니 자신이 공직에 임명되었다고 자랑을 한다. 샤리꼬프는 주택관리위원장과 어울려 다니다 실제로 임무를 하나 맡게 되었다. 그것은 고양이를 색출해서 죽이고 그 가죽을 벗겨 토끼털 외투로 속여 파는 일이다. 그는 여자도 한명 데리고 와 결혼할 사이라고 소개한다. 의사는 여자에게 샤리꼬프가 사람이 된 경위를 알려주며 돈을 주고 위로한다. 그녀는 샤리꼬프에게 완전하게 속았다며 울며 돌아간다.

점입가경으로 다음날 의사를 찾아온 사람이 어떤 서류를 보여준다.

그것은 샤리꼬프가 의사 두 명을 고발한 문서이다. 의사들이 반혁명적인 사상을 가지고 있고 주택위원장을 죽여 버리겠다는 말을 했으며 자신이 읽던 엥겔스 책을 불태우게 하는 등 멘셰비키처럼 행동했다는 내용이었다. 거기엔 유기동물 처리반장 샤리꼬프라는 서명이 들어 있다.

경악한 의사는 샤리꼬프가 돌아오자마자 집에서 당장 나가라고 소리친다. 하지만 샤리꼬프는 자신도 이 아파트에 살 권리가 있다고 버티며 젊은 의사에게 권총을 겨눈다. 그로서 그는 종말을 자초한 것이다. 젊은 의사는 재빨리 그를 잡아 소파에서 숨통을 틀어막는다. 아파트 입구에 오늘은 임시휴진이라고 써 붙이고 초인종 선을 잘라버린다. 그리고 장시간의 수술을 진행한다.

열흘 후 경찰이 아파트에 들이닥친다. 행방불명된 샤리꼬프를 찾기 위해 가택을 수색하면서 의사들에게 살인혐의를 씌운다. 그러자 필리뽀비치는 개와 사람의 중간쯤 되는 어떤 존재를 보여준다. 주위 사람들은 놀라 자빠진다. 그것은 얼마 전까지 유기동물 처리반에서 일했던 샤리꼬프임이 틀림없다.

의사는 다시 수술을 해서 개로 만든 사실은 숨긴 채, 개가 사람이 되려다 저절로 퇴화되었다고 설명을 해줌으로서 경찰은 성과 없이 되돌아간다. 샤리꼬프는 본래의 개가 되어 그나마 아파트에서 사는 것을 행복해하며 끝을 맺는다.

이 작품은 작가 불가코프가 생존하던 그 당시 스탈린의 혁명이 얼마나 잘못된 것인가를 풍자하려는 목적으로 쓰인 것이다. 프롤레타리아 혁명이 인간을 개조한다고 하지만 이식수술처럼 하루아침에 사회체제가 바뀔 수 없음을 말하려는 것이다. 이식 수술이란 본래 조직 간의 항원 항체 반응에 의한 거부반응이 가장 문제인데 그냥 장기를 집어넣는다고 해서 순응이 되지 않는 건 당연한 일이다.

의학적으로 장기이식수술은 1950년대부터 시도하여 1954년 보스턴에서 신장이식수술이 성공하였고 1963년에 간이식을 시도하였단 역사가 있다. 그런데 1925년에 이 작품이 쓰였으니 대단히 선구적인 발상이라는 데에 놀라움을 금할 수 없다. 더구나 뇌하수체를 이식했다는 내용은 그만큼 작가가 호르몬의 기능을 잘 알고 있었다는 걸 입증한다.

작품에서 개에게 장기를 공여한 인물의 이름이 '끌림'인 것도 눈여겨봐야 한다. 러시아어로 끌림은 강철이라고 하니 같은 의미를 가진 스탈린을 은연중에 지목하는 것이다. 공산주의 사상이 러시아를 비롯한 많은 나라에서 목숨과 피를 요구하였지만 우리는 오늘날까지 그 아픔이 지속되고 있으므로 예사롭게 넘길 수 없는 작품이다.

마지막으로 장기이식수술을 받으면 혹시 장기 제공자의 인격을 갖게 될까봐 우려하는 독자를 위해 부언하자면 개가 사람이 되어 '개자식'이 탄생한다는 것은 의학적으로 불가능하다는 것을 알려주고 싶다.

미하일 불가코프 (Mikhail Bulgakov)

1891년 5월 3일 러시아 끼예프에서 태어났다. 1916년 끼예프 의학부를 졸업하고 우크라이나와 러시아 전역에서 의사생활을 했다. 잠시 성병 전문의로 개업을 했지만 1919년 〈그로즈니〉 신문에 논설을 게재하는 것을 계기로 의사 대신 본격적인 작가의 길을 택했다.

모스크바 여러 신문사와 잡지사에 글을 실으며 호평을 받았고 또 희곡을 무대에 올려 인기를 얻었다. 그러나 스탈린 체제하에서 그의 모든 작품은 출판금지 되었다. 스탈린에게 망명 요청을 했으나 거절당했으며 신장경화증으로 시력을 잃는 등 고통을 겪다가 1940년 2월 13일 사망했다. 유해는 화장하여 모스크바 노보데비치 수도원 묘지에 묻혔다.

대표작으로는《백위군》《젊은 의사의 수기》《악마의 서사시》《조야의 아파트》《거장과 마르가리타》등 많지만 그의 생전에는 한 권도 출판되지 못했다.

미친개에게 물리다

| 카밀로 호세 셀라 《파스쿠알 두아르테 가족》
| 광견병

　파스쿠알 두아르테는 사형을 당하기 전 형무소에서 자신의 이야기를 편지로 남긴다. 그는 스페인 남쪽 시골에서 태어나 학교는 12살까지 다니다 말았다. 마찬가지로 교육을 제대로 받지 못한 그의 부모님들은 화목한 가정을 이루지 못했다. 폭력적인 아버지는 아내와 어린 아들을 흠씬 두들겨 패었고 어머니 또한 남편에게 덤벼들어 집안이 조용할 날이 없었다. 파스쿠알의 여동생이 태어나던 날, 어머니는 귀신이 들린 것처럼 소리를 질러댔고 아버지는 딸을 낳았단 소식을 듣고 어머니 침대에 다가가 "뻔뻔한 년" "여우같은 년"이라며 혁대 버클로 후려패기 시작했다. 어린 아들이 곁에서 보기에 어머니가 까무러치지 않는 게 이상할 정도로 심하게 때리는 것이었다. 이런 부모 밑에서 자란 파스쿠알이 보고 배운 것이라곤 폭력밖에 없다. 여동생 로사리오를 따라다니는 건달

'싸가지'와도 사이가 나쁘다. 싸가지와 말다툼을 벌이다 다음에 만나면 칼로 벌집을 만들어 주겠노라고 으름장을 놓았다.

　로사리오를 낳고 15년 뒤 어머니는 또 임신을 했는데 누구의 아이인지 확실치 않다. 당시 어머니가 라파엘씨와 놀아났기 때문이다. 아이를 낳던 날 아버지는 벽장에 갇혀 있었다. 미친개에게 물렸기 때문이었다. 아버지는 몸을 심하게 떨기 시작하더니 누구라도 보이기만 하면 팔을 끊어버릴 듯이 물어 댔다. 벽장 속에서 불타오르는 눈길로 사자처럼 발길질하며 모두를 죽여 버리겠다고 소리쳤다. 하도 격렬히 발작을 해서 나무판자 몇 개를 덧대어 벽장문을 막아놔야 했다. 이틀간이나 감금해둔 다음에 나중에 시신을 꺼내려 벽장 속에 들어가 보니 아버지는 피가 흥건하게 고인 두 눈을 부릅뜨고, 반쯤 벌어진 입 밖으로 검붉은 혀를 절반 정도 내밀고 죽어 있었다. 그런 아버지의 주검을 보고 어머니는 울기는커녕 오히려 웃어서 파스쿠알을 놀라게 만들었다.

　비극적인 아버지의 죽음과 동시에 태어난 남동생 마리오는 정상이 아니었다. 마리오는 뱀처럼 바닥을 기어 다녔고, 목과 코로 고작 쥐새끼 같은 소리나 낼 뿐이었다. 첫니가 이상한 곳에 나오기 시작하자 이빨이 혀를 뚫기 전에 실로 뽑아주어야 했다. 그때 출혈이 심해서인지 금방 홍역에 걸렸고, 두드러기가 나서 엉덩이 피부가 벗겨졌고, 가래톳이 생겨 고름과 오줌의 범벅이 되었다. 네 살 때는 돼지가 마리오의 귀를 먹어 치워버린 일도 생겼다.

　결국 마리오는 10살이 되어 기름 항아리에 빠져 죽은 채 발견되었다. 아이의 아버지인 라파엘이 일부러 빠뜨린 것이리라. 이때 아들의 죽음

앞에서도 울지 않는 매정한 어머니를 보고 파스쿠알은 증오하기 시작했다.

마리오의 장례식 날 파스쿠알은 무덤 위에서 망연히 앉아 있다가 롤라를 만났다. 그녀와 반쯤 애인 관계로 지냈지만 이날은 마침내 관계를 맺게 되었다. 동생의 무덤 위에서……. 얼마 후 파스쿠알과 롤라는 결혼식을 올렸다. 롤라가 임신을 했기 때문에 마땅히 그래야 했다. 그러나 신혼여행을 다녀오던 날 롤라는 말 위에서 떨어져 유산이 되어 버렸다. 파스쿠알은 마구간으로 쫓아가 문제를 일으킨 말을 스무 번도 더 찔렀다. 그 직전에 술집에서 말다툼 끝에 친구를 세 번 찔렀던 그 주머니칼을 가지고.

다행히 롤라는 다시 임신이 되어 첫 아들을 낳았다. 아버지의 이름을 따서 파스쿠알이라고 불렀지만 아이는 열한 달을 넘기지 못하고 감기에 걸려 죽었다.

파스쿠알은 아이를 잃고 나서 자신의 가정이 더욱 권태롭게 느껴졌다. 천박한 아내와 사악한 어머니 둘 다 견디기가 힘들었다. 그는 혼자 한밤중에 무작정 마을을 떠났다. 아메리카로 갈 계획을 세우지만 배를 타기에는 가진 돈이 터무니없이 부족했다. 역에서 짐을 나르고 부두에서 화물을 운반하며 잡역부로 2년간 일을 하다 그냥 고향으로 돌아왔다.

롤라가 반겨주지만 그녀는 배가 불러 있었다. 2년 넘게 소식 없는 남편을 마냥 기다릴 수만 없었다고 변명했다. 어머니가 며느리에게 포주 노릇을 한 게 틀림없었다. 파스쿠알이 롤라에게 아이 아버지가 누구냐고 다그치는 순간 남편에게 사실을 털어놓고 그만 즉사하고 말았다. 아이 아버지는 예전에 파스쿠알의 여동생 로사리오를 따라다니던 건달 '싸가지'였다. 파스쿠알은 싸가지를 만나자 바닥에 팽개치고 목을 졸라 죽였다. 그래서 28년 구형을 받고 3년 복역 후에 집으로 돌아왔다. 모범수인 덕분이었다. 하지만 감옥에 있는 편이 나았다. 파스쿠알은 어머니를 견딜 수가 없었다. 오래전부터 파스쿠알을 좋아한 이웃처녀 에스페란사와 재혼을 했어도 어머니와 함께 살기가 어려웠다. 며느리도 물론 어머니와 사이가 나빴다. 파스쿠알은 사냥용 칼을 갈아 그 칼을 들고 한 밤중에 어머니가 잠든 방으로 들어갔다.

> 어머니가 거기 있었습니다. 시트 안에 누워 베개에 얼굴을 박고 말입니다. 그 위에 달려들어 칼로 찌르기만 하면 되었습니다. 움직이지도 못하고, 깩소리도 못하겠죠. 그럴 시간도 주지 않겠지만…… 어머니는 팔 뻗으면 닿을 거리에 있었습니다. 깊이 잠들어서 앞으로 일어날 일은 꿈에도 모른 채 말입니다. 맙소사! 암살당하는 이들은 언제나 자기 운명을 전혀 모르는 법이지요! 결단을 내리고 싶었습니다. 그러나 그러지 못했습니다. 팔을 한 번 쳐들었지만 다시 내려뜨리고 말았습니다. 두 눈을 감고 찔러 버릴까도 생각했습니다. 그럴 수 없었지요. 눈을 감고 찌르는 것은 찌르지 않는 것과 같고, 허공에 칼질을 하는 것과 다를 게 없으니까요. 찌를 때는 두 눈을 부릅뜨고 모든 감각에 집중해야만 했습니다. 침착함을 유지해야 했지요. 시간이 흘렀지만, 나는 끝내버릴 결심을 하지 못한 채 동상처럼 우두커니 그곳에 서 있었습니다. 그럴 수 없었습니다. 어찌 됐든 내 어머니였던 것입니다. 나를 낳아준, 그리고 단지 그 이

유만으로도 용서해야 할 여자였습니다. …… 하지만 아니었습니다. 나를 낳기 때문에 그녀를 용서할 수 없었습니다. 그녀는 나를 세상에 던져 놓았을 뿐, 아무 것도 정말로 아무것도 해 준 게 없었지요.

파스쿠알은 잠든 어머니 곁에서 주저하며 두 시간도 넘게 지체했다. 하지만 인기척에 어머니가 깨어나자 칼로 찔렀다. 다시 감옥으로 돌아가게 된 파스쿠알은 14년간 복역을 했다. 그리고 스페인 내전이 발발했을 때 그 마을의 귀족인 돈 헤수스 백작을 살해했다. 그래서 사형을 당하게 된 것이었다. 작품 서문에 이런 헌사가 붙어있다.

이 글의 주인공이 자신을 죽이러 갔을 때 '가엾은 파스쿠알'이라고 부르며 미소 지었던 명문가 백작 돈 헤수스를 추모하며
- 파스쿠알 두아르테 -

이렇게 시골에서 태어나 보고 배운 것이라곤 가정폭력 밖에 없었던 파스쿠알 두아르테는 번번이 칼을 휘두르다 감옥을 드나들게 되고 결국 55세에 이르러 사형을 당한다. 동네 건달도 죽이고, 모친 살해라는 천륜을 저지르고 또 부르주아를 대변하는 귀족도 살해하는 파스칼 두아르테는 스페인 내전 직전의 사회상을 잘 드러내고 있다.

이 작품을 쓴 카밀로 호세 셀라는 훗날 노벨 문학상을 탔는데 흔히

그를 전율주의 작가로 분류한다. '폭력과 잔인한 범죄, 역겹고 거친 에피소드, 존재의 어두운 부분을 강조하는 리얼리즘'이라고 정의하는 전율주의는 한마디로 미친개가 날뛰는 느낌을 준다. 이 작품의 내용도 그렇지만 작품 곳곳이 섬뜩하기 이를 데 없다. 그러기에 파스쿠알의 아버지가 하필 광견병에 걸려 죽는 것도 우연만은 아닐 것이다.

광견병은 바이러스로 전염되는 병이다. 광견병 바이러스(rabies virus)를 가진 동물에게 물려서 발생하고 증상은 급성 뇌척수염의 형태로 나타난다. 광견병은 본래 동물들의 병이다. 야생동물들이 이 바이러스를 가지고 있어서, 주로 여우, 너구리, 박쥐, 코요테, 흰족제비의 체내에 존재한다. 원숭이에 물려서 바이러스에 감염되는 경우도 있다. 하지만 전 세계적으로는 가장 많이 광견병을 전파시키는 동물은 집에서 기르는 개이다. 개의 침 속에 이 바이러스가 들어있어서 사람을 물었을 때 침 속에 있던 바이러스가 전파되는 것이다.

개에 물린 후 증상이 나타날 때까지 잠복기가 일주일에서 1년 이상으로 다양하지만 평균 1~2개월로 잡는다. 머리에 가까운 부위에 물릴수록 또 상처의 정도가 심할수록 증상이 더 빨리 나타난다. 초기에는 감기와 구분이 잘되지 않을 만큼 발열, 두통, 무기력, 식욕 저하, 구역, 구토, 마른기침 등의 일반적인 증상이 1~4일 동안 이어진다. 물린 부위에 저린 느낌이 들거나 저절로 씰룩거리는 증상이 나타나면 광견병을 의심해야 한다. 이 시기가 지나면 흥분과 발작이 나타나고, 음식이나 물을 보기만 해도 근육, 특히 목 근육에 경련을 일으킨다. 침을 많이 흘려도 삼킬 수가 없어서 갈증 해소가 되지 않으므로 아이러니하게도 공수병이란 이름이 붙었다. 환자의 80%가 물을 두려워하는 것이 특징이다. 병이 진행되면서 전신의 경련, 마비, 혼수상태를 보이고 결국 호흡근마비로 사망한다. 치료를 하지 않으면 평균 7일, 치료를 하더라도 평균 25일 이내에 거의 100%의 환자가 사망하는 치명적인 병이 공수병이다.

세상에 많고도 많은 질병이 있으니 언젠간 환자가 될 수밖에 없는 것이 우리들의 운명이겠지만 공수병처럼 인간성을 졸지에 상실하는 무시무시한 병만큼은 철저히 예방해야 하겠다. 우리나라에서는 국가 보조금 지원으로 동물병원에서 1,500원에 개에게 예방주사를 놔주고 있다.

카밀로 호세 세라 (Camilo José Cela)

1916년 스페인 북부 갈리시아에서 태어났다. 세관관리였던 아버지를 따라 스페인 여러 지방을 옮겨 다니다 9살 이후에는 마드리드에 정착하여 중등교육을 받았다. 의과대학에 진학했지만 곧 중퇴했고 세무사 등 다른 직업을 기웃거리며 창작활동을 시작했다. 스무 살 때 스페인 내전이 발발하자 프랑코 휘하의 군대에 입대했다. 이후에도 프랑코 체제하에서 내무부 경찰 정보부의 검열관으로 일했다.

작품으로는 《요양소》《벌집》《두 망자를 위한 마주르카》《성 안드레스의 십자가》 등이 있으며 스페인 왕립 학술원 회원일 뿐 아니라 아스투리아 왕자 문학상 및 1989년 노벨 문학상 수상의 영예를 안았다. 2002년 86세를 일기로 마드리스에서 사망했다.

과장님 방에서
왈칵 토한 학생

필립 로스 《울분》
충수염

    1950년 6월, 한국에서 전쟁이 발발한 그 시기이다. 주인공 마커스 메스너는 집에서 가까운 곳에 있는 로버트 트리트 대학에 입학한다. 유대인인 아버지는 정육점을 운영하고 마커스는 집안일을 도와 고기를 배달하며 학교에 다니는 착한 청년이다. 집안을 통틀어 유일하게 대학에 들어간 사람이다. 사촌들은 2차 세계대전에 나가 전사했다. 마커스는 착실하게 공부하는 모범생이었음에도 불구하고 아버지는 늘 자식 걱정을 한다. 혹여 아들이 잘못된 길에 빠져 들까, 소중한 아들이 조카들처럼 죽기라도 할까 노심초사하는 것이다.

    조금만 집에 늦게 귀가해도 안절부절 못하는 아버지의 노파심을 견딜 수 없어 마커스는 집에서 먼 곳에 있는 대학으로 옮겨 버린다. 800Km나 떨어진 오하이오 주의 와인스버그 대학으로 전학을 간 것이다. 아버지는 아들의 비싼 학비를 위해 일을 더 많이 했고 마커스도 주말이면 바에서 용돈을 번다. 술도 담배도 하지 않는 그가 바에서 웨이터를 하기란 쉬운 일이 아니다. 아버지 밑에서 정육점 일을 하며 짐승들의 내장을 다루는 것만큼이나, 아니 그 이상으로 역겨운 일들이 많다. 그러면서도 그는 줄곧 A학점을 받기 위해 애를 쓴다.

하지만 그의 대학 생활은 원만하지 못하다. 그는 기숙사에서 방을 함께 쓰는 학생과 다투게 된다. 수면에 방해가 될 만큼 음악을 크게 틀어놓자 마커스는 침대에서 벌떡 일어나 레코드판을 부숴버렸기 때문이다. 베토벤 현악 4중주 16번 F장조를…….

마커스는 바에서 힘겹게 번 돈으로 레코드판을 물어주고 기숙사 방을 옮겨야만 했다. 그가 옮긴 방에는 공대생인 재벌 2세 웰윈이 기숙하고 있다. 웰윈은 학생 중에서 드물게도 고급 승용차인 캐딜락 라살을 소유하고 있었다. 이 당시 마커스는 법대를 가려고 준비하는 정치학 전공생이었고 졸업 후엔 ROTC로 한반도에 가서 소위로 복무하리라 예상하고 있다.

한국 전쟁은 이제 이 년째로 접어들어 무시무시하게 전개되고 있었다. 중국군과 북한군 75만 명이 연거푸 대규모 공세를 퍼부었으며, 미국이 이끄는 국제연합군은 많은 사상자를 낸 뒤 대규모 반격으로 대응했다. 그 동안 전선은 내내 한반도 위아래로 오르내렸으며, 남한의 수도 서울은 네 번이나 주인이 바뀌었다. 1951년 4월 트루먼 대통령은 맥아더 장군이 중국을 폭격하고 봉쇄하겠다고 위협하자 그를 사령관직에서 해임했으며, 마커스가 와인스버그 대학에 들어간 9월에는 후임자 리지웨이 장군이 북한 공산당 대표단과 휴전협정을 시작하여 첫 단계의 난관에 부딪힌 상황이었다. 전쟁은 앞으로도 몇 년 동안 계속되면서, 미국인 수만 명이 더 죽고, 부상당하고, 포로가 될 것처럼 보였다. 미군은 이보다 더 무시무시한 전쟁을 해 본 적이 없었다. 미군은 총을 쏘아도 끄떡없이 파도처럼 밀려오는 중공군 병사와 마주해야 했으며, 일인용 참호에서 총검과 맨손으로 싸우는 일도 많았다. 미군 사상자는 이미 그 수가 십만을 넘었고, 한반도 겨울의 혹한으로 인한 사망자도 중공군과의 육박전이나 야간 전투를 벌이다 생긴 피해자만큼이나 많았다. 이따금 수천 명씩 무리를 지어 공격을 해오는 중국 공산군은 무전기와 워키토키로 교신을 하는 게 아니라 나팔로 신호를 주고받았다. 그들은 아직 여러 면에서 개화되지 않은 군대였다. 그러나 칠흑 같은 어둠 속에서 들려오는 이 나팔소리보다 더 무서운 것은 없다고들 했다. 그 소리가 들리고 난 뒤 얼마 후면 적이 떼로 몰려와 슬며시 미군의 진지에 침투해, 추위에 떨며 온기를 찾아 침낭 속에 웅크리고 있는 지친 병사들에게 폭포처럼 총을 쏘아댄다는 것이었다.

마커스는 신문에서 한반도 전쟁에 대한 이런 기사를 읽으며 자신이 언젠가 가서 싸울 것을 생각한다.

이 무렵 마커스에게 여자 친구가 생긴다. 같은 과목을 수강하는 올리비아는 창백하고도 늘씬한 여학생이다. 마커스가 올리비아와 첫 데이트를 하는 날 고맙게도 룸메이트 웰원이 자동차를 빌려준다. 사실 이곳

대학생들은 데이트를 할 마땅한 장소가 없었던 것이다. 데이트를 하는 동안 올리비아는 아주 적극적으로 리드한다. 마커스는 그녀의 과감한 행동에 깜짝 놀라 뒷걸음질을 친다. 수업시간에도 그녀를 피하게 된다. 그러면서 마커스는 그녀의 부모가 이혼을 했다는 것과 그녀가 알코올 중독자였단 것과 몇 년 전에 면도날로 손목을 그어 자살을 시도하다가 정신병원에 다녀온 이력이 있다는 걸 알게 된다. 마커스는 그런 자신의 괴로움을 룸메이트인 웰원에게 말하자 그는 대뜸 올리비아를 비하하는 말을 내뱉는다.

마커스는 웰원이 올리비아를 욕하는 데에 화가 나서 다시 기숙사 방을 옮긴다. 이번에는 꼭대기 층의 아무도 살지 않고 방치해 두었던 몹시 열악한 방이다. 이사를 하고나서 곧 학생과장의 호출을 받는다. 입학 후 한 학기도 지나지 않는 동안 두 번이나 거처를 옮긴 일을 예사롭지 않게 생각하고 마커스와 상담이 필요하다고 여긴 것이다.

일어나라, 너희, 노예가 되기를 거부하는 자들이여!
우리의 살과 피로
새로운 만리장성을 건설하리라!
중국 인민이 위기에 빠졌다.
우리 모든 동포의 가슴에 울분이 가득하다.
일어나라! 일어나라! 일어나라!
모두가 한마음으로
적의 포화에 용감히 맞서

전진하자!

적의 포화에 용감히 맞서,

전진하자! 전진하자! 전진하자

마커스는 학생과장을 만나러 가며 이 노래를 떠올린다. 이 노래는 2차 세계대전 때에 미국과 동맹을 맺고 일본에 대항하던 중국군의 군가였다. 마커스가 초등학교에 다닐 때 애국심을 고취시키느라 불렀던 이 노래를 여태 외우고 있던 데는 이유가 따로 있다. 와인스버그 대학은 신학교로 설립되었으므로 아직까지도 채플시간을 40시간 이수해야만 졸업이 가능했다. 하지만 무신론자인 마커스로서는 채플시간을 견딜 수가 없다. 한 번 참석하고 나서는 두 번째 채플시간부터는 이 노래를 마음속에서 수없이 부르며 특별히 '울분'이란 단어가 들어가는 구절을 더 많이 되뇌었던 것이다.

마찬가지로 학생과장실에 들어가며 마커스는 노래를 또다시 되뇌고 있다. 학생과장은 기숙사를 여러 차례 옮긴 마커스에게 참을성이 없다고 지적을 한다. 학생과장은 또 시시콜콜하게 아버지의 직업에 대해서, 유대교에 대해서 또 마커스가 사귀는 여자 친구에 대해 질문을 한다. 참다못한 마커스는 할 말이 있다며 자리에서 일어나 채플시간을 채워야 졸업이 가능하다는 학교 규정에 이의를 제기한다. 그는 노벨평화상을 탄 버트란트 러셀의 《왜 나는 기독교인이 아닌가》를 인용해서 신의 존재란 논리적으로 믿을 수 없는 것이라고 따진다. 그는 책상을 두드리기도 하고 과장에게 삿대질을 하기도 한다. 과장은 마커스가 사교술이 없고 고립되었으며 학교를 거부한다고 여기게 된다. 그런 과장을 향해 마커스는 구역질이 난다고 말하며 방 여러 곳에 토하고 만다. 이제는 퇴학을 각오해야 한다.

과장 방에서 나와 혼자 고민하고 있을 때 어떤 친구가 찾아온다. 친구라기보다는 아버지가 보낸 학생이다. 아버지는 같은 동네에서 잘사는 집 조카가 마커스와 같은 대학에 다닌다는 걸 알고 아들을 돌봐달라고 부탁을 했던 것이다. 그의 이름은 서니 코틀러이다. 코틀러는 마커스가 학생과장과 다투고 토하고 온 것을 듣고 방법을 제시한다. 채플시간이 싫으면 돈을 주고 대리출석을 시키면 된다는 것이었다.

그날 밤 마커스는 계속 구토를 한다. 복통과 설사도 동반된다. 다음 날 새벽 결국 그는 구급차에 실려 갔고 충수를 제거하는 수술을 받는다.

병실에는 올리비아가 장미꽃을 안고 가장 먼저 나타난다. 올리비아는 병실에서 스킨십을 시도하다 간호사에게 들킨다. 또한 소식을 듣고 달려온 어머니는 올리비아를 보고 몹시 못마땅하게 여기고 마커스에게 제발 헤어지라고 당부한다. 어머니는 요즘 아버지의 상태가 좋지 않아 이혼을 결심하고 있다는 말을 한다. 그러나 마커스에게 이혼한 부모가 되고 싶지 않아 억지로라도 참고 살터이니 대신 올리비아와 헤어지라고 종용한다. 마커스는 하는 수 없이 약속한다.

학교에 돌아온 마커스는 몹시 갈등하지만 정작 올리비아를 만날 수가 없다. 그녀는 이미 학교를 떠나버렸다. 학생과장에게 달려가 알아보니 그녀는 신경쇠약으로 정신병원으로 실려 갔고 임신 중이었다고 알려준다. 물론 마커스의 아이는 아니다. 학생과장은 마커스가 자신에게 불량하게 굴고 과장실을 토사물로 어지럽혔지만 그건 충수염이란 병 때문에 그런 것으로 이해하려고 한다. 그렇지만 올리비아가 잘못된 것이 마치 마커스의 책임인 것처럼 비난하자 마커스는 대뜸 욕을 하고 나온다.

마커스는 한국 전쟁으로 끌려간다. 그건 교수에게 욕을 해서 그런 것이 아니다. 그때 와인스버그에 엄청난 눈이 내린 탓이다. 눈이 쌓이고 도로가 차단되자 그동안 폐쇄적이며 도덕을 강요하던 학교 정책으로 데이트 한 번 제대로 못하고 지냈던 남학생들이 여자 기숙사를 습격하는 망측한 사태가 발발한 것이다. 남학생들은 여학생들의 방으로 쳐들어가 난동을 부리며 여자 속옷을 창문에다 내걸고 '우리는 여자를 원한다.' 따위의 구호를 외쳐댔다. 이 사건의 주도자인 열여덟 명의 학생들이 퇴학당할 때 마커스도 함께였다. 물론 마커스는 여학생 기숙사를 습격하지 않았지만 그가 채플 시간에 대리 학생을 고용한 것이 발각되었기 때문에 도리가 없다.

마커스는 퇴학을 당한 후 입대를 해야 했고 곧바로 한국전쟁에 참전하게 된다. 그리고 중공군이 밀려오는 한반도 중부에서 마커스 이등병은 처참하게 전사하고 만다. 그건 마치 아버지의 정육점에서 도살당하던 닭과도 같은 주검이었다. 아들의 전사 소식을 전해들은 마커스의 아버지는 망연히 정신을 팔다 정육점의 칼이 도마에서 미끄러져 내려와 자신의 배를 찌르는 줄도 모른다.

하지만 만일 아버지가 그토록 마커스를 못미더워하고 의심하지 않았더라면 집에서 먼 대학으로 옮겨가지만 않았을 텐데, 또 아버지가 마커스를 위한다고 서니 코틀러를 보내지만 않았더라면 그가 대리출석 방법을 알려주지 않았을 텐데, 또 그게 발각되지만 않았더라면 마커스는 퇴학을 당하지 않았을 텐데, 그랬다면 한국전쟁에 끌려가지 않았을 텐데, 그곳에 가지 않았더라면 스무 살을 석 달 앞두고 삶을 마감하지는 않았을 텐데…….

이 작품을 읽었을 때 깜짝 놀란 것은 우리도 잘 기억하지 못하는 한국전쟁을 상세하게 소개한 내용 때문이었다. 한국전쟁은 세계적으로 흔히 '잊혀진 전쟁(forgotten war)' 혹은 '모르는 전쟁(unknown war)'이라 불리며 그 참상과 아픔이 제대로 조명되지 못하고 있는 게 사실이다. 그런 반면 필립 로스가 '울분(indignation)'이라는 극단적인 감정의 이름으로 소설화 시킨 것이 놀라웠다. 현존하는 미국 작가 중에서 문학상을 휩쓸며 평론가들의 극찬을 받는 이유가 달리 있는 게 아닐 성 싶었다.

주인공 메스너 마커스는 공부 잘하고 말 잘 듣는 아들이지만 아버지의 터무니없는 걱정에 대해서 울분을 참지 못하고 집에서 먼 곳으로 학교를 옮긴다. 그곳에서 수면을 방해하는 기숙사 동료를 견디지 못해서 방을 옮기고 또 자신의 여자 친구를 함부로 폄하하는 동료를 참지 못해서 다시 방을 옮긴다. 그런 일로 학생과장에게 불려가게 되고 그는 채플을 중요시하는 학교 정책에 반발하다가 교수실에다 구토를 하고 만다. 하지만 구토 사건은 마커스가 다음날 충수염 수술을 받게 되어 일단락된다. 문제는 그 후에 마커스가 채플수업을 대리출석 시켰다는 것이 발각되어 퇴학을 당하고 군대에 들어가 한국전쟁에서 죽게 되는 것이다.

만일 마커스가 충수염에 안 걸렸더라면 이런 결말이 생기지 않지 않았을까? 그보다 마커스가 조금만 더 울분을 참을 수 있었더라면 그는 법대를 졸업하고 변호사가 되고 또 자랑스러운 아들이 되었을 것이다.

충수염은 맹장 끝에 달린 충수돌기에 염증이 발생하는 것을 말하는 것이다. 길이가 6-9Cm되는 충수돌기는 아무 기능도 없이 매달려 있지만 간혹 염증을 일으켜 치명적인 병이 되는 것이다. 우리가 흔히 부르는 맹장염이 아니라 충수염이 정확한 명칭이다.

충수염의 원인은 명확히 밝혀져 있지는 않지만, 대부분 충수돌기 개구부가 폐쇄되면서 시작되는 것으로 알려져 있다. 10대의 경우에는 점막하 림프 소포(lymphoid follicle)가 지나치게 증식하여 폐쇄를 일으키는 경우가 많으며, 성인에서는 대변이 딱딱하게 굳어 덩어리가 된 분석(fecalith)에 의해 폐쇄가 일어나는 경우가 많다. 흔히 머리카락이나 씨앗처럼 소화가 되지 않는 음식을 먹는 경우 충수염에 잘 걸린다는 이야기는 근거가 없는 속설로 밝혀지고 있다.

충수염의 가장 특징적인 증상은 복통으로 95% 이상이 배가 아파서 병원을 찾게 된다. 그 외 식욕부진, 오심, 구토를 보이며 열이 나기도 한다. 구토 증상의 이유는 배가 아프기 때문이다. 이 작품의 경우 마커스가 구토를 한 후에 밤새 배가 아프고 다음날 충수염으로 판명되는데 이 부분은 의학적 지식과 딱히 일치하지 않는 것으로 보인다. 충수염은 복통을 일으키는 다른 질병과 신중한 감별이 필요하기 때문에 항상 언제부터 배가 아팠는지, 즉 토한 게 먼저인지 혹은 배가 아픈 게 먼저인지 알아보는 것이 중요하다. 충수염의 경우는 아프다 못해 구토가 나오는 것이므로 마커스처럼 토한 후에 복통이 시작되는 것은 충수염과 직접 관련이 없다고 본다. 그러니까 마커스가 충수염 때문이 아니라 극단적인 울분이 구토로 표현된 것이라 보인다. 그러므로 토한 다음 배가 아픈 경우를 충수염의 증상으로 오해하는 독자가 생기지 않길 바란다.

충수염은 딱히 예방할 수 있는 방법이라곤 없다. 다만 충수염이 발생하였을 때 지체 없이 수술을 하는 것이 가장 핵심이다. 앞에서 언급했듯이 충수염의 복통 증상은 다양한 양상으로 나타나므로, 배가 아프다는 사람에 대해서는 제일 먼저 충수염부터 의심해야 한다.

필립 로스 (Philip Roth)

1933년 미국 뉴저지의 뉴어크에서 출생. 부모님은 폴란드계 유대인이다. 부크넬 대학에서 영문학을 전공하고 시카고 대학에서 학위를 취득했다. 1959년 《굿바이 콜럼부스》로 문단에 등장한 이후로 1998년 퓰리처상을 받기 시작해서, 전미도서상, 전미비평가상을 각각 두 번씩 수상하고, 펜/포크너상 세 번 수상, 펜/나보코프 상과 펜/솔 벨로상을 수상했다. 저서로는 《나는 공산주의자와 결혼했다》《에브리맨》《휴먼 스테인》《미국의 목가》《포르노이의 불평》《미국을 노린 음모》 등 왕성한 작품 활동을 하고 있다.

고매한 학자가
정신 줄을 놓을 때

| 하진 《광인》
| 뇌졸중

샤닝대학 중문학과 양교수는 뇌졸중으로 쓰러졌다. 1989년 봄의 일이다. 지도학생인 완지안은 학과 당서기의 지령으로 교수님을 간병하기 시작했다. 완지안은 양교수의 딸 메이메이와 약혼한 상태이므로 한가족과 마찬가지였다. 당시 메이메이는 베이징으로 유학을 가 있었고 교수님의 사모님은 티베트로 파견 나가 있었으므로 달리 돌봐줄 가족이 없었다.

완지안은 2년 가까이 양교수에게 개인지도를 받던 수제자였다. 지안에게 양교수는 최고의 스승이었다. 양교수는 시학에 박식하고 학생들에게 헌신적인 학자였다. 학생들은 그의 뇌졸중을 두고 말이 많았다. 학교에서 그에게 스트레스를 준 결과라는 추측이 난무했다. 그만큼 양교수의 뇌졸중은 의외의 사건이었다.

완지안은 양교수를 간병하면서 새로운 사실들과 마주치기 시작했다. 우선 양교수는 제정신이 아니었다. 그는 자신이 아끼던 제자에게 공부를 때려치우라고 권한다. 완지안은 그때 베이징대학 고전문학과 박사가 되기 위해 시험 준비 중이었다. 하지만 양교수는 "염병할 것은 집어치워!"라고 소리 지른다. 완지안은 교수님이 영 다른 사람이 된 것 같아 충격을 받는다. 양교수의 진단명은 '대뇌 혈전증'이라고 했는데 광인과 같이 변모한 것이 놀라웠다. 양교수의 병실에선 끊임없이 욕설이 흘러나왔다.

"그놈들을 죽여 버려! 그 개자식을 모두 죽여버리라고!"

양교수는 정신 착란 상태에서 계속 시끄러운 소리를 내거나 이를 갈며 흐느껴 울기조차 했다. 그의 학식에 전혀 어울리지 않는 유치한 동요를 부르기도 하고 경극의 한 대목을 흥얼거리기도 했다. 마치 귀신 씌운 사람처럼 고함을 치며 노래를 부르자 완지안에게 간병시간이 여간 곤혹스러운 게 아니었다. 소변을 참지 못하고 침대를 적시는 일이야 어쩔 수 없이 이해한다고 해도 여인의 이름을 부르며 낯간지러운 애정 표현을 하며 외설스런 말도 서슴지 않는 양교수가 낯설게만 느껴졌다. 그나마 단테의 《신곡》을 외우거나 릴케의 《두이노의 비가》 또는 두보의 시를 암송할 때가 가장 양교수답게 느껴졌다.

어느 날은 "공산당이여 영원하라! 군벌을 타도하자! 새로운 중국이여, 영원하라!" 따위의 구호를 외치기도 하고 "나는 언제나 마오쩌둥 서기장님을 사랑해. 그분을 위해서라면 칼로 된 산을 오를 수 있고 불로 된 바다도 걸어갈 거야."라는 속없는 소리도 했다. 양교수는 속수무책으로 미쳐 있는 것만 같았다. 간호사가 약을 먹이려고 하면 독을 탔다고 의심하며 주사도 맞으려 하지 않았다.

양교수는 20년 전 중국에서 문화대혁명이 일어났을 때 외국 시를 몇 편 번역하고 괴테가 위대한 시인이라고 말한 적이 있다는 이유로 엄청난 수모를 당했다. 캠퍼스 내의 홍위병들은 양교수의 성이 적힌 우스꽝스러운 모자를 머리에 씌우고 물이 담긴 양동이를 목에 묶어 몸을 굽히고 머리를 낮추도록 만들었다. 때로는 빨래판 위에 무릎을 꿇려 놓고 무릎에서 피가 나도 일어서질 못하게 했다. 하지만 양교수는 그 모진 시간 동안 《신곡》을 외우며 견딜 수 있었다. 비록 홍위병들이 육체적으로 다치게 할 수는 있을망정 영혼은 정복할 수 없었던 것이다.

건강하고 의욕 넘치던 양 교수를 무엇이 이렇게 쓰러뜨린 것일까? 학생들은 그 원인을 찾으려고 했다. 교수 간의 불화설도 있었고, 양교수 부인의 티베트 여행도 거론되었지만 무엇보다 1년 전에 양교수가 캐나다에 다녀왔던 일이 문제로 불거져 보였다. 당시 양교수는 밴쿠버의 학회에서 연설을 하기로 초청을 받았지만 경비를 마련하지 못했다. 캐나다 측에선 양교수를 포기하고 연설자를 교체해 두었는데 양교수는 뒤늦게 후원받은 돈으로 캐나다를 다녀오게 되었다. 물론 연설은 하지 못했지만 대신 미국을 거쳐 돌아오면서 냉장고까지 사오느라 돈을 많이 썼다. 그때 경비로 지출된 1800달러를 갚으라고 학교 측에서 양교수에게 압력을 행사한다는 소문이 무성했다.

완지안이 간병하는 동안 양교수의 광란은 멈추지 않았다. 책을 갖다 달라고 울부짖기도 하고 마치 강단에 서 있는 것처럼 혼자 강의를 하기도 했다.

양교수는 시를 외우며 괴테의 작품이라고 알려주었다. 또 두보의 시를 외우며 자기가 썼다고 우기기도 했다. 그러면서 이런 말도 했다.

"시를 거들떠보지도 않는 사람들은 편안하고 행복하게 살지. 상급자들의 똥구멍을 핥는 걸 전문으로 하는 멍텅구리 동급생 중 하나는 2년 전에 국무원 장관이 되었어. 막강한 권력을 이용하여 전용 수영장까지 식은 죽 먹기로 만들었다지. 하지만 불쌍한 학자들과 나약한 책벌레들은 책과 잉크를 먹고, 시를 믿고, 기적을 꿈꾸면서 어휘에 묻혀 살아왔어. 우리는 모두 바보들이야! 우리, 우리……."

완지안은 존경하는 스승의 광기를 감당하기가 힘들었다. 스승은 과거 사랑하던 여자들의 이름을 몇 번씩 반복했는데 그 가운데는 지안과 동창인 여학생도 있어서 지안을 무척 당황하게 만들었다.

양교수는 또 아내를 의심하고 자신이 문화대혁명 때 시골에서 '재교육'을 받는 동안 아내가 바람을 피웠다고 확신하고 있었다. 완지안에게 절대 학자가 되지 말라고 누누이 강조했다.

"중국에서 누가 지식인이란 말이오? 말도 안 되지. 대학 교육을 받은 누구라도 지식인이라 불릴 수 있소. 사실, 인문 과학 분야의 모든 사람이 사무원들이고, 자연 과학 분야의 모든 사람이 기술자들이오. 누가 진짜 독립적인 지식인이며, 독창적인 생각을 하고 있으며, 진실을 얘기하는지 나에게 말해 보시오. 내가 아는 사람 중에는 아무도 없소. 우리는 모두, 국가에서 관리하는 벙어리 일꾼이자 퇴행적인 종자요."

양교수가 쓰러진 직후 그의 딸 메이메이가 베이징에서 달려 왔다. 꼬박 한나절이 걸리는 여정이라는데 어쩐지 지안에게 그녀는 변모한 듯이 보였다. 메이메이는 지안에게 간병을 제대로 하지 않았다고 짜증부터 내었다. 그녀는 쌀쌀한 표정을 짓고 곧 베이징으로 돌아가 버렸다.

양교수는 여전히 "인생이란 건 슬픔으로 가득한 바다야!"라고 탄식하거나 "나는 내가 이런 고난을 받을 만한 가치가 없는 존재는 아닌지 두려울 뿐이야."라고 한숨을 쉬며 광기 부리기를 멈추지 않았다.

한편 양교수의 부인도 티베트에서 돌아왔다. 그녀는 대학의 당서기를 찾아가 1800달러를 갚으라고 종용한 사실을 들어 그 때문에 남편이 중압감으로 쓰러진 것이라고 책임을 추궁했다. 사실 당서기는 양교수에게 여행비를 마련해 주고 그 대가로 자신의 조카가 장학금을 받도록 추천서를 쓰라고 양교수에게 압력을 행사한 사실이 있었다.

그런데 양교수 부인이 당서기와 다투느라 병실을 비운 사이 양교수는 침대에서 떨어져 캐비닛 모서리에 머리를 부딪고 뇌출혈이 생겨 의식 불명 상태가 되었다. 양교수는 "나를 구해 줘. 내 영혼을 구해 줘!"라고 헐떡이다가 지안을 보고는 "기억하고 내 복수를 해 줘. 그리고……그들 중 아무도 용서하지 마. 모두 죽여 버려!"라고 말하고는 눈을 감았다.

완지안은 교수가 미움과 증오감에 차서 세상을 떠난 게 무척 유감이었다. 자신에게 복수를 명한 것도 부담이었다. 그러면서 보복할 사람들이 누구인지 헤아려 보았다. 양교수의 사망 후 메이메이가 다시 왔지만 그녀의 마음은 이미 지안을 떠나 있었다. 그녀는 부학장의 아들과 사귀고 있었고 그 때문에 병상에 부학장이 다녀갔을 때 양교수가 무척 동요했다는 점이 기억났다. 지안이 돌이켜보니 양교수가 용서하지 못할 사람이 너무나 많았다. 여행 경비를 빌미로 조카의 추천서를 쓰라고 압력을 행사한 당서기를 비롯하여 학문적으로 반목하던 동료 교수들도 있었고, 메이메이를 며느리로 삼으려고 지안을 따돌린 부학장도 양교수의 원수 중 하나였다. 어쩌면 젊은 시절 양교수를 악마-괴물로 분류하고 '재교육'을 시킨다고 농사일을 하게 만든 중국의 문화대혁명이 가장 큰 보복의 대상일 것이었다.

양교수의 장례식이 치러지던 같은 시각에 베이징의 톈안먼에서는 민주화 운동이 일어나고 있었다. 학생들이 톈안먼에 모여 구호를 외치고 민간인들이 몰려 나와 학생들을 보호하고 있었다. '민주주의여 만세!' '자유가 아니면 죽음을 달라!' '부정한 관리들을 처벌하라!' '기생충을 쓸어내라!' '조국을 구합시다!' 등의 구호가 적힌 커다란 기를 들고 "파시즘을 몰아내자!" "리펑을 때려잡자!" "덩샤오핑을 조져버리자!" "특권층은 물러나라!" "모든 사람은 법 앞에서 평등하다"라는 소리를 외치고 있었다.

완지안이 다니는 샨닝 대학에서도 톈안먼으로 가자는 학생들이 있었다. 지안은 민주화운동에 관심이 없었지만 메이메이가 자신에게 결별을 요구하며 그 이유가 '비겁하다'고 말했기 때문에 그렇지 않음을 보여주고 싶었다. 그는 기꺼이 톈안먼으로 가는 기차를 탔다. 지안이 학생들과 어울려 톈안먼 근처에 도착해보니 어마어마한 인파가 몰려 있어 정작 톈안먼 광장에는 진입할 수도 없었다. 완지안이 서성이는 광장 주변에 지프차에 탄 군인들이 도착했다. 학생들과 민간인은 보호해 줄 거라는 모든 이의 기대와는 달리 군인들은 무차별하게 총을 쏘았다.

　키가 큰 대령이 지프차에서 내려 군인들과 이야기를 나누고 있는 학생에게 다가갔다. 그는 아무 말 없이 권총을 뽑더니 학생의 머리에 방아쇠를 당겼다. 학생은 바닥에 넘어져 다리를 버둥거리더니 숨을 거뒀다. 그의 뇌가 으깨진 두부처럼 아스팔트에 튀었다. 으깨진 두개골에서 김이 올라왔다.

지안은 뒷걸음쳐 현장을 도망치기 시작했다. 그러다가 어느 골목에서 부상자 아이를 발견하고 병원으로 후송하는 일을 맡았다. 사상자가 넘쳐나는 병원에서 인정 많은 간호사가 벗어 준 가운을 빌려 입고 무사히 학교로 돌아올 수 있었다. 의료진인 척하면 검문도 피할 수가 있었다. 라디오에선 어림잡아 5000명이 학살되었단 뉴스가 들려왔다. 하지만 학교에서도 톈안먼 광장에 다녀왔다는 이유로 완지안은 반혁명주의자로 분류되었다. 곧 경찰이 체포하러 온다는 소식을 듣고 지안은 무작정 자전거를 타고 학교에서 도망쳐 나왔다. 그는 학생 신분증을 불태우고 머리를 깎은 후에 이름을 바꾸기로 마음먹었다. 그는 홍콩으로 잠입한 후에 어디든 다른 나라로 갈 계획을 세웠다.

제목이 '광인(狂人)'이므로 학식 높은 대학 교수가 뇌졸중으로 쓰러진 후 마치 미친 사람처럼 광기를 부린다는 내용을 담은 것처럼 보이지만 이 작품에서 미친 사람은 양교수 한 명이 아니라 톈안먼 사태를 불러온 중국 정부를 뜻하는 것이란 생각이 든다. 당시 만연했던 부정부패를 척결하고 파시즘은 물러나라고 외치며 민주화운동에 앞장선 학생과 민간인을 대학살했던 사건이 광기가 아니라면 어떻게 자행되었겠는가. 중국의 비극이 남의 나라일 같지 않게 느껴졌다.

담담한 어조로 1966년-1969년 지식인이란 이유로 양교수가 수모를 겪었던 문화대혁명과 1989년 완지안이 목격한 톈안먼 사태를 그리고 있어 중국 현대사의 진통을 새삼 알게 되었다.

지성의 성소인 대학에서조차 학과 당서기가 모든 것을 좌지우지 결정하며 학자로서의 권위라곤 가질 수 없는 당시 현실이 안타깝기도 하고 끝내 세상을 용서하지 못한 채 복수를 부탁하고 죽은 양교수가 가엾기도 하다. 완지안은 스승의 간병을 하느라 제대로 공부도 못해 박사시험을 포기하고 마는데 그것을 빌미로 약혼녀에게 파혼을 당한다. 그 때문에 단지 호기로 톈안먼에 다녀왔는데도 경찰의 체포대상이 되고 말았다. 사실 완지안은 공무원이 되고 싶었으나 그 또한 당적이 없다는 이유로 당서기에 의해 거절당하고 말았으므로 암담한 기로에 놓여있었던 것이다.

동료에게 양교수의 죽음이 자신의 인생을 모두 바꾸어 버렸다고 하소연하는 완지안의 행보를 따라가 보면 동정심이 생긴다. 중국을 떠나는 마지막 장면엔 나도 모르게 응원을 하게 된다.

지식인의 갈등과 고뇌가 담긴 이 소설은 만일 양교수가 뇌졸중에 걸리지 않았더라면 남들은 결코 알 수 없었을 사건들을 병 때문에 고스란히 실토하게 만들었다. 실제로 뇌졸중에 걸린 환자라면 양교수처럼 일목요연하게 단테나 괴테의 시를 외우거나 두보의 강의를 할 것 같지는 않다. 양교수는 뇌졸중에 의해 뇌기능이 손상되었다기보다는 오히려 향상된 듯이 병상에서 근사한 문학 강의를 하는 장면들은 조금 현실성이 없어 보이긴 한다.

뇌졸중(腦卒中, stroke)은 뇌혈관이 막히거나 터져서 뇌 손상이 오고 그에 따른 신체장애가 나타나는 질환이다. 뇌졸중이란 '갑자기 부딪힌다' 또는 '강한 일격을 맞는다'는 뜻으로 우리나라 사망원인 중 암 다음으로 많은 원인을 차지하고 있다. 과거엔 주로 노인의 질환인 줄 알았지만 요즘은 30-40대에도 뇌졸중이 흔히 발생하고 있다. 이는 식생활의 변화와 운동부족으로 인해 비만, 당뇨, 고혈압, 고지혈증의 발생이 많아진 것이 원인이라고 본다. 그러므로 뇌졸중의 예방으로 금연과 건강한 식습관 유지, 규칙적인 운동을 권장한다.

작품에서 보다시피 뇌졸중 환자는 감정과 정서가 크게 변하기 때문에 주위의 이해와 배려가 필요하다. 뇌졸중 초기에는 신체적 장애로 인한 답답함 때문에 환자는 짜증을 부리게 된다. 그러므로 병에 대처해야겠다는 의지와 희망을 가질 수 있도록 주변에서 도와야 한다.

우리 주변을 살펴보면 수년 또는 수십 년간 뇌졸중에 걸린 채 투병생활을 하는 사람들이 많다. 뇌졸중에 걸린 환자는 어쩔 수 없이 기본적인 일상생활에도 남의 도움을 받게 된다. 이 때문에 자신과 주위 사람들에 대한 분노와 미안한 감정들이 복합적으로 나타난다. 옷을 입고 벗는 일에서 수저질까지 둔해지며 자주 실수를 하게 되고 또 의사표현의 장애로 답답해하고 짜증을 내며, 가족 외에 사람과의 대면을 두려워하고, 불안과 분노와 우울증이 심해질 수 있다.

모든 병이 그러하듯 환자 스스로 병에 적응해야 하고 자신이 병에 걸려 있다는 현실을 인정해야만 한다. 그래야만 자신의 상황을 이해하고 앞으로 어떻게 살아야할지 구체적인 계획을 세울 수 있게 된다. 따라서 환자 주변인의 이해와 배려가 필수적이며, 심한 우울증이나 좌절을 보이는 경우 정신과 치료를 받아야 한다. 뇌졸중의 빈도가 갑자기 기온이 떨어진 겨울철에 많은 것을 감안할 때 추운 날엔 어르신들의 외출을 삼가야 한다는 말도 꼭 덧붙이고 싶다.

하진 (Ha Jin)

1956년 2월 21일에 중국의 헤이룽장 성에서 태어났다. 본명은 김설비(金雪飛)로 진쉐페이라 부른다. 헤이룽장 대학교에서 영문학을 공부하고 산둥 대학교에서 석사 과정을 마친 뒤 미국으로 건너가 브랜다이스 대학교에서 박사학위를 받았다. 미국에서 공부하던 중에 1989년 톈안먼 사태가 발생하자 중국에 돌아가지 않기로 결심하고 영어로 작품을 쓰기 시작했다. 현재 보스턴 대학교 영문학과 교수로 재직 중이다.

1996년에 《Oceans of Words》로 펜 헤밍웨이 문학상을, 1997년에 《Under the Red Flag》로 플래너리 오코너 단편문학상을 받았고, 1999년에 쓴 《기다림》으로 전미 도서상과 2000년도 펜 포크너 문학상을 수상하였다. 그 외에도 《멋진 추락》《전쟁 쓰레기》《남편 고르기》《카우보이 치킨》《니하오 미스터 빈》《자유로운 삶》 등 다수의 작품이 있다.

당신은 날 때부터
벌레에 먹힌

헨리크 입센 《유령》
매독

　무대는 노르웨이 피요르드 연안에 있는 저택이다. 그곳에는 알빙 부인이 살고 있다. 육군 대위였던 알빙 씨는 상당한 유산을 남겨놓은 채 먼저 세상을 떠났다. 부인은 남편의 유지를 기리고자 고아원을 짓고 있다. 그 일을 함께 추진하는 사람은 만데르스 목사이다. 다음날로 예정된 고아원 개원식을 위해 목사가 알빙 부인을 찾아온다.
　사실 목사와 알빙 부인은 한때 연인 사이였지만 그녀가 알빙 씨의 재산에 현혹되어 결혼한 이후로는 사무적인 관계를 유지하며 지냈다. 대화를 나누던 중 목사는 은근히 알빙 부인을 나무라는 말을 한다. 그녀가 외아들인 오스왈드를 여섯 살 때 파리로 유학을 보낸 일에 대해 어머니로서의 직무유기라고 비난하는 것이다. 오스왈드는 파리와 로마에서 미술공부를 하였고 지금은 스물여섯 살이 되었는데 아버지의 사망

10주기를 맞아 마침 집에 와 있다. 그는 건강이 좋지 않아 보인다. 그의 관심은 온통 하녀인 레지네에게 쏠려 있다. 알빙 부인은 그 동안 숨겨왔던 속내를 목사에게 말하기 시작한다.

그녀가 결혼을 하고 보니 남편은 몹시 방탕한 호색한이었던 것이다. 결혼 1년 만에 도저히 살 수 없다고 목사에게 달려갔더니 만데르스 목사는 당황하면서 알빙 부인을 설득하여 돌려보낸 일도 있었다. 남편을 개조해서라도 잘 살아야 한다며.

알빙 부인도 노력하면 될 것이라 믿고 시골로 이사를 간 후에 아들을 하나 낳았고 남편에게 술 상대까지 해주며 어떡해서든 가정을 지키려고 애를 썼다. 하지만 남편은 하녀에게 추근거리다가 결국 임신을 시키고야 말았다. 그래서 부인은 아들이 나쁜 영향을 받을까봐 어린 나이에 집을 떠나게 한 것이었다. 그런데 이런 사실을 목사에게 설명하는 동안 아들 오스왈드도 아버지와 똑같이 하녀 레지네에게 추근거리고 있었다.

> 레지네: 오스왈드 도련님! 안돼요! 놓아주세요!
> 알빙 부인: 아아!
> 목사: 어떻게 된 거예요. 대체! 뭐예요. 저건… 부인?
> 알빙 부인: 유령이에요! 온실의 그 두 사람이…… 또 나타났어요.

알빙 부인은 아들 오스왈드가 아버지와 대면하지 않도록 애를 써봤지만 오스왈드의 행실은 아버지와 다를 바가 하나도 없었다. 그녀는 목사에게 하소연한다.

"유령. 아까도 레지네와 오스왈드가 저쪽에서 뭐라고 말하고 있는 소리를 듣고, 저는 마치 유령이라도 만난 듯한 느낌이 들었어요. 그리고 아무래도 우리는 모두 유령이 아닐까 하는 느낌이 들었어요. 목사님, 우리들 한 사람 한 사람이 말예요. 아버지나 어머니로부터 유전된 것이 귀신에 씐 것처럼 우리에게 씌어있는 겁니다. 그 뿐만이 아니에요. 모든 종류의 소멸된 낡은 사상이나 신앙 따위도 우리에게 씌어 있어요."

공교롭게도 하녀 레지네가 바로 남편 알빙 씨가 식모를 건드려서 낳은 딸이었던 것이다. 그러니까 오스왈드와 레지네는 배다른 남매지간인 셈이다. 불행은 그 뿐만이 아니다. 얼마 전에 집으로 돌아온 오스왈드는 여행으로 녹초가 되었다고 말하지만 몹시 아픈 기색이었다.

오스왈드: 어머니, 저는 병을 앓고 있는 게 아니에요. 보통 질병과는 다릅니다. 깨진 것은…… 파괴된 것은 정신이에요.…… 두 번 다시 그림을 그릴 수 없게 되었어요.

양 손으로 얼굴을 가리고, 어머니의 무릎 위에 머리를 대고 흐느껴 울면서 오스왈드가 말을 잇는다.

오스왈드: 두 번 다시 그림을 그릴 수 없다구요! 두 번 다시…… 두 번 다시! 살아 있는 시체나 마찬 가지예요! 어머니, 그 무서움이 어떤 것인지 상상할 수 있겠어요?

그는 자신의 증상을 설명한다.

"머리가 찌르는 것 같이 아팠어요.…… 주로 뒤통수 근처였습니다. 마치 이 목과 머리에 걸쳐서 쇠고리가 끼워지고, 그것이 죄는 것 같았어요."

"새로운 대작을 그리는 일에 착수할 작정이었는데, 힘이 빠져버린 듯하고 마비된 상태여서, 선을 하나 그으려 해도 집중력이 없어 안 돼요. 현기증이 나고 주위가 빙글빙글 돌기 시작하는 것 같았어요."

통증에 시달리던 그가 파리의 저명한 의사를 찾아갔을 때 이런 말을 듣고야 말았다.

"당신은 태어나면서부터 벌레에 먹힌 곳이 있군요."

프랑스어로 '베르뮈뤼(vermoulu)'라고 하는 것은 매독을 뜻한다. 그러니까 오스왈드는 선천성 매독에 걸린 것이었다. 프랑스 의사는 '어버이의 죄는 아들이 속죄하게 된다.'라는 말을 들려주었다고 했다.

평소 알빙부인은 아버지가 훌륭한 사람인 것처럼 아들에게 편지를 쓰고 아버지의 업적이 실린 신문 기사를 오려 보내곤 해서 그의 문란한 면을 아들에게 감쪽같이 숨겼건만 병마는 유령처럼 아들을 잠식했던 것이다. 오스왈드의 신체적, 정신적 고통은 극심했다. 파리에서 한차례 발작을 일으켰을 때 또다시 발작이 찾아오면 가망이 없을 것이란 진단을 받은 적도 있다. 그는 품안에 모르핀을 꺼내 어머니에게 차라리 안락사를 시켜 달라고 애원한다.

그날 밤 개원식을 하루 앞둔 고아원에 화재가 발생해 송두리째 타버린다. 그리고 비로소 출생의 비밀을 알게 된 하녀 레지네가 결연히 떠나버린다. 무대에는 자식의 질병 앞에서 무기력하게 통탄하는 알빙 부인과 태양빛을 갈구하는 아들 오스왈드만 남기고 막이 내린다.

요즘은 치료가 잘 되지만 1943년 프레밍이 페니실린을 발견하기 이전에는 매독으로 고통 받은 사람들이 많았을 뿐 아니라 주요 사망원인이 된 병이었다. 성접촉이나 태반을 통해 전파되는 대표적인 성병으로 트레포네마 팔리둠(Treponema Pallidum)이란 세균에 의해 감염된다. 콜럼부스가 신대륙에서 얻어 온 것을 계기로 전 유럽에 퍼졌다는 설이 있으나 확실하지는 않다. 페니실린이란 획기적인 항생제가 발명되기 전까지 상당한 희생자가 생겼다. 매독의 증상은 제1기에는 성기에 궤양이 생기지만 점차 진행되면서 피부 발진이 돋고 신경계를 침범하여 발작이나 망상, 정신착란까지 보인다. 과거에는 매독인 줄 모른 채 정신병원에 수용된 환자들이 많았다.

1943년 페니실린으로 본격적인 치료를 하기 전까지는 살바르산이 치료제로 사용되었다. '세상을 구원하는 비소'란 뜻을 가진 살바르산은 1909년 에를리히가 화학요법으로 발명했는데 그보다 더 이전에는 수은으로 매독을 치료하느라 부작용이 워낙 심하여 매독환자들은 질병과 치료제로 인한 이중의 고통을 받았던 것이다.

매독에 대한 자료를 찾다보니 세계적으로 저명한 인사들의 이름이 눈에 뜨였다. 콜럼부스, 베토벤, 슈베르트, 보들레르, 링컨, 플로베르, 모파상, 고흐, 마네, 고갱, 니체, 히틀러 등이 매독 감염자라니…….

그런데 참 이상하다. 의사들은 법적으로 환자에 대한 비밀을 지켜주게 되어있는데 어떻게 저들이 매독환자인 것이 알려졌을까? 다른 질병이라면 몰라도 매독과 같은 성병은 개인의 프라이버시와 직결되어 있어 본인이 떠벌리지 않은 바에야 아무도 몰라야 하지 않을까? 치료가 전무했던 당시에는 매독의 증상이 확연히 드러났기 때문에 병명을 숨길 수 없었는지도 모르겠다.

이 작품 《유령》이 발표된 때가 1881년이므로 매독의 치료제가 없었을 것이다. 등장인물 중의 환자 오스왈드와 그를 지켜봐야하는 어머니 알빙 부인의 고통이 얼마나 컸을지 작품을 읽는 내내 그 우울함이 가시질 않는다.

그런데 오스왈드가 과연 매독에 걸린 것인가 하는 점이 의문스럽다. 작가는 나쁜 형질의 유전자가 마치 유령처럼 전승된다는 말을 하려고 이 작품을 썼을 것이다. DNA의 비밀이 밝혀지지 않은 당시로선 매우 앞선 혜안을 가진 것이 틀림없다. 하지만 오스왈드가 고통 받는 병이 아버지에게 물려받은 선천성 매독이라면 어머니 알빙 부인도 걸려 있어야 한다. 임신 중에 태반을 통해 전달되었을 테니 아들이 26세가 되기까지 어머니가 무증상일 리가 없었을 것이지만 자연 치유되는 사례도 있다고는 한다.

헨리크 입센 (Henrik Ibsen)

입센은 1828년 3월 20일, 노르웨이의 항구도시 시엔(Shien)에서 부유한 상인의 차남으로 태어났다. 7세 때 아버지가 파산하는 바람에 15세부터는 약국에서 견습생으로 일하면서 신문에 시를 기고하곤 했다. 의과대학 입학시험 준비를 하다가 22세에 처녀 희곡《카탈리나》를 발표했다. 대학 낙방한 후 '노르웨이 극장'의 전속작가로 초빙되어 본격적인 작가의 길로 접어들었다. 30세에 목사 딸인 수잔나 트레센과 결혼하고《헤르게트란의 전사》를 발표하였다.

36세에 로마로 떠나 27년간의 긴 유랑 생활동안《인형의 집》《페르귄트》《들오리》《민중의 적》등을 써서 근대극의 선구자로 명성을 얻었다. 1891년 고국으로 돌아와 78세가 도던 1906년에 동맥경화증으로 세상을 떠났다. 노르웨이 정부는 국장의 예로 작가의 공로를 기렸다. 그 밖에도 입센의 대표작으로는《바다에서 온 부인》《헤다 가블레르》《건축사 솔네스》《욘 가브리엘 보르크만》등이 있다.

당신의 아이를 갖고 싶어요

| 아이작 싱어 《적들, 어느 사랑이야기》
| 상상임신

　나치가 폴란드를 침략하자 허먼 브로더는 건초더미 속으로 숨었다. 하녀 야드비가가 건초다락방으로 음식을 가져다주고 배설물을 치우며 3년간 그를 보살펴주었다. 그의 가족들은 유태인 대학살 때 모두 잡혀갔다. 허먼의 아내와 아이들의 총살을 목격했다는 증인이 있다.

　허먼은 하녀 야드비가와 함께 폴란드를 탈출한다. 독일 난민수용소를 거쳐 미국에 도착해 정식 결혼을 한다. 야드비가는 글을 읽지 못하고 더구나 영어는 모른다. 결혼 후에도 여전히 하녀처럼 행동한다.

　그는 브루클린에 아파트를 얻고 랍비를 도와주며 근근이 살아간다. 더러는 아내에게 딴 도시로 책을 팔러 간다며 집을 비우는 날들이 있다. 그런 밤은 브롱크스에 있는 마샤와 함께 지낸다. 마샤는 호리호리하고 눈이 부실 정도로 흰 피부를 가졌다.

마샤도 폴란드 유대인 수용소를 탈출한 여인으로 독일에서 허먼을 처음 만났고 미국에서 재회한 것이다. 그녀의 남편은 직업이 교수라지만 밀수입과 도박을 일삼는 사기꾼이다. 남편이 돈 많은 미망인을 따라 가출했으므로 마샤는 어머니와 단둘이 지낸다. 마샤와 허먼은 처음 만난 순간부터 사랑하게 되었다.
　마샤가 저녁을 차려준다.
　"고기 없이는 아무 요리도 할 수 없어요. 하느님도 고기를 먹잖아요. 인간의 고기를, 채식주의자 같은 건 없어요. 나하고 똑같은 광경을 당신도 보았더라면 하느님이 살인을 허가했다는 걸 알 수 있을 거예요."
　마샤의 어머니는 수용소에서 건강이 많이 상했다. 딸과 늘 티격태격한다.
　"정말 어서어서 죽고만 싶구나. 죽음의 맛을 안 사람은 이 세상에 대해 아무 미련이 없다."
　"엄마는 미쳤어요. 폴란드에서 엄마를 모시고 나올 때의 일을 수기로 쓴다면 잉크가 한 병이나 있어야 해요. 지금까지 엄마처럼 나를 괴롭힌 사람은 없었어요."
　마샤와 어머니는 수용소에서 엄청난 일들을 겪고 난 후 고통을 느끼지 못하게 된다는 것을 깨달았다. 사람들은 시간의 흐름에 따라 과거가 잊혀진다고 말하지만, 그들 모녀는 정 반대이다. 대학살로부터 멀어질수록 그 기억은 선명해진다. 마샤의 어머니는 허먼을 좋아해서 딸이 빨리 사기꾼과 이혼하고 허먼과 재혼하게 되기를 기도하고 있다.
　마샤와 허먼이 함께 보내는 밤은 새벽까지 계속되는 하나의 의식이다. 허먼의 철학이나 종교관은 언제나 성에 기초를 두고 있다.

하루는 허먼이 신문을 읽다가 사람 찾는 난에서 자신의 이름을 발견한다. 죽은 아내 타마라의 큰아버지가 그를 찾는 중이다. 전화를 해보니 뜻밖의 소식을 전해준다.

"타마라가 살아있네."

"어떻게 된 겁니까? 그녀가 사살당한 것을 본 사람이 있습니다."

아이들은 죽었고 타마라는 총에 맞았지만 구사일생으로 살아서 뒤늦게 미국으로 남편을 찾아온 것이다.

부유한 랍비 집안에서 태어난 허먼은 바르샤바 대학에서 철학을 공부했다. 학창시절에 양친의 반대를 무릅쓰고 타마라와 결혼을 했다. 그녀는 열광적인 공산주의자였다. 아들과 딸이 태어났지만 공산주의에 몰두한 아내와 갈등이 빚어지자 이혼하고 싶었던 상태였다.

허먼이 타마라를 만난다. 그녀의 옆구리에는 아직도 총알이 하나 박혀있어 곧 수술 예정이라고 한다. 타마라도 하녀였던 야드비가의 존재를 알고 있다. 허먼이 그녀와 결혼한 사실에 놀라며 분개한다. 허먼은 애인 마샤가 있다는 사실도 말해준다.

"맙소사 당신한테서 그런 소릴 듣다니! 그녀가 예뻐요? 똑똑해요? 매혹적이에요?"

"그 모두야."

'나는 셋 모두를 거느리고 싶다. 수치스럽지만 진실이다.'

그는 혼자 중얼거린다. 와중에 마샤가 허먼에게 임신 소식을 들려준다. 그녀는 아이를 낳고 허먼과 결혼하겠다고 말한다.

"나는 야드비가와 이혼할 수 없어."

"영국왕은 사랑하는 여자와 결혼하려고 왕관도 버렸다는데 당신은 얼간이 같은 시골뜨기를 떼어버리지 못한다고요?"

"당신도 알다시피 이혼은 야드비가를 죽이는 일이야."

"당신을 만난 이후 나는 줄곧 당신 아이를 갖고 싶었어요."

그런데 마샤의 사기꾼 남편이 허먼을 찾아와 마샤가 정숙하지 못하다는 것과 아이 아버지도 허먼이 아닐 거라고 말한다. 그 말을 믿은 허먼은 마샤의 전화도 받지 않고 그녀를 멀리하기 시작한다.

한편 야드비가도 임신 소식을 전한다. 그녀의 임신은 새로운 재앙이다. 허먼은 '열 명의 적도 그 스스로가 자신을 해치는 것만큼 해칠 수 없다'는 유대 속담이 생각난다.

마샤를 잊으려 애쓰던 어느 날 그녀의 어머니가 다급하게 전화로 허먼을 찾는다. 황급하게 나서는 허먼의 뒤통수에 야드비가의 욕이 닿는다. 허먼이 마샤의 아파트로 달려가자 작달막한 젊은 의사가 설명을 해 준다.

"부인은 임신이 아니었습니다. 부인이 임신했다고 누가 얘기해 주었습니까?"

"알 수 없군요. 확실히 배가 불렀거든요. 태동도 있었는데."

"그 임신은 모두 그녀의 머릿속에서 나온 것입니다. 신경성이죠."

허먼은 자신에 대한 수치심만큼이나 마샤에 대한 사랑을 느낀다.

"내가 이 사람에게 겪게 한 모든 고통을 어떻게 보상할 수 있을 것인가?"

허먼이 허탈하게 집으로 돌아왔을 때 누군가 찾아온다. 타마라였다. 야드비가는 죽은 줄로만 알고 있던 타마라를 보자 귀신이 왔다고 난리를 친다. 야드비가는 응당 타마라에게 허먼의 부인자리를 내주려고 한다.

"그녀가 먼저였어요. 난 가겠어요. 폴란드로 갈래요. 당신 아이만 갖지 않았더라도."

"야드비가, 그렇게 울지 말아요. 난 당신 남편을 빼앗으려고 온 게 아니에요. 그저 당신들이 어떻게 사는지 보고 싶었을 뿐이에요."

타마라가 말한다.

"난 배운 것 없는 무식한 시골뜨기지만 양심은 있어요. 당신 남편이고 당신 집이에요. 당신은 고생할 만큼 했어요."

"아무 말 말아요. 난 그이가 필요 없어요. 당신이 떠난다 해도 저이와 살지는 않을 테니까요."

"내가 밥 짓고 청소하겠어요. 다시 하녀가 될게요. 그게 하느님이 원하시는 거예요."

"가지 마. 타마라. 야드비가가 알게 되었으니 우리 모두 사이좋게 지낼 수 있을 거야."

허먼도 타마라를 붙잡으려하고 실랑이가 커지자 주변 사람들이 몰려오고 어느덧 허먼의 행실이 들통이 난다. 타마라, 야드비가, 마샤까지도 모두 허먼의 아내란 사실이 밝혀진다. 허먼은 중혼죄로 잡혀갈 판이다.

타마라는 큰아버지의 책 가게를 물려받고 허먼과 함께 운영하고자 한다. 그녀는 허먼의 매니저 노릇만 할 테니 야드비가와 결혼생활을 하라고 말한다.

한편 마샤와 그녀의 어머니는 요양원으로 떠난다. 소식이 감감하더니 몇 달 후 느닷없이 허먼에게 캘리포니아로 도망가자고 전화가 온다. 야드비가가 아이를 낳을 때까지만 기다렸다가 가자고 해도 마샤는 당장 나오라고 보챈다. 허먼은 짐을 싸들고 마샤에게로 간다. 야드비가는 그가 나갈 때 자는 척한다.

마샤와 떠나겠단 계획을 말하자 타마라는 말한다.

"당신은 지금 스스로 자신의 무덤을 파고 있어요. 마샤는 당신보다 더 나빠요. 출산 직전의 여자에게서 남자를 빼앗아 가다니, 그런 짓을 하다니 정말 나쁜 년이야."

마샤는 짐을 싸려고 아파트에 갔다가 세간을 몽땅 도둑맞은 걸 알게 된다. 통곡을 하는 동안 요양원에 있던 어머니가 택시를 타고 뒤따라온다. 그 노파의 모습은 초주검이었다.

"의사를 불러요! 의사요! 어머니가 죽어가요. 나에 대한 앙갚음으로 어머니가 죽으려 해요."

마샤는 도둑을 맞았다고 울어대며 허먼에게 외친다.

어머니는 숨을 거두고, 장례식이 끝날 때까지 기다려달라고 마샤가 허먼에게 부탁한다.

"난 지금 떠나겠어."

"허먼, 난 어머니를 버리고 갈 수 없어요."

"마샤, 난 가야 해. 나는 모두에게서 떠나겠어."

허먼은 그렇게 사라진다.

장례를 마친 후 마샤는 어머니 곁에 묻어 달라는 유언을 남긴 채 자살한다.

야드비가는 딸을 낳는다. 큰아버지 재산을 물려받은 타마라가 야드비가와 그 딸을 돌본다. 타마라는 여러 차례 신문에 허먼의 이름을 올려 찾았으나 소식이 없다. 죽었든가 폴란드 다락방 생활을 하든가 미국 어딘가에서 삶의 재탕을 하겠거니 추측하며 타마라는 "다음 세상에서라도 허먼과 결혼하겠어요."라고 말한다.

일부다처제도 아닌 미국 땅에 살면서 세 명의 아내가 있는 허먼은 대단히 매력적인 남자였나보다. 생명을 구해준 점이 대한 의리 때문에 결혼한 하녀 야드비가, 진심으로 사랑하는 매력적인 여인 마샤, 죽은 줄로만 알고 있었지만 눈앞에 나타난 법적 부인 타마라. 그녀들의 각각 다른 기능이 필요하다지만 허먼 같은 남자라면 열 여자인들 마다했을지? 하지만 나치 지배하의 3년간을 건초더미 속에서 견뎌온 그가 "저와 같은 꼴을 당하면 누구나 살아 있는 기분이 나지 않을 겁니다."라고 하는 말에는 제 아무리 우유부단한 모습을 보여도 미워할 수가 없다. 그는 세 여자를 거느리면서도 그녀들에게 각각 적(enemy)이라 표현했는데 사랑이란 원래 전쟁이 아닐까?

허먼의 애인 마샤는 임신 6개월인 줄 알고 있었으나 의사는 '상상임신(pseudocyesis)'이라 진단했다. 허먼의 아이를 낳고 싶은 열망이 그녀를 그렇게 만든 것이다.

상상임신에 대한 기록은 고대 적부터 있어서 히포크라테스는 12건의 사례를 보고했다. 입덧을 할 정도로 증상은 진짜임신과 꼭 같아 외형으로는 감별이 어렵다. 그 원인은 임신하고 싶은 강한 열망이나 또는 정반대로 임신에 대한 큰 공포가 내분비계를 변화시킨 것으로 본다. 미국 통계로는 약 22,000 산모 중 한 명 정도가 상상임신이라지만 최근 개정판 산부인과 교과서에는 아예 그 병명이 삭제 되어버렸다. 초음파 기계의 보급으로 임신여부를 초기에 쉽게 알게 된 덕일 것이다. 결국 '상상임신'이란, 의학보다는 대중문화에서 받아들여지는 질병이 된 셈이다. 일례로《누가 버지니아 울프를 두려워하랴》에서도 상상임신이 소재로 쓰였다.

아이작 싱어 (Issac Bashevis Singer)

1904년 폴란드에서 태어났다. 아버지와 외삼촌 그리고 외할아버지가 모두 유대교 랍비였다. 유대교 신비주의 즉 하시디즘(Hasidism)이 그의 문학세계의 근간을 이룬다. 33세에 파시즘에 쫓겨 미국으로 이주한 후에도 그는 유대어인 이디시(Yiddish)어로만 작품을 썼다. 젊은 이들이 돌아보지 않아 곧 사라질 언어이기 때문에 보존해야 한다는 것이 그의 지론이다.

1978년에 노벨문학상을 수상했을 때 '폴란드계 유대인의 문화적 전통으로 인류의 보편적 상황을 이야기한다.'는 평가로 주목 받았다.

특이한 점으로 싱어는 죽기 전까지 35년간 채식주의자로 살았다. '고기를 먹는 건 모든 이상과 종교를 부정하는 행위'라면서 '무고한 생명을 죽여 먹으면서 어떻게 정의를 논하겠는가?'라고 반문했다. 혹시 건강을 위해 채식을 하느냐고 물으면 "닭의 건강을 위해 내가 먹지 않는 것일 뿐."이라는 답변을 했던 그는 1991년 뇌졸중으로 사망했다. 향년 88세였다.

연쇄 살인의
단초

| 애거사 크리스티 《깨어진 거울》
| 풍진

　미궁에 빠진 살인 사건을 여러 차례 해결했던 미스 제인 마플도 이젠 90살이 되었다. 혼자서는 운신이 어려워 가정부의 도움을 받으며 뜨개질로 소일하고 있다. 그녀가 사는 영국의 세인트 메리 미드 동네도 개발이 되면서 많은 변화가 생겼다. 그러던 중 인근 저택으로 유명한 영화배우가 이사 온다는 소식이 들려왔다. 마리나 그레나라는 여배우는 네 번의 결혼이란 화려한 경력이 말해주듯 아름답고 인기가 많은 여인이다. 그녀는 지난 몇 년간 몸이 많이 아팠지만 어려움을 극복하고 오랜만에 재기를 하는 것이다. 마리나의 건강이 좋지 않았던 이유는 심적인 고통이 컸기 때문이었다. 그녀는 아이를 낳으려고 애썼지만 좀처럼 생기지가 않았다. 그래서 세 아이를 입양하였는데 뜻밖에도 임신이 되어 무척 기뻐했다. 하지만 아이가 장애를 갖고 태어나는 바람에 절망의 나날을 보내야 했다. 그런 불행한 가족사를 드러내지 않은 채 연기에

몰입하는 마리나는 더욱 배우답고 아름다워 보인다.

그녀의 저택에서 파티가 열리던 날 살인 사건이 발생한다. 파티는 특별히 야전병원 후원으로 이루어졌으므로 그쪽 관계자들도 참석했는데 간사 일을 맡고 있는 젊은 여인 헤더 배드콕이 음료수를 마시자마자 즉사한 것이다. 부검 결과 음료수에는 신경안정제 칼모가 치사량 섞여 있음이 밝혀진다. 죽은 헤더는 평소 마리나의 열혈 팬으로 오래 전에 마리나가 버뮤다에서 야전병원을 후원하는 큰 쇼를 했을 때에 관람한 적이 있다. 당시 헤더는 열이 나서 의사가 나가지 말라고 지시했는데도 불구하고 침대에서 일어나 화장을 하고 쇼를 본 후 마리나에게 사인도 받고 또 3분간 대화를 나누었다는 것이다. 헤더는 이 이야기를 떠벌리기를 좋아했다.

그러나 죽은 헤더는 누구에게 원한을 사거나 살인을 당할 만한 이유는 딱히 없어 보인다. 그녀와 친한 이웃이 미스 마플에게 그녀를 이렇게 설명한다.

"헤더는 아주 친절하고 언제나 다른 사람들을 위해 일했어요. 또 언제나 최선을 다한다고 확신했죠. 단지 다른 사람들의 생각에는 신경 쓰지 않았어요. 나도 그런 이모가 한 분 있었어요. 캐러웨이 향과 야채의 씨를 듬뿍 넣은 시드 케이크를 너무 좋아해서 다른 사람들에게도 구워서 갖다 주곤 했어요. 상대가 그 케이크를 좋아하는지 알려고 하지도 않았죠. 그 케이크를 역겨워하거나 캐러웨이 향을 싫어하는 사람도 있게 마련인데요. 흠, 헤더 배드콕이 좀 그런 사람이었어요."

미스 마플은 헤더의 그런 성격이 자신도 모르게 위험에 빠질 수 있었을 것이란 생각을 한다. 그러나 누가 왜 헤더를 죽였는지 밝혀낼 수가 없다. 사건 당일 여주인 마리나가 손님들을 대접하고 집안을 소개할 때 방문객들은 모두 함께 어울렸고 그 가운데 죽은 헤더가 있었을 뿐이다.

그날 헤더는 마리나를 만나 몹시 흥분하며 지난 날 마리나에게 사인 받던 이야기를 되풀이 했다는데 그 이야기를 듣던 마리나의 반응이 특이했다고 했다. 현장에 있었던 이웃집 부인이 미스 마플에게 전한 내용은 이러하다.

"헤더가 자기가 아파서 누워 있다가 몰래 빠져나가 마리나를 만나 사인을 받았다는 시시한 이야기를 늘어놓았을 때 마리나는 헤더의 어깨 너머만 노려보았죠. 그 때 그녀의 얼굴을 봤어요."

"누구? 헤더요?"

"아니. 마리나의 얼굴. 헤더의 이야기를 하나도 듣지 않은 것처럼 어깨 너머의 벽만 노려봤어요. 어떤 표정이었는지 설명할 순 없지만……."

"한 번 해 봐요."

"얼어붙은 표정이었어요. 뭔가를 본 것처럼요. 아이, 왜 이렇게 설명하기 힘들지? 저기 레이디 샬롯이 생각나요? 거울이 양쪽으로 깨졌다. '내게 저주가 내렸다'고 레이디 샬롯이 외쳤다. 음, 그녀의 표정이 바로 그랬어요. 요즘 사람들은 테니슨을 무시하지만, 레이디 샬롯은 젊었을 때나 지금이나 여전히 떨리게 하죠."

이웃집 여인은 마리나가 헤더의 이야기를 듣는 동안의 표정을 설명하기 위해 알프레드 테니슨의 시까지 인용한다. 즉 얼어붙은 표정을 지었다는 것이다.
　표면적으로는 아무도 헤더를 죽일 만한 이유는 없어 보인다. 그런데 헤더가 마신 음료수는 원래 마리나의 것이었는데 헤더의 잔이 엎질러지는 바람에 대신 헤더가 마셨다는 사실이 밝혀지면서 이번에는 마리나를 살해하려는 범인을 찾기 시작한다. 런던 경시청에서도 유능한 형사가 배정되어 수사가 진행된다. 그런 와중에 또다시 마리나의 젊은 여비서가 살해당하고, 마리나의 집사도 권총에 맞아 죽고, 마침내 마리나까지 수면제 과다복용으로 영원히 잠들고 마는데…….
　다행히 미스 마플은 나이가 들었어도 추리력은 여전했다. 그 노파는 살해당한 헤더가 수다를 늘어놓았을 때 마리나가 지었다던 '얼어붙은 표정'에서 실마리를 찾아낸다. 그러니까 인기 여배우 마리나의 일생 중 가장 큰 불행은 선천성 기형아를 낳은 일이다. 그 불행이 어디에서 왔을까? 마리나는 헤더의 이야기 속에서 그걸 비로소 알게 되었다. 그리고 그 때문에 살인을 저지를 만큼 무서운 여인으로 돌변한 것이었다.
　즉 14년 전 버뮤다에서 마리나가 공연을 했을 당시 헤더는 풍진에 걸렸던 것이고 의사가 침대 밖으로 절대 나가지 말라고 지시했지만 그를 어기고 외출하여 마리나의 공연을 관람했다. 공연 후 사인을 받으려고 마리나와 접촉했는데 임신 중인 마리나에게 풍진을 옮겨 준 것이었다. 뒤늦게 헤더를 만나 지난 이야기를 듣게 된 마리나는 자신에게 불행을 안겨 준 헤더를 용서할 수 없어 급기야는 살인을 저지른 것이다.

이후에 여비서와 집사가 차례로 살해된 것은 마리나가 살인범이라는 사실을 알고 나서 마리나 부부를 협박했기 때문이다. 하지만 그들을 죽인 것은 아내를 끔찍이도 사랑하는 마리나 남편의 소행이다. 그리고 마리나에게 수면제를 먹여 영원히 잠들게 한 것도 결국 남편이었다. 미스 마플은 이들 모두가 죽은 다음에야 진실을 밝혀냈다.

이런 의학적 지식이 담겨있다는 점 외에도 이 작품의 매력은 바로 제목 《깨어진 거울》이다. 원제는 'The mirror crack'd from side to side'로 알프레드 테니슨의 시에서 유래한 것이다.

아더 왕의 전설가운데 샬롯 성의 여인이 있다. 그녀는 성 밖을 내다본 일이 없다. 오로지 거울을 통해서만 바깥을 보아야 한다. 그렇지 않으면 저주에 걸린다는 것이 그녀의 운명이다. 날마다 탑 속에 갇혀 하염없이 태피스트리를 짜고 있다. 그러던 어느 날 거울에 비친 랜슬롯 경의 수려한 모습을 보게 된다. 그녀는 처음으로 자신의 갇힌 삶을 원망하게 된다. 사랑에 빠진 것이다. 저주 따위는 아랑곳하지 않은 채 그녀는 반사적으로 창밖을 내다본다. 그때 운명의 거울이 깨어지면서 저주가 그녀의 머리위로 내려온다. 자신이 죽을 운명이라는 것을 깨달은 처녀는 조용히 나룻배에 자신의 이름을 쓴다. 배는 조용히 냇물을 타고 카멜롯 성으로 떠내려갔으며 그녀는 비탄의 노래를 읊는 가운데 숨을 거둔다. 후에 카멜롯 성에 그녀의 시신을 태운 배가 도착하였을 때 그녀를 본 사람들은 모두 공포에 사로잡힌다. 그러나 랜슬롯 경만은 그녀의 아름다운 시신을 바라보며 중얼거린다.

'그녀는 사랑스러운 얼굴을 지녔구나. 신이 그녀에게 우아함을 선물한 듯… 샬롯의 여인이여'

대략 이런 내용이 테니슨의 시 〈레이디 샬롯〉이다. 샬롯 성의 여인이 랜슬롯을 처음 봤을 때 운명적인 사랑에 빠지고 저주를 두려워하지 않을 만큼 놀라운 표정을 지었다는 것에 착안한 애거사 크리스티가 이 추리소설을 쓴 것이 더욱 인상적이다. 참고로 랜슬롯 경은 아더 왕의 아내 귀네비어를 사랑하기 때문에 레이디 샬롯과는 맺어질 수가 없었던 것이다.

루벨라(Rubella)라고 부르는 풍진은 신생아 때 MMR(홍역·볼거리·풍진) 주사로 예방접종을 하게 되지만 여성의 경우 성인이 되어 추가접종이 필요하다. 임산부가 임신 첫 3개월 안에 풍진에 걸리면 신생아에게 심각한 선천성 기형을 초래하기 때문이다. 즉 뇌내장이나 심장기형, 청각장애, 심한 지능박약을 동반할 수가 있다.

작품을 읽는 내내 작가의 상상력에 탄복을 했던 나는 선천성 풍진의 불행을 문학으로 더욱 절감하게 되었다. 임신을 준비하는 여성들은 반드시 풍진 예방접종을 받아야 할 것과 아울러 풍진 접종 후에 적어도 3개월간은 반드시 피임 할 것을 당부한다.

애거사 크리스티 (Agatha Christie)

1890년 9월 15일 영국 데본 주 토키에서 태어났다. 정규 학교에는 가지 않고 집에서 교육 받았으며 노래와 춤도 배웠다. 일생동안 80여 편의 작품을 남기고 기네스 북 판매량 부문에서 신기록을 세운 그녀는 추리소설의 여왕이라 불린다. 특히 작품마다 등장하는 형사 에르퀼 푸아로와 미스 제인 마플이 대중의 사랑을 많이 받았다.

제1차 세계 대전 동안 약국에서 약사로 일한 경험을 토대로 작품 속에 독극물이 자주 등장하는 점도 특징이다. 1971년 대영제국 훈장 2등급인 DBE 작위를 받아 이름 앞에 Dame을 붙인다. 1976년 1월 12일 85세를 일기로 영면하였다.

대표작으로는 《오리엔트 특급 살인》《나일 강의 죽음》《그리고 아무도 없었다》《ABC 살인 사건》《잠자는 살인》 등이 있다.

멈출 줄 아는 당신이
아름답습니다

| 미하일 불가코프 《모르핀》
| 마약중독

　의사 폴랴코프는 스물다섯 살이다. 대학을 졸업하고 인적 드문 군청 소재지의 병원에 근무 중이다. 그는 오페라 가수와 결혼했지만 1년 만에 아내가 떠나가 버려 우울한 나날을 보내고 있었다. 어느 날 원인 모를 복통이 폴랴코프에게 생겼다. 얼굴이 흙빛이 되어 복통에 시달리는 것을 보고 딱하게 여긴 간호사 안나가 모르핀을 놔 주었다. 오랜만에 단잠을 잘 수 있게 된 폴랴코프는 약병에 남은 모르핀을 스스로 대퇴부에 주사했다. 그러다 하루에 두 차례씩 규칙적으로 모르핀을 투여하기 시작했고 이내 중독되고 말았다. 그는 모르핀의 작용을 이렇게 표현했다.

　목에 촉감이 느껴지는 첫 번째 순간. 이 촉감은 따뜻해지고 온몸으로 퍼진다. 갑자기 명치끝에 서늘한 파도가 지나가는 두 번째 순간이 찾아온다. 그 다음에 생각이 아주 분명해지고 작업 능력이 폭발적으로 증가한다. 모든 불쾌한 감각이 완전히 사라진다. 이것은 인간의 영적 능력이 발현되는 가장 높은 지점이다. 그리고 만약 내가 의학을 체계적으로 배워 타락하지 않았다면 사람은 모르핀 주사를 맞고 난 후에야 정상적으로 일할 수 있다고 말했을 것이다. 만약 미세한 신경통이 그를 말안장에서 떨어뜨릴 수 있다면, 제기랄! 사람이 대체 무슨 쓸모가 있단 말인가!

간호사 안나는 사실 폴랴코프의 아내 역할을 하고 있었다. 안나는 마약 중독자 남편이 모르핀을 끊을 수 있도록 애를 써보지만 금단증상에 시달리는 것 또한 보고만 있을 수 없었다. 그녀는 그래서는 안 되는 줄 알면서도 번번이 모르핀을 구해다 주곤 했다. 폴랴코프는 자신의 중독을 알고 있는 주위의 간호사나 병원 직원들의 싸늘하고 경멸하는 시선을 견디어야 했다.

"내가 왜 남의 눈을 피하고 두려워해야 하는가? 실제로 내 이마에 모르핀 중독자라고 쓰여 있기라도 한가?"

그는 모르핀 대신에 코카인을 사용해보기도 했다.

거즈 위에 유리병과 주사기가 놓여 있다. 나는 그것을 집고 상처투성이의 넓적다리를 요오드 용액으로 막 문지른 다음 주삿바늘을 살갗에 찔러 넣었다. 어떤 고통도 없었다. 오, 완전히 그 반대다. 나는 금방 시작된 다행증(多幸症, Euphoria)을 미리 느낀다. 이제 그것이 시작된다. 그

느낌을 알 수 있다. 왜냐하면 경비 블라스가 봄을 반기며 현관 계단에서 연주하는 찢어질 듯 목이 잠긴 아코디언 소리가 유리창을 통해 공허하게 내게 와서는 천사의 음성이 되기 때문이다. (…) 나는 이것이 악마와 내 피가 혼합된 것이라는 사실을 알고 있다.

서툰 아코디언 연주를 천사의 음성으로 느낄 만큼 코카인은 황홀경을 가져다주었다. 그러나 코카인의 효과가 오직 1-2분만 지속됨을 분개하는 폴랴코프는 코카인이란 '가장 추잡하고 간교한 독약'이라면서 모르핀 중독자가 대체 사용하지 말 것을 강조한다. 사용후에 그는 거의 반송장의 상태가 되곤 했던 것이다.

폴랴코프는 모르핀 중독에 대한 치료를 받고자 모스크바의 정신병원에 입원한 적이 있었다. 그러나 정신과 의사는 모멸감을 드러내며 그의 치료를 거부했다. 그리고 폴랴코프에게 더 이상 의사로서 환자를 진료하지 말 것을 지시했다. "당신은 곧 정신 분열 상태에 접어들게 될 거요."라는 진단과 함께.

그는 2주 만에 정신과 병원을 퇴원하면서 모르핀을 훔쳐가지고 나왔다. 도둑질까지 하다니, 타락한 인간에다 도덕적 인격조차 붕괴되었다는 자괴감에 시달린다. 그러나 그것은 1918년 러시아 대혁명의 총성을 듣고 더는 약국에서 모르핀을 구할 수 없다는 것을 예상한 강구대책이기도 했다. 그의 모습은 야위고 밀랍처럼 창백해졌다.

굶어 죽는 것은 모르핀 결핍과 비교하면 안락하고 행복한 죽음이다.

모르핀 고통은 아마도 생매장당한 사람이 무덤 속에서 마지막 남은 공기 한 줌을 들이마시며 손톱으로 가슴을 잡아 찢는 것과 같을 것이다. 그것은 예를 들면 이단자가 장작더미에서 신음하고, 시뻘건 불꽃이 처음 그의 발을 핥았을 때 몸을 떠는 것과 같을 것이다.

폴랴코프는 구토와 발작에 시달리다 점차 환각에 빠져 들어갔다. 그는 도저히 견딜 수 없어 이웃 마을에 있는 동료의사에게 왕진을 와 달라는 요청을 했다. 그러나 그 의사가 도착하기 전에 폴랴코프는 권총자살로 삶을 마감하고 만다.

일기체 형식으로 쓰인 이 작품은 모르핀 중독으로 삶을 포기한 젊은 의사의 아픔을 처절하게 그렸다. 이것은 작가 미하일 불가코프의 실제 체험담이다. 그는 디프테리아에 걸려 기관지 절제술을 받았는데 그때부터 모르핀에 중독되었다고 한다. 그러나 지독한 금단증상을 극복하고 모르핀에서 벗어났다는 사실이 놀랍다. 작품 속의 주인공은 자살을 선택할 수밖에 없을 만큼 모르핀 중독이 고통스럽다고 썼으면서도 작가 자신은 꿋꿋하게 중독으로부터 해방된 점은 정말 대단하다.

오늘날에는 국가에서 마약을 단속하기 때문에 아편중독 환자를 볼 수는 없지만 여타의 약물에 중독된 환자들은 상당히 많다.

이따금 TV고발 프로그램에 등장하는 수면마취제는 산부인과에서 자주 사용하는 약물이다. 그런데 환자 중에 더러 이유없이 마취를 해 달라고 조르는 이를 만나게 된다. 예를 들면 간단한 피임기구인 루프를 삽입할 때도, 제거 할 때도 마취를 해달라고 요구하는 환자를 만난다. 처음에는 통증을 워낙 못 참아 그러려니 하고 요구에 응해 주었지만 마취약물에 중독이 되어 그런 사람들이 있다는 것을 알게 된 후부턴 조심하고 있다.

그밖에도 수면제에 중독되어 끊임없이 처방을 받으려는 환자들도 많다. 중독을 담당하는 신체부위는 대뇌의 선조체로서 도파민계 신경이 풍부한 영역이다. 그러므로 중독에서 헤어나는 치료는 주로 정신과에서 담당하고 있다. 나는 이런 말로 이들을 격려하고 싶다.

"멈출 수 있는 당신이 아름답습니다."

미하일 불가코프 (Mikhail Bulgakov)

1891년 5월 3일 러시아 끼예프에서 태어났다. 1916년 끼예프 의학부를 졸업하고 우크라이나와 러시아 전역에서 의사생활을 했다. 잠시 성병 전문의로 개업도 했지만 28세에 의사를 포기하고 작가의 길을 택했다. 모스크바 신문사와 잡지사에 글을 실으며 호평을 받았고 또 희곡을 무대에 올려 인기를 얻었다. 그러나 스탈린 체제하에서 그의 모든 작품은 출판금지 되었다. 스탈린에게 망명 요청을 했으나 거절당했으며 1940년 2월 13일 신장 경화증으로 사망했다. 유해는 화장하여 모스크바 노보데비치 수도원 묘지에 묻혔다.

대표작으로는 《백위군》《젊은 의사의 수기》《악마의 서사시》《조야의 아파트》《거장과 마르가리타》 등이 있다.

부부의 연결 고리를 끊는 아이의 죽음

헤르만 헤세 《로스할데》
뇌막염

　로스할데는 저택의 이름이다. 저명한 화가 요한 베라구드가 10년 전에 이사한 집이다. 그에겐 아내와 두 아들이 있으나 그림 그리는 일에만 몰두하다보니 거의 홀아비와 같은 생활을 한다. 로스할데로 옮겨온 이후, 별채를 지어 화실로 이용하고 안채에 있는 아내와는 식사 때에나 만나는 정도이다. 큰아들 알베르트는 기숙사에 기거하는데 아버지와 특히 사이가 좋지 않다.

　로스할데에서 안채와 별채를 이어주는 역할은 오로지 막내아들 피에르의 몫이다. 일곱 살의 피에르는 부모로부터 똑같이 귀여움을 받는다. 베라구드는 서먹서먹하기만 한 아내와 더이상 가정을 계속 꾸려나가고 싶지 않지만 어린 피에로가 주는 기쁨이 너무 크고 소중하기 때문에 별거를 할망정 이혼까지는 생각지 않는다.

어느 날 인도에 사는 옛 친구 오토가 베라구드를 찾아온다. 친구의 눈에 비친 로스할데란 저택은 기이하기 짝이 없다. 애정 없는 가정을 꾸려가는 베라구드가 더없이 안쓰러우면서 어린 피에로에게 집착하는 모습이 병적으로 보이는 것이다. 오토는 베라구드에게 함께 인도로 떠나자고 제안한다.

베라구드도 친구의 충고에 마음이 흔들리기 시작한다. 게다가 방학이 되어 큰아들 알베르트가 돌아오자 큰아들과 아내는 한편이 되어 아버지를 적대시한다. 형제사이도 원만하지 않다. 피에르는 새들의 지저귐을 알아듣고 꽃들에 이름을 붙일 줄 아는 천진난만한 아이인 반면 동생에게 도통 관심이 없는 알베르트는 어머니와 함께 피아노 연주에만 열중할 뿐이다.

어린 피에르는 이따금 별채로 아버지를 찾아가지만 베라구드는 그림에 열정을 빼앗긴 나머지 아이에게는 소홀할 때가 많다. 피에르는 자신보다 그림을 더 좋아하는 아버지가 서운하다. 화가의 아들로서 물감냄새가 싫은 건 불행이라 생각하는 베라구드가 피에르에게 화가가 싫으면 무엇이 되고 싶으냐고 물어본다.

"아무 것도, 새나 그런 것이 되고 싶은 걸." 하고 대답한다. 이렇게 귀여운 꼬마 피에르가 갑자기 아프기 시작한다. 형과 함께 마차를 타고 소풍을 다녀온 다음날부터이다. 피에르의 첫 증세는 이렇다.

몸은 노곤하고 머리는 띵했다. 어머니 무릎에 쓰러져 울고만 싶었다. 그러나 거만스러운 형이 어머니 곁에 있는 한 그럴 수도 없는 노릇이었

다. 형만 보면 자신이 아직 꼬마란 사실을 느낄 뿐이었다.

이마를 찌푸리고 땅바닥을 두리번거리며 발끝으로 자갈을 툭툭 건드리다가 끈적거리는 달팽이를 발로 차서 축축한 풀밭으로 던져버렸다. 아무것도 그와 말을 하려 들지 않았다. 새도, 나비들도 그를 보고 웃으려 하지 않았으며 그를 즐겁게 하려 들지 않았다. 모든 것이 입을 다물었다. 모든 것이 새로워지고, 아름다워지고, 즐거워질 때까지 오래도록 잠들고 싶었다.

아이는 무기력감과 외로움을 느끼며 구석방에 쓰러져 잠든다. 베라구드가 피에로를 발견해 침대에 데려다 눕히고 소풍을 데려간 큰 아들에게 원인을 캐보지만 어디가 어떻게 아픈 건지 정확히 알 수가 없다.

한편 베라구드는 친구의 권유대로 떠나기를 결심한다. 화목하지 못한 가정을 유지하기보다는 인도로 떠남으로써 아내와 큰아들에게 자유를 주고자 한다. 어린 피에르도 아내에게 양보하는 것이 마땅하다고 생각한다.

그러면서 로스할데에서 마지막 작품을 완성한다. 괴로움에 가득 찬 양친 사이에서 놀고 있는 어린아이 그림이다. 그림을 설명하자면 이러하다.

남자와 여자는 같은 대지에 의지하고, 같은 대기에 에워싸이고, 같은 광선을 받으면서 죽음과 차디찬 냉기를 발산하지만, 그 가운데 있는 어린이는 자신에게서 발산되는 광선을 되받듯 행복스럽고 명랑한 모습으로 광채를 발했다.

훗날 베라구드가 진정한 화가로 평가된다면 오로지 이 작품 때문이라고 할 만큼 고통스러운 영혼으로 심혈을 기울인 대작이었다.

베라구드는 아내에게 떠나겠고 통보한다. 다만 피에르만큼은 알베르트처럼 건조한 아이로 키우지 말라는 당부를 한다. 피에르의 병세는 더욱 악화된다. 두통을 호소하고 구역질을 한다. 아이가 토하기 시작하자 그동안 대수롭지 않게 생각하던 피에르의 어머니도 의사를 부를 생각을 한다. 왕진을 온 의사는 위가 몹시 나쁘다는 진단을 내린다. 중독도 아니요, 맹장염도 아니고 고열도 없으나 단지 신경이 매우 날카롭고 예민해져 있으므로 지켜보자고 한다. 기다리는 것과 절식이 가장 좋은 처방이라면서 "아이에게 홍차만 조금씩 마시게 하십시오. 갈증을 느끼거든 보르도 포도주를 한 모금쯤 마시게 해도 좋아요."라고 지시한다.

그러나 피에르는 금식만으로는 좋아지지 않는다.

어린 환자는 말할 수 없는 고통으로 몸이 굳어지는 모양이었다. 어떤 질문이나 간청에도 대답 없이 성난 눈으로 앞만 응시하면서 잠을 자려고도 하지 않았다. 물론 놀거나, 무엇을 마시거나. 책을 읽어달라고도 하지 않았다. 의사는 이틀 동안 거푸 왔지만 자세한 말은 없이 그저 따뜻한 수건으로 배를 감아 주라고 지시를 내렸을 뿐이다. 피에르는 열이 높은 환자가 그러하듯 반은 졸면서 알아들을 수 없는 말을 중얼거리고 의식이 몽롱한 상태에서 꿈꾸듯 헛소리를 했다.

아이가 너무 민감하게 반응하기 때문에 베라구드는 되도록 아이 방에 들어가지 않는다. 알베르트도 피아노를 치지 않는다. 어머니는 아예 피아노를 잠가놓는다.

의사는 종종 아이의 상태를 살피러 오지만 병세가 호전되지 않자 베라구드에게 만나자는 편지를 보낸다. 아이 어머니에게는 차마 위험하다는 말을 하지 못하고 아버지에게 면담을 청하는 것이다.

"제 생각이 틀림없다면 뇌막염입니다."

의사는 베라구드에게 선고를 하듯 진단명을 알려준다. 당시에 뇌막염은 고칠 수가 없다는 걸 알고 있던 베라구드는 절망에 휩싸인다. 그날부터 하루 종일 피에로 곁에 앉아 지낸다.

소년은 언제나 두통으로 시달리고 호흡은 빨랐으며 숨을 쉴 때마다 신음소리를 냈다. 가끔 비쩍 마른 그 어린 육체가 경련을 일으키거나 활 모양으로 오므라들었다. 귀엽고 정다운 어린애의 얼굴에서 앳된 표정이 점점 사라져갔다. 거기에 남은 것은 어린애답지 않은 조숙한 얼굴뿐이었다. 그것은 고통과 구역질과 깊디깊은 공포만이 도사리고 있는 단순한 표정을 한 괴로움의 가면이었다.

베라구드는 오래도록 몸을 굽히고 얼어붙는 가슴으로 아이를 지켜본다. 남편의 행동에서 뭔가 감지한 피에르의 어머니는 의사에게 무슨 말을 들었느냐고 묻는다. 그녀도 아이의 생명이 위태로운 것을 눈치 챈 것이다. 그녀는 그동안 오로지 피에르 때문에 부부가 갈라서지 않았음 잘 알고 있기에 아이를 남편에게 양보하겠다는 생각을 한다.

"피에르가 죽어서는 안돼요. 그 애의 병이 낫거든 당신이 차지하세요."라고 말한다. 베라구드는 오랫동안 자신이 원했던 아이를, 그리고 아내가 그렇게 오래도록 거부해온 아이를 이제야 양보하는 것이 어이없었다. 하지만 아내의 마음이 진심이란 것은 안다.

피에르의 상태는 매우 좋지 않다.

> 그는 오래 잠을 자고는 새로운 고통의 파도가 밀려와 그를 깨울 때까지는 눈을 멍청히 뜨고 굳어진 시선으로 누워 있었다. 고통이 시작되면 발버둥을 치고 조그마한 주먹을 불끈 쥐고 눈을 부볐다. 얼굴은 핼쑥해졌다가 뻘겋게 열이 오르곤 했다. 그리고 참을 수 없는 통증으로 발악을 하며 소리를 질러대어 아버지는 듣다못해 결국은 밖으로 나올 수밖에 없었다.

베라구드는 자책감에 싸였다. 어린 피에르가 화실에 얼마나 자주 찾아왔던가를 떠올리면서 자신이 그림에만 몰두하거나 생각에 빠져 지치고 무관심한 모습만 보여주었던 것을 뼈저리게 후회한다. 이제는 아무것도 돌이킬 수가 없다. 차라리 아이를 위해서 결말이 빨리 나기를 기도할 지경이다. 어느 날 피에르는 반짝 좋아진다. 아빠가 읊어주는 시를 듣고 아이는 다 나은 듯이 명랑해진다. 그동안 자신이 얼마나 외로웠는지 모른다며 앞으론 식구들이 모두 즐거운 가정을 이루고 살자고 한다. 기적처럼 회생한 피에르의 상태는 순간일 뿐이다.

혼자는 단 한번 비명을 질렀다. 매우 날카롭고 애절한 비명이었다. 그리고나서 활처럼 몸을 굽혔기 때문에 침대가 흔들릴 정도로 몸부림을 치다 다시 잠잠해지며 성난 어린애의 손에 들린 회초리처럼 몸이 오므라드는 그 동작이 또다시 되풀이 되었다. 꼬마는 쓰러지며 몸을 뒤척이고 엎드려서 베개를 물어뜯으며 규칙적으로 왼발을 굴렀다. 발을 쳐들었다가 다시 떨어뜨리고, 잠시 그대로 있다가 또다시 같은 동작을 수없이 반복했다.

피에르는 밤새 온 몸을 떨다가 간간이 힘없는 비명을 지르며 발작적인 동작을 반복한다. 다리를 쳐들었다가 내려뜨리는 동작을 시계처럼 정확하게 되풀이하는 것이다. 지켜보는 이들은 마지막을 직감한다. 새벽녘에 이르러 어린 투사는 쇠진하여 적에게 항복하고 만다.

베라구드는 죽어가는 아들의 침대 언저리에서 비록 때늦은 감이 있지만 참된 사랑을 체험했으며 처음으로 자신을 내려놓고, 자아를 극복했다는 것을 느낀다. 그것은 잊지 못할 체험으로, 슬픔 어린 인생의 진정한 보물로 영원히 남아 있을 것으로 믿는다. 아들의 장례식을 마친 후 베라구드는 인도로 가기 위해, 안주인 역시 로스할데를 떠나기 위해 짐을 싼다.

처음 이 작품을 읽었던 고교시절에 꼬마가 어찌나 가엾던지 아이를 아프게 방치한 부모가 몹시 미웠다. 더구나 의사는 몇 차례나 왕진을 왔으면서도 처방이라곤 홍차나 포도주를 먹이라는 따위뿐이라서 그의 무능함에 화가 나기도 했다. 금방이라도 피에르가 죽게 될까봐 조마조마해서 책장을 넘기지 못하다가 끝내 병에 희생되는 장면에선 얼마나 눈물을 쏟았는지 모른다. 이 꼬마가 앓았던 병명이 뇌막염인데 원인균에 따라 뇌막염에도 여러 종류가 있다.

즉 세균성 뇌막염과 바이러스성 뇌막염이 나뉘는데 피에르의 경우 그 증상과 진행과정을 살펴보면 결핵성 뇌막염(Tuberculous Meningitis)으로 짐작된다. 어른들에게는 폐에서 결핵균이 전파되어 이차적으로 뇌막염으로 진행되지만 소아에게는 원발성 뇌막염이 흔하다. 뇌막염은 말 그대로 뇌를 싸고 있는 계란막처럼 하얀 막에 세균이 침투하는 것이다. 결과적으로 뇌압이 상승하게 되므로 그에 따라 두통과 구토, 발열, 발작적인 반사 반응 등을 보인다. 피에르가 왼발을 올렸다 내렸다하는 동작을 반복하는 장면이 바로 뇌막 자극 증상이다.

바이러스성 뇌막염은 증상이 이토록 심하지 않아 사망에 이르는 일이 드물고, 세균성 뇌막염은 경과가 빠르게 진행되는 특징이 있다. 작품 속의 피에르의 경우 여름 한 계절이 지날 동안 투병을 했고 중간에 상태가 호전되었다가 악화되는 과정을 보이는 점으로 미루어 결핵성 뇌막염이라 생각된다.

지금은 항생제가 개발되고 다양한 치료법이 있어 뇌막염으로 사망하는 사례는 흔치 않지만 헤르만 헤세가 살았던 시절엔 치사율이 높을 수밖에 없었으리라. 또한 현재는 결핵에 대한 예방으로 BCG를 필수 접종하고 폐구균(Pnemococcus)과 뇌수막구균(Meningococcus)에 대한 예방주사도 널리 사용되고 있다.

마가렛 미첼의 《바람과 함께 사라지다》에서 어린 딸 보니가 승마를 하다 말에서 떨어져 죽자 스칼렛 오하라와 레트 바틀러가 멀어지던 장면이 기억난다. 또 에벌린 워의 《한 줌의 먼지》에서도 마찬가지로 아들이 낙마로 죽는 사건이 발생하자 이를 기화로 부부가 완전히 갈라선다.

자식을 먼저 보내는 것을 참척(慘慽)이라고 하는데 그런 슬픔을 겪으면 아무에게라도 분풀이를 하고 싶어질까? 누구보다 가장 가까이 있는 사람을 제일 먼저 파괴하고 싶어지는 것인지도 모른다. 더는 행복할 권리가 없다고 자책하는 심리가 작동하는 것일 수도 있다.

헤르만 헤세 (Hermann Hesse)

1877년 7월 2일 독일 남부 칼브에서 출생하여 1881년 부모님과 스위스로 이주했다.

1886년 독일 칼브로 돌아와 라틴어학교를 다녔고 1891년 마울브론 수도원학교에 입학했으나 7개월 만에 도망치고 나와 1894년부터 칼브의 시계공장에서 실습하고 1895년 서점에서 책 거래를 견습하면서 《낭만적인 노래들》을 출간했다. 이후 소설 뿐 아니라 시를 썼으며 그림에도 재능을 보였다.

1946년 노벨 문학상을 수상했고 1956년에는 헤르만 헤세 재단을 설립했다. 1962년 8월 9일 85세를 일기로 타뇰라에서 사망했다.

대표작으로 《피터 카멘찐트》《수레바퀴 아래서》《게르트루트》《크눌프》《데미안》《싯다르타》《황야의 이리》《나르시스와 골드문트》《유리알 유희》 등이 있다.

아무도 모르게
번지는 병

| 토마스 만 《마의 산》
| 폐결핵

《마의 산》은 2권 분량의 방대한 작품이지만 의외로 줄거리는 간단하다.

주인공 한스 카스토르프가 결핵 요양소에 입원한 사촌을 찾아가는 것으로 시작된다. 요양원은 스위스 다보스에 있는 베르크호프이며 해발 1600미터에 위치한 곳이다. 결핵균이란 건조한 곳에서는 자라지 않는다고 생각했기 때문에 요양소는 통상 높은 곳에 지어졌다.

카스토르프는 23세의 독일 청년으로 조선기사 시험에 합격한 엔지니어이다. 조선소에 취직이 되어 입사를 앞두고 사촌을 만나러 요양원에 잠시 들른 것이다. 사촌 요하임은 사관학교 후보생으로 군복무 중에 폐를 앓기 시작하여 다섯 달 전부터 요양원 신세를 지고 있다.

카스토르프는 체류 일정을 3주로 잡고 왔지만 그 3주는 금방 지나가

버린다. 이곳을 '마의 산'이라고 부르는 이유는 저 아래 세상과는 달리 시간을 느낄 수 없는 몽환적인 곳이기 때문이다. 세상과 동떨어져 폐쇄된 이곳은 삶과 죽음의 경계지점으로 받아들이면 마땅할 것이다. 하루 5끼 제공 되는 호사스런 식사와 일광욕, 산책, 구칙적으로 체온을 재는 것 외엔 달리 하는 일이라곤 없다. 이곳엔 세계 각국에서 찾아 온 다양한 유형의 유복한 환자들이 머물고 있다.

카스토르프는 이들과 친분을 쌓고 대화를 나눈다. 개중에는 두 아들이 모두 폐결핵에 걸린 것을 한탄하던 나머지 '둘 다'라는 말만 반복하는 멕시코 여자도 있고 시도 때도 없이 옆방까지 들리도록 황홀한 신음소리를 내는 뻔뻔한 러시아 부부도 있다. 이따금씩 시체가 되어 실려나가는 환자도 보게 된다.

그 가운데 식사 때마다 식당 유리문을 요란하게 닫으며 들어오는 쇼사 부인에게 카스토르프는 마음이 끌린다. 러시아 출신의 그녀는 다소 방종해보이고 퇴폐적인 분위기가 있지만 왠지 모르게 카스토르프는 그녀에게 매혹된다. 어린 시절 카스토르프가 짝사랑을 품었던 남자친구와 많이 닮았단 점도 그 이유의 하나이다.

예정된 3주가 지나고 하산을 하려던 카스토르프는 건강에 이상신호를 느껴 진찰을 받는다. 처음 도착했을 때부터 얼굴이 달아오르고 담배 맛이 변하는 등 컨디션이 좋지 않았다. 자주 오한이 나자 감기에 걸린 줄 알고 간호사에게 도움을 청한다. 수간호사는 그에게 체온을 재보라는 지시를 한다. 카스토르프의 체온은 뜻밖에도 37.6도로 높다. 뿐만 아니라 카스토르프는 예전부터 폐에 결핵 환부를 가지고 있음이 밝혀진다. 결국 그는 단지 손님으로 찾아왔다가 눌러 앉게 된 환자유형에 속하게 된 것이다. 그것이 이후 7년이란 세월로 이어질 줄 예상하지 못한 카스토르프는 요양원에 남게 된 것이 내심 기쁘다. 평지의 모든 의무에서 해방되어 일체의 행동에 대한 책임을 면제해주는 이곳의 분위기에 어느덧 물든 탓도 있지만 무엇보다 쇼샤 부인 곁을 떠나지 않아도 된다는 기쁨 때문이다. 카스토르프는 이런 말을 뇌까린다.

"오오, 사랑이란……. 육체, 사랑, 죽음, 이 세 가지는 본래가 하나입니다. 육체는 병과 쾌락이요, 육체야말로 죽음을 낳게 하니까요. 그렇습니다. 사랑과 죽음은 모두 육체적인 것으로, 바로 거기에 두려움, 무서운 마력이 있는 것입니다. …… 육체는 존경할 만한 것이며 유기체적인 생명의 놀라운 현상이요, 신성한 기적입니다. …… 인체의 그 멋진 균형을 보십시오. 어깨와 허리, 양 가슴의 꽃 같은 젖꼭지, 쌍이 되어 나란히 달리는 늑골, 부드러운 배, 한 가운데의 배꼽, 다리 사이의 검은 보고(寶庫). 등허리의 매끈한 피부 밑에서 견갑골이 움직이는 모양을 보십시오. 윤택하고 풍만한 엉덩이를 향해 등뼈가 내려가는 모양, 몸 기둥의 겨드랑이를 통해 사지로 달리는 혈관과 신경의 굵은 가지, 그리고 팔의 구성과 대응하는 다리의 구성! 아아! 팔꿈치와 무릎 관절 안쪽의 부드러운 살, 그리고 그 내부의 살이 이불에 싸인 듯한 무수한 유기적 비밀, 인체의 이 감미로운 부분을 애무한다는 것은 그 얼마나 멋진 희열입니까! 아, 당장에 죽어도 한이 없을 기쁨! 당신 무릎의 피부 냄새를 맡게 해 주십시오. 정교한 관절주머니가 미끄러운 향유를 발산하는 표면에, 그리고 당신의 허벅지에서 고동치고, 훨씬 아래서 두 개의 경부 동맥으로 나뉘는 대퇴부에 경건하게 입술을 닿게 해 주십시오. 당신 털구멍의 발산물을 애무하게 해 주십시오. 물과 단백질로 이루어져 무덤에서 분해될 운명을 가진 인간상이여, 당신의 입술에 나의 입술을 댄 채로 죽게 해 주십시오."

카스토르프가 쇼사 부인에게 이렇게 사랑을 고백한 다음 날 쇼사 부인은 예정대로 마의 산을 내려간다. 그녀가 다시 돌아오기를 기다리며 카스토르프는 치료에 전념하지만 점점 현실 감각을 잃어간다.

한편 카스토르프에게 애정 어린 충고를 해주는 이가 있다. 이탈리아에서 온 인문학자 세템브리니는 젊은이에게 '죽음의 세계'에서 아까운 시간을 허비하지 말고 당장 평지의 시민 세계로 복귀하라고 말한다. 세템브리니는 휴머니스트로서 이성과 도덕을 앞세우는 사람이다. 그는 카스토르프가 쇼사 부인과 깊은 관계에 빠져드는 것을 만류하려고 애썼던 사람이기도 하다. 카스토르프에게 영향력을 주는 또 다른 사람은 유대인 나프타로서 그는 교회권력을 대변하고 있다.

이곳의 세월은 빠르게 흐르고 사촌 요하임은 병세가 호전되지 않자 지친 나머지 다시 군대로 돌아가 버린다. 사촌을 떠나보내고 혼자 남은 카스토르프는 스키를 배운다. 그는 어느 날 스키를 타고 산속으로 갔다가 눈보라에 갇혀 오두막에서 꿈을 꾼다. 그 사이 지금까지의 자신의 삶에 대한 반성을 한다. 인간이 착하고 올바르게 살기 위해서는 죽음에 대한 공포에서 벗어나 삶을 사랑해야 한다는 것이다. 아마도 이것이 작가가 우리에게 전하고 싶은 주요 메시지일 것이다.

그런 중에 사촌 요하임이 병세가 악화되어 다시 요양원으로 복귀한다. 그리고 얼마 지나지 않아 세상을 뜨고 만다. 한편 쇼샤 부인도 거물급 사업가를 데리고 다시 요양원에 나타난다. 네덜란드인 페페르코른이다. 그는 은퇴한 커피왕으로 이곳에서도 막강한 후원자로 행세하고 있다. 카스토르프와 쇼샤 부인, 그리고 페페르코른 사이에 특별한 기류가 생긴다. 그러나 카스토르프는 질투보다는 교훈과 감동을 더 많이 느낀다. 그것도 잠시뿐 페페르코른은 허무주의에 빠져 자살을 택하고 쇼샤 부인은 다시 하산하고 만다.

그녀가 떠난 후 카스토르프는 허탈 상태에 빠진다. 요양원에는 히스테리 환자가 속출하는 가운데 어느덧 7년이란 세월이 흐른다. 그리고 청천벽력 같은 소식이 전해진다. 바로 세계 제1차 대전의 발발이다. 카스토르프는 참전을 위해 기꺼이 마의 산에서 내려온다. 그리고 슈베르트의 〈보리수〉를 흥얼거리다 전쟁의 포화 속에 희생되는 것이 마지막 장면이다.

폐결핵의 증상은 기침, 흉통, 야간 발한, 식욕 부진 등이고 서서히 체중이 감소된다. 미열이 생기고 무기력이나 전신 쇠약감도 동반된다. 피가 섞인 가래가 나와 놀라기도 하는데 질병이 진행함에 따라서 피를 토하고, 호흡이 곤란해지고, 결국은 숨을 쉬지 못해 사망에 이르는 병이다.

우리나라는 OECD 국가 중에서 결핵 발생률과 사망률 1위라는 부끄러운 이름이 붙어 있다. 대한결핵협회에서는 해마다 크리스마스 실(Seal)을 만들어 파는 등 결핵 퇴치를 위해 노력을 하지만 결핵은 쉽게 근절되지 않고 있다. 가장 큰 이유는 증상이 따로 없기 때문에 치료시기를 놓치기 때문이다. 그리고 또 다른 이유는 항생제에서 생긴 내성 때문이다. 이를 '슈퍼 결핵' '광범위내성결핵'이라고 부른다. 결핵약에 저항하는 '다제내성결핵균' 보유자는 법적으로 반드시 입원치료를 받게 되어 있으나 현실적으로 잘 지켜지지 않는 것도 또 다른 문제점이다.

이 작품 《마의 산》에는 결핵환자의 증상 뿐 아니라 심리 상태까지 세밀하게 나와 있다. 이는 토마스 만의 아내가 폐렴 때문에 요양원에 입원했을 때 작가가 그녀를 찾아가 3주간 머문 적이 있었으므로 폐결핵 환자를 많이 접한 결과일 것이다.

길고 긴 장편 가운데서 내 기억에 가장 강력하게 남는 것은 요양원에서 2주마다 열리는 강연 장면이다. 월요일에 식당에서 열리는 이 강연에는 독일어를 이해하는 성인은 모두 참석하게 되어 있다. 카스토르프가 처음 강연을 듣던 날 강사는 '사랑과 병의 관계'에 대해 재미있는 연설을 한다.

즉 그 강사에 의하면 사랑의 욕구는 억제하거나 억압할 수 있는 것이 아니라는 것이다. 억압된 사랑은 죽은 게 아니라 마음속의 어둡고 은밀한 곳에서 호시탐탐 욕구를 실현하려고 노리며 살아있다는 것이다. 순결의 금지령을 어기고 모습을 바꾸어 비록 식별할 수 없어도 다시 모습을 드러낸다는데 그렇다면 허용되지 않고 억압된 사랑이 다시 모습을 드러낼 때의 모습과 가면은 대체 어떤 것일까?

"그것은 병의 모습으로 나타납니다! 병의 증상은 가면을 쓴 사랑의 활동이며 모든 병은 모습을 바꾼 사랑입니다." 강사는 이렇게 역설한다.

이 대목이 상당히 인상적이다.

의사로서 '억압된 사랑의 결과가 병'이란 주장을 어떻게 이해해야 할까? 꼭 폐결핵이 아니더라도 환자들에게서 실연의 아픔이나 사랑의 고통을 호소하는 말을 자주 듣게 되므로 딱히 틀린 말은 아니라고 생각한다. 더욱이 폐결핵은 면역성이 떨어지고 체력이 약화되었을 때 쉽게 발병하므로 억압된 사랑으로 몸부림치는 이에게 병이 찾아온다는 말이 일리가 있을 법도 하다.

오늘도 TV에 결핵조기퇴치 홍보 방송이 나온다. 정부지원사업의 하나이므로 보건소에서 무료로 치료해 준다는 내용이다. 주변에 보면 결핵을 천연두처럼 없어진 병으로 생각하는 사람들이 상당히 많다. "그거 옛날 병 아니에요?"라고 묻는 환자도 있었다. 그러나 오히려 과거에 비해 결핵은 늘어난 추세이다. 다이어트를 하느라 체력이 약해진 젊은 여성들과 수명이 길어지면서 면역력이 저하된 노인 인구가 늘어난 이유도 있다. 또 면역억제 약물을 치료제로 쓰는 병들이 많은 탓도 있다. 이 순간도 아무도 모르게 우리 곁을 맴돌고 있는 결핵균에 관심을 가져야 할 것이다.

토마스 만 (Thomas Mann)

1875년 6월 6일 독일 뤼벡에서 부유한 곡물상의 아들로 태어나 가업을 이어받으려 했으나 부친 사망 이후 실업고등학교를 그만두고 뮌헨에서 공과대학을 수학했다. 20세기 초반 최고의 독일 소설가로 불리며 1929년 노벨 문학상 수상. 히틀러에 의해 국적을 박탈당하고 미국으로 건너가 시민권을 취득했다.

말년엔 스위스에 정착하여 지내다 1955년 8월 12일 심장병으로 사망함.

주요작품으로는 《부덴브로크가의 사람들》《요셉과 그의 형제》《파우스트 박사》《선택된 인간》〈키 작은 프레델만씨〉〈토니오 크뢰거〉〈베니스에서의 죽음〉〈마리오와 마술사〉 등이 있다.

도저히 참을 수 없는
아내의 진통

| 어니스트 헤밍웨이 《우리들의 시대에》
| 출산

꼬마 닉이 아버지와 삼촌과 함께 낚시를 갔을 때의 일이다. 인디언 둘이 급하게 아버지를 찾아온다. 인디언 캠프에 의사가 필요하다는 것이다. 한 인디언 산모가 진통이 시작된 지 꼬박 이틀이 넘도록 아이가 나오지 않자 백인 의사에게 도움을 청하고 있다. 왕진 가방을 챙긴 닉의 아버지와 일행은 나룻배를 탄다. 호수를 건너자 인디언 캠프가 나온다. 거기는 나무껍질을 벗겨 생계를 이어가는 인디언들이 사는 곳이다.

산모는 간이침대 아래에 누워 비명을 지르고 있었다. 산모의 남편은 3일 전에 나무를 하다가 도끼에 발을 찍혀 이층 침대에 누워 있다. 그는 차마 아내의 고통을 바라볼 수 없어 머리를 돌리고 있다. 아버지는 닉에게 이 상황을 설명한다. 닉은 아버지의 말을 어렴풋이 이해를 하지만 그래도 여자가 소리 지르지 않게 약을 주라고 말한다. 의사는 이렇게 대답한다.

"진통제는 안 가져 왔어. 하지만 비명은 중요하지 않아. 그래서 난 듣지 않는단다."

원래 아기는 머리부터 나와야 수월한데 이 인디언 산모의 경우는 그렇지가 않다. 아버지는 물을 끓여 소독을 하고 집도를 시작한다. 조지 삼촌과 인디언 여자 세 명이 산모를 움직이지 못하게 붙들고 있다. 수술은 오래 걸린다. 마침내 아이가 무사히 태어난다. 아들이다. 의사는 흡족한 얼굴로 동생을 향해 호들갑스럽게 말한다.

"이건 의학지에 실릴 만한 일이야, 조지."

"잭나이프로 제왕절개 수술을 하고, 9피트짜리 낚시 줄로 봉합을 했으니까."

우쭐해진 의사는 천막을 떠나기 전에 산모의 남편에게 눈길을 준다. 출산 때 가장 힘들어하는 사람이 남편이란 걸 염두에 둔 것이다. 여태 아무런 소리를 내지 않는 남편을 잘 버티는 사람이라 여긴다. 의사는 램프를 치켜들고 남편이 누운 이층 침대를 비춘다. 그리고 덮은 담요를 벗긴다. 아버지는 깜짝 놀란다.

인디언 남편은 벽을 향해 모로 누워있었다. 독은 귀에서 귀까지 잘린 채였다. 그가 누운 자리는 피가 흥건했고, 머리는 왼팔에 놓여있었다. 담요에는 날이 펴진 면도칼이 놓여있었다.

어린 닉이 끔찍한 광경을 보았을까봐 걱정한다. 그러나 닉은 아버지가 인디언의 머리를 다시 붙이는 장면까지 이미 똑똑히 보았다. 돌아오는 길에 닉이 묻는다.

"남편은 왜 자살했을까요, 아빠?"

"모르겠구나, 아마도 견디기 힘들었나보다."

한 인디언의 아내가 이틀이 넘게 진통을 겪었는데 백인의사가 와서 마취도 없이 배를 가르고 아기를 꺼낸 일과 그때 곁에 있던 남편은 도저히 견디질 못하고 면도칼로 자살을 했다는 이야기이다.

처음 이 작품을 읽었을 때 어찌나 충격적이었던지 황당하고도 어이가 없었다. 시간을 두고 생각해보니까 인디언의 정서는 우리와 달라 제왕절개처럼 자연적이지 않은 분만을 받아들일 수 없었는지 모르겠다. 어쩌면 사랑하는 이의 아픔을 보느니 차라리 죽어버리고 말겠다는 결연한 사랑의 표현인지도 모른다. 한 생명의 탄생 앞에 한 생명의 소멸이 공존하는 이 작품이야말로 괴기하기 짝이 없다.

제왕절개술은 영어로는 세자리안 섹션(Cesarean Section)이라 부르는데 흔히 로마의 시저 장군이 이 방법으로 태어났다고들 말한다. 그러나 율리우스 시저가 태어난 B.C 100년경의 의술로는 사람의 배를 가른 경우 생존할 가능성이 전혀 없다. 역사상 시저의 어머니 아우렐리아 코타(Aurelia Cotta)는 시저의 유년시절을 함께 한 기록이 있으므로 율리우스 시저가 이 수술의 시조는 아니라고 보는 견해가 더 유력하다. 그러나 시저 정도의 영웅이라면 보통 방법이 아닌 특별한 방법으로 태어났을 것으로 기대하는 심리가 있는 것 같다. 예를 들면 셰익스피어의 《멕베드》에서 마녀가 예언하기를 '여자가 낳은 사람은 왕이 될 수 없다'고 했다. 그런데 맥다프는 스코틀랜드 왕위를 이어 받는다. 알고 보니 맥다프는 '달이 차기 전에 어머니의 배를 가르고 나온 사람'이란 것이다. 그것이 1316년경의 일이다.

산부인과에서 제왕절개수술을 하는 경우는 정상 분만이 산모나 태아의 생명에 위험을 초래할 때이다. 예를 들어 역아(逆兒)라든가, 전치태반, 난산, 태아 곤란증, 아두 골반 불균형 등이다. 그런데 점점 제왕절개수술의 빈도가 높아져 사회 문제가 되기도 한다. 진통을 두려워하는 여성들이 덮어놓고 수술을 선호하기도 하고 또 병원에서 진료비가 많이 부과되는 수술을 은근히 부추긴다는 것이다.

요즘은 가족분만이라고 해서 남편이 분만 시에 입회하여 곁에서 격려하는 프로그램을 권장하고 있다. 임신 중에 남편도 함께 분만 교육을 받기도 한다. 알 권리를 중요시 하는 오늘날의 시대 흐름에 따른 일이기도 하고, 또 분만이 여성 혼자만의 사건이 아니라는 뜻으로 보인다. 그러나 부부 사이라 해도 여성의 신비감을 유지하려면 출산 만큼은 여자 혼자 겪는 편이 좋겠다는 것이 나의 견해이다. 이 작품에서 드러나듯 아내가 겪는 산고를 남편이 느끼게 하는 건 무리일성싶다. 하지만 요즘은 무통분만이 유행하므로 척추마취 덕분에 진통이 이제는 죽을 만큼의 고통이 아닌 세상이 되었다.

작품 속 의사는 마취도 없이 생으로 제왕절개절제를 하고 다시 봉합까지 마쳤다니 제 아무리 산모와 신생아 두 생명을 구했다 해도 남의 고통에 무덤덤한 참으로 모진 의사로 보인다. 아들 닉이 진통제를 주라고 했을 때 환자의 비명은 중요하지 않아 자신은 듣지 않는다는 대답이 인간미 없는 의사를 대변하는 핵심적인 말인 것 같다. 의사의 그런 비정함이 두고두고 머리에 남는 소설이다.

어니스트 헤밍웨이 (Ernest Hemingway)

1899년 7월 21일 미국 시카고 오크파크에서 출생하였다. 어린 시절 의사인 아버지를 따라 다니며 사냥과 낚시의 경험을 많이 얻었다.

오크파크 고등학교를 졸업 한 후 대학 진학을 하지 않고 〈캔자스시티 스타〉 신문사 기자로 일하였다.

1918년 제 1차 세계대전에 참전하려고 지원하였으나 시력문제로 입대하지 못하고 적십자 부대의 앰뷸런스 운전병으로 투입되었다. 이탈리아 전선에 배치되었다가 박격포 포격으로 두 다리에 중상을 입었다.

1919년에 종전 된 후 전쟁 영웅으로 귀국하고

1921년 〈토론토 스타〉 신문사의 유럽 특파원으로 채용되어 세계 전역을 취재한다.

1953년 퓰리처 상 수상하고

1954년 노벨 문학상 수상하였다.

1961년 7월 2일 아이다호 케첨 자택에서 엽총으로 자살함으로써 생을 마감한다.

대표작으로 《태양은 다시 떠오른다》《무기여 잘 있거라》《누구를 위하여 종은 울리나》《노인과 바다》〈킬리만자로의 눈〉 등 다수가 있다.

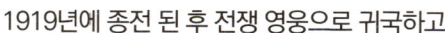

그의 절대적인 순수함

표도르 도스토옙스키 《백치》
간질

    소설 《백치》는 상하권 946쪽에 이르는 장편이지만 스토리는 의외로 간단하다.

    주인공 미쉬낀 공작은 어릴 때부터 지병이 있었다. 그는 일찍 부모를 여의고 대부호 지주에게 의탁되었다 농노를 4천명이나 거느리는 지주는 공작의 치료를 위해 스위스로 보낸다. 스무 살이 되도록 언어조차 제대로 익히지 못한 미쉬낀 공작은 이따금 발작을 일으키곤 했다. 자신의 병에 대해 "그 병은 이상한 신경질환으로 갑자기 덜덜 떨기도 하고 경련을 일으키기도 하는 간질 아니면 무도병(舞蹈病)"이었다고 설명했다. 사람들은 그를 공공연하게 백치라고 불렀다. 스위스에서 치료받은 결과 완치된 것은 아니지만 공작의 상태는 대우 호전되었다. 더 이상 치료비도 없을뿐더러 길러주었던 지주의 사망 소식을 듣게 되어 러시아로 돌아온다.

이야기는 미쉬낀 공작이 4년 만에 스위스에서부터 돌아오는 기차 안에서부터 시작된다. 이십대 중반의 공작은 중키보다 조금 크고 숱이 많은 노란 머리에 볼이 움푹 파인 얼굴을 하고 있다. 흰색의 뾰족한 턱수염을 살짝 기르고 큼직한 두건이 달린 널따랗고 두툼한 소매 없는 망토를 입고 있다. 밑창이 두툼한 반장화를 신고 각반을 차고 있어서 우스꽝스러운 모습이다.

공작과 마주보는 자리에는 마찬가지로 젊은 청년이 앉아있다. 작은 키에 검은 곱슬머리인 그는 작은 잿빛 눈이 이글거리는 사람이다. 그의 이름은 로고진으로 거부 상인의 아들이다. 로고진은 아버지가 누군가에게 전달하라고 심부름 시킨 돈을 딴 짓 하는 데에 쓰다가 아버지 눈 밖에 나서 먼 친척네로 쫓겨 가 지냈다. 뒤늦게 아버지의 부음을 듣고 재산을 상속받고자 뻬쩨르부르크로 돌아오는 길이다. 그는 아버지의 돈으로 절세 미녀인 나스따시아에게 다이아몬드 목걸이를 선물했던 것이다. 아버지가 그녀에게서 목걸이를 도로 받아 왔지만 로고진은 여전히 나스따시아에 대한 연정을 거둘 길이 없다.

아름다움으로 세간에 이름이 들먹거리는 나스따시아로 말할 것 같으면 이미 남의 첩으로 알려진 여인이다. 일곱 살에 고아가 되었을 때 대지주 또쯔끼가 양육시키며 특별히 교육도 시켰다. 그러나 그녀가 아리따운 여인으로 성장하자 자신의 욕망을 채우는 노리개로 삼은 것이었다. 그런 또쯔끼가 조건 좋은 여성과 결혼하려고 하자 나스따시아는 공공연하게 훼방 놓는 등 보복한다. 그녀가 원하는 것은 또쯔끼와의 결혼이 아니라 신분을 이용하여 여인을 농락하는 남성에 대한 응징이었다. 지적이고 매혹적인 나스따시아는 빼어난 미모 뿐 아니라 변덕스럽고 광폭한 성격으로 사람들을 놀라게 했다. 그러나 로고진은 그런 나스따시아를 몹시 사랑하여 물려받은 유산을 모두 그녀에게 바쳐가면서 마음을 얻으려 하는 것이다.

러시아로 돌아온 미쉬낀 공작은 오갈 데가 없지만 가문의 유일한 혈통인 한 장군 부인을 찾아간다. 그녀는 예빤친 장군과 결혼하여 마침 결혼 적령기의 세 딸을 두고 있다. 그 중 막내인 아글라야가 가장 뛰어난 미모와 매력을 가졌다. 미쉬낀 공작은 아글라야와 나스따시아가 매우 닮았다는 데에 생각이 미친다. 그래서일까? 공작은 나스따시아를 사랑하게 되고 마찬가지로 아글라야에게도 마음을 준다.

공작은 어린아이처럼 순진무구하다. 그에게 백치라는 별명이 붙은 이유는 여느 어른과 같은 속물근성이 없기 때문이다. 비록 간질 발작을 일으키지만 그의 지능은 정상적이다. 오히려 그는 남다른 예지력과 통찰력 그리고 올바른 판단력을 가지고 있다는 점이 놀라울 따름이다.

그가 스위스에 있었을 때 이런 일이 있었다. 그 마을에 마리라는 처녀가 남자에게 버림받고 폐병에 걸려 죽어갈 때 마을 사람들이 모두 따돌렸다. 하지만 공작이 깊은 애정을 그녀에게 쏟아 결국 사람들이 마리를 동정하게 만들었다. 그는 매사에 진정성을 가지고 사람을 진실하게 대하기 때문에 모든 이들에게 호감을 얻었다. 속으로 그를 미워하던 사람도 그를 만나고 나선 반하지 않는 사람이 없었다.

나스따시아가 생일 파티를 열고 누구와 결혼할 것인지 발표하겠다고 한 날이 돌아왔다. 그녀의 결혼 후보자로는 10만 루블을 싸가지고 와서 청혼하는 로고진도 있지만 돈 때문에 결혼을 사주 받은 예빤친 장군의 비서 가브릴라도 있다. 그녀는 벽난로 안에 10만 루블을 싼 보자기를 던져 넣고 가브릴라보고 불구덩이 속에서 꺼내가라고 소리친다. 가브릴라는 그녀의 태도에 심한 마음의 상처를 입고 혼절하고 만다.

이 장면을 보게 된 공작은 나스따시아가 누구와 결혼하든 그 결혼이 그녀와 배우자를 파멸시킬 것이란 걸 직감적으로 느낀다. 그래서 자신이 그녀를 보호하겠다는 의미로 청혼을 한다. 때마침 공작은 거액의 상속을 받게 된 것을 알게 된다. 그러나 나스따시아는 로고진과 결혼을 약속한다. 그리고는 사라지고 만다.

반년이 지난 후에 모스끄바로 떠났던 공작이 뻬쩨르부르크에 나타난다. 그동안 종적을 감추었던 나스따시아가 모습을 드러낸 것과 때를 같이 한 것이다. 로고진은 나스따시아를 찾아가 애걸하기도 하고 폭력을 행사하기도 하면서 그녀에게 결혼을 강요했지만 확답을 듣지 못하자 애를 태운다. 이 모두가 공작 때문이라고 판단하고 공작을 향해 앙심을 품는다. 그는 가슴에 칼을 넣고 다닌다.

한편 나스따시아는 순진무구한 공작에게 몹시 마음이 끌리지만 그를 선택한다면 그를 파멸시키게 될 것을 예감하고 공작을 아글라야에게 양보하려고 한다. 그런 의도로 아글라야에게 몇 차례 편지를 쓴다. 아글라야의 아버지 예빤친 장군도 막내딸을 공작과 결혼시키려고 공식적인 발표를 한다. 그러나 나스따시아와 아글라야가 만난 자리에서 나스따시아가 질투로 기절을 해버리자 공작은 그녀의 곁을 떠나지 못하고 하염없이 그녀의 얼굴을 쓰다듬는다. 그로서 아글라야와는 파혼이 되고 공작은 나스따시아와 결혼 날짜를 잡는다.

 결혼식 당일 교회로 향하던 나스따시아는 군중 속에 모습을 드러낸 로고진을 향해 "살려줘! 날 데려가! 어디든 원하는 대로, 지금 당장!" 하고 소리친다. 그 둘은 마차를 타고 사라진다. 공작이 다시 나스따시아를 만났을 때 그녀는 이미 싸늘한 주검이 되어 있었다. 로고진이 자신의 집으로 데려간 나스따시아의 심장에 깊숙이 칼을 꽂은 것이었다.

 로고진은 간간이 그러다가는 돌연히 두서없는 내용의 말을 날카롭게 소리 내어 중얼대기 시작했다. 그리고 고함을 치다가는 갑자기 웃어 버리기도 했다. 공작은 떨리는 손을 내밀어 로고진의 머리를 만져 주었다. 머리를 쓰다듬어 주다가 뺨도 쓰다듬어 주었다. 달리 어찌할 도리가 없었다. 공작 자신은 다시 몸을 떨기 시작했다. 마치 다리가 떨어져 나간 느낌이었다. 무언가 완전히 새로운 감정이 끝없는 우수를 동반하며 그의 마음을 짓눌러 왔다. 그러는 가운데 날이 밝았다. 마침내 공작은 무기력과 절망의 나락에 빠져 버린 듯 쿠션 위에 누워, 자기의 얼굴을 창백하게 굳어 버린 로고진의 얼굴에 갖다 대었다. 공작의 눈에서 흘러나온 눈물이 로고진의 두 뺨 위로 흘러내렸다. 그러나 공작은 자신의 눈물을 의식하지 못했는지도 모른다. 그리고 더 이상 눈물에 대해 아무것도 몰랐다……

 여러 시간이 경과한 후에 문이 열리고 사람들이 들어왔다. 이때 살인자는 완전히 의식을 잃고 열병을 앓고 있었다. 공작은 꼼짝 않고 조용히 옆에 앉아서, 환자의 비명소리와 헛소리가 터져 나올 때마다 떨리는 손을 황급히 뻗어 그의 머리와 뺨을 어루만져 달래 주듯이 쓰다듬었다. 하지만 공작은 사람들이 물어보는 말을 전혀 이해하지 못했고, 방으로 들어와 그를 에워싼 사람들도 알아보지 못했다. 만약 슈나이더 교수가 스위스로부터 나타나 예전의 제자이자 환자인 공작을 지금 본다면, 치료차 스위스에 처음 도착했던 공작의 상태를 기억해 내곤, 손을 내저으면서 마치 그 당시처럼 이렇게 말했을 것이다. "백치!"

로고진에겐 당시 뇌염에 걸려 있었다는 정상이 참작되어 15년의 시베리아 유형이 선고된다. 미쉬낀 공작과의 결혼을 원했던 아글라야는 폴란드 가짜 귀족과 결혼하여 러시아를 떠난다. 공작은 처음처럼 백치 상태로 돌아간다.

간질은 에필렙시(epilepsy)라 부르는데 그리스어 epilamvanein에서 유래되었다. 이는 '신 혹은 악마에 사로잡혀 증상이 생긴다.'는 뜻이다. 간질은 한 가지의 단순한 질병이 아니라 다양한 병리적 과정에 의해 결과적으로 발생한 질환군을 일컫는 병명이다. 간질과 경련은 구분되어 사용해야 하는데 경련(seizure)이란 경련발작의 증상을 말하고 간질은 경련이 발생하는 질환을 뜻한다.

우리 몸 어디나 그러하듯 뇌세포에도 생체 전류가 흐른다. 그런데 어떠한 이유로든 뇌전류에 스파크가 생겨 불꽃이 튀면 그것이 간질발작으로 표현되는 것이다. 갑작스럽고 무질서한 이상 흥분 상태에 의해 야기되는 증상이라고 정의할 수 있다. 그러므로 간질 치료제는 누전되는 전선에 절연 테이프를 씌우는 역할을 해주는 것이다.

간질의 원인은 끝내 밝혀내지 못하는 경우가 많지만, 출산 시의 뇌손상이나 소아기의 열병, 외상이나 뇌종양, 감염 및 대사이상 등이 있다. 한때는 간질을 유전병으로 오해한 적도 있었으나 유전되는 경우는 극소수이다. 이 병은 유병율이 매우 높아서 인구 1000명당 6.25명으로 추산되고 있다. 인종이나 종족 간의 차이가 거의 없으므로 우리나라에서도 간질 환자 수가 50만 명을 훨씬 웃돈다고 알려져 있다.

이런 환자들 대부분은 약물에 잘 반응하므로 일상생활에 지장이 없도록 조절할 수 있다. 그러므로 이 작품의 주인공 미쉬낀 공작이 간질의 병력이 있음에도 불구하고 남보다 훌륭한 상황 판단과 아름다운 인간 정신을 보여주는 점이 그다지 놀랄 일이 아니다. '백치'란 표현이 저능아나 장애인처럼 결함을 말하는 줄 알고 읽기 시작하였으나 작품을 다 읽고 나면 '백치'가 되고 싶은 생각이 들게 된다. 주변에서 세상과 타협하지 않고 자신의 이익이나 영달을 좇지 않는 사람들을 드물게 만날 수 있다. 세속에 물들지 않은 속물이 아닌 사람을……. 작품을 읽는 내내 그런 사람을 오래 떠올리고 그리워했는데 그런 순수함을 가질 수 있었던 것이 결코 간질이란 질병 때문만은 아닐 것이다. 어쩌면 우리는 '백치'와 같은 삶을 살도록 날마다 마음을 닦아야 하지 않을까?

도스토옙스키 (Dostoevskii, Fyodor Mikhailovich Dostoevskii)

1820년 11월 11일 모스크바에서 태어났다. 아버지는 자선병원의 의사였는데 다로보예 영지를 사들여 뚤라 지방으로 이주했다. 어머니는 작가가 16세 되던 해에 사망하고 2년 후엔 아버지가 농노에게 살해당한다. 공병학교에 들어가 지루한 군 생활을 하며 21세에 육군 소위가 되었다.
번역 작업을 하다가 24살에 《가난한 사람들》을 집필하여 평론가들 눈에 뜨이며 이후 활발한 작품 활동을 한다. 25세에 처음 가벼운 간질 증세를 보인 것을 시초로 이 병은 그를 평생 따라다니게 된다. 28세에 절대왕정을 비난하는 벨린스끼의 '사악한 편지'를 퍼뜨린 죄목으로 사형을 선고받았으나 형 집행 5분 전에 황제의 특사로 사면된다. 대신 강제 노동형으로 감형되어 4년간 혹독하고 비참한 수용소 생활을 견디어 낸다. 33세에 출옥하여 군 생활을 하다가 간질 증상이 심해져 복무를 계속할 수 없다는 진단을 받는다.
1881년 2월 9일 60세에 각혈을 하다 사망할 때까지 그는 노름빚에 시달리고 곤궁한 삶을 이어갔다.
대표작으로 《학대받은 사람들》《죽음의 집의 기록》《지하생활자의 수기》《죄와 벌》《영원한 남편》《악령》《미성년》《카라마조프의 형제들》 등이 있다.

한 남자의 삶을
송두리채 바꾼 전염병

| 카렐 차페크 《우표 수집》
| 성홍열

카라스 씨가 열 살 소년일 때부터 이야기가 시작된다. 소년은 우표 수집을 시작했다. 그의 아버지는 변호사였는데 아들의 이런 취미생활이 마땅치가 않았다. 학교 공부에 방해가 될까 우려했던 것이다. 그러나 소년은 단짝 친구와 취미를 공유하는 기쁨 때문에 더욱 우표수집에 빠져 들었다. 그 친구의 이름은 로이지크 체펠카이고 거리 악사의 아들이었다. 비록 용모는 단정치 못하고 주근깨가 많은 아이었지만 카라스는 친구를 사랑했다. 그가 훗날 되돌아보았을 때 우정만큼 아름다운 인간의 감정은 없다는 생각이 들만큼 그들의 우정은 아름다웠다.

카라스의 아버지가 근엄하고 훌륭한 신사인 반면에 로이지크는 주정뱅이 거리의 악사를 아버지로 두었지만 둘에겐 문제가 되지 않았다. 그들은 늘 함께 붙어 다녔다. 카라스는 로이지크를 숭배했고 마음속으로 몹시 동경했다. 가난하더라도 로이지크가 자신보다 훨씬 더 많은 것을 가지고 있다고 여겼다. 무엇보다 로이지크는 용감했고 자급자족이 가능한 친구였기 때문이었다. 정확하게 무엇 때문에 그 친구를 사랑했는지 말할 수는 없어도 카라스의 생애 동안 가장 소중한 사랑의 기억으로 남게 되었다.

내가 우표 수집을 시작할 때 로이지크는 믿음직스럽고도 사랑하는 친구였다. 수집하는 성향은 남자만이 가지고 있다고 혹자는 말한다. 그건 사실이다. 본능일 수도 있고 남자들이 자신의 적의 머리, 훔친 무기, 곰 가죽, 사슴의 뿔 등 닥치는 대로 모으던 습관이 전수된 것일 수도 있다. 하지만 우표 수집이란 단순히 무엇을 소유하는 것이 아니다. 그것은 모험이다. 우리를 흥분의 도가니로 몰아넣고 부탄, 볼리비아, 아프리카 남쪽 끝 희망봉의 먼 나라도 접하게 한다. 간단히 말하자면, 모든 다른 나라들과 개인적인 친근한 교우관계를 갖는 것이다. 우표 수집은 남자들의 모험인 넓은 세상을 여행할 생각을 품게 한다. 그것은 십자군과 마찬가지다.

카라스가 우표수집에 대한 이런 견해를 이야기하면 아버지는 좋아하지 않았다. 아버지들은 대체로 자신과 다른 일을 하는 아들을 좋아하지 않는 법이니까. 아이들은 카라스의 아버지의 눈을 피해 우표를 다락방에 숨겨야만 했다. 다락에는 오래된 수납함이 있었고 구식 밀가루 상자도 있었다. 두 친구는 마치 두 마리의 생쥐처럼 다락에 기어 올라가 서로의 우표를 살펴보곤 했다.

 우표를 구하는 방법도 하나의 모험이었다. 두 소년은 아는 집이거나 모르는 집이거나 무작정 찾아가 편지에 붙은 우표를 떼어달라고 사정했다. 낯선 나라의 우표를 얻었을 때의 기쁨은 일종의 고통이었다. 커다란 기쁨은 달콤한 고통을 수반하기 마련이니까.

 더욱이 카라스가 사는 동네에는 재생 옷감을 만드는 공장이 있었다. 그래서 세계 각국에서 주문 편지가 왔다. 카라스는 휴지통을 뒤져 우표를 건졌다. 네덜란드, 이집트, 스웨덴, 하노버… 심지어 한국의 우표도 있었다.

 사람들은 누구나 무언가를 찾기 마련이다. 우표가 아니더라도 진리와 정의를 찾는다. 우표를 얻었을 때의 기쁨은 샤냥꾼이나 보석을 찾는 이들, 혹은 땅을 파는 고고학자들만의 몫이 아니었다. 로이지크와의 우정과 더불어 우표 수집 덕분으로 카라스는 그의 인생에서 가장 행복한 시간을 누렸다.

 그러던 어느 날 카라스는 성홍열을 앓게 되었다. 자리에 누워 있는 동안 아버지는 친구가 찾아와도 만나지 못하게 했다. 로이지크가 현관에서 휘파람을 불면 하릴없이 그 소리만 들었을 뿐이다. 며칠을 앓던 중 하루는 아버지의 감시가 덜한 틈을 타 카라스가 다락방에 올라가 보았다. 물론 우표를 보기 위해서였다. 성홍열에 시달린 아이는 너무 허약해져서 수납함의 뚜껑을 열기도 힘들었다. 그런데 수납함은 텅 비어 있었다. 우표를 넣어 두었던 작은 상자는 온데간데 없었다.

얼마나 마음이 아팠고 무서웠는지 나는 도저히 설명할 수 없다. 나는 돌로 변해 버린 듯 하염없이 다락에 서 있었다. 목에 뭐라도 걸린 것 같았다. 눈물조차 나오지 않았다. 나의 우표, 나의 가장 큰 기쁨이 사라졌다는 것은 공포였다. 하지만 더 무서웠던 것은 나의 유일한 친구인 로이지크가 내가 앓고 있는 사이에 우표를 훔쳤을 거라는 생각이었다. 당황, 환멸, 슬픔과 낙심……. 어린아이가 감당했다고 하기에 너무 놀라운 일이다. 다락을 어떻게 나왔는지 나는 기억이 없다. 나는 다시 고열로 몸져누웠다.

로이지크의 배반, 그것은 거의 치명적인 상처였다. 그것은 인류에게 느낀 최초의 커다란 환멸이었다. 카라스는 혼잣말을 했다. '거지, 로이지크는 거지야, 그래서 그는 도둑질을 한 거야. 거지를 가장 절친한 친구로 두다니 내가 바보야.'

카라스는 변모해갔다. 그는 사람들과 분리되었다. 천진난만함을 잃어버렸다.

성홍열에서 회복되어 열이 내렸을 때 우표에 대한 카라스의 고통도 아물었다. 그러나 그는 로이지크를 상대하지 않았다.

"저리 비켜. 너하고는 얘기하고 싶지 않으니까."

이렇게 모진 말을 하자 로이지크의 얼굴은 달아올랐다. 로이지크는 비로소 카라스와 자신의 가정 형편 다르다는 걸 느끼고 그때부터 카라스를 미워했다.

이 일은 카라스의 일생을 결정짓는 큰 사건이었다. 카라스는 사람들에 대한 믿음을 잃어버렸다. 그리고 미움과 경멸을 배웠다. 다시는 친구를 사귀지도 못했다. 오히려 혼자라는 사실을 더 자랑스러워했다. 사람들이 점점 카라스를 좋아하지 않게 되는 것도 알았다. 오직 오만하고 자기중심적이고 매사에 철두철미한 사람이 되어갔다. 아랫사람들에겐 가혹하고 압제적인 사람이었다. 사랑 없는 결혼을 한 다음 자녀들은 아버지를 무서워하고 순종하도록 키웠다. 카라스의 삶 속에서 오직 그의 근면함으로 세상의 평판을 얻을 수는 있었다. 신문에서는 그를 그 분야의 지도자라고 하거나 모범적이고 훌륭한 사람이라고 보도했다. 그러나 신문이란 남의 고독을 알 수 있는 게 아니다.

카라스가 예순 살이 넘었을 때 아내가 죽고 그는 가족의 유품을 정리하게 되었다. 부모님이 남겨 놓은 사진과 편지들. 학창시절의 공책들을 담은 상자들을 발견하고 울컥하던 중에 우표를 발견했다. 아버지가 따로 감춰두셨던 것이다.

카라스는 눈물을 터뜨렸다. 그제야 사건의 진실을 알게 되었다. 잃어버린 우표는 자신이 성홍열을 앓고 있는 동안 친구 로이지크가 훔쳐간 것이 아니라 아버지께서 공부를 게을리 하지 않도록 숨기신 것이었다.

그릇된 의심으로 나는 유일한 친구를 잃어버렸다. 나의 유년기를 잃어버렸다. 가난한 사람들을 경멸하게 되었고 그들의 자식들을 미워하게 되었다. 나 자신만 아는 사람이 되었다. 어느 누구와도 친밀해지지 않았으며 평생 우표를 붙일 때마다 회한과 갈등을 느껴야 했다. 결혼 전이나 후에 한 번도 아내에게 편지 쓰지 않았으며 그런 감상적인 것은 나와는 무관한 체했다. 그것은 내 아내를 깊이 마음 아프게 했다. 나는 무뚝뚝했고 사람들은 언제나 내게서 멀어져 갔다.

카라스는 되찾은 우표를 앞에 두고 자신의 인생을 돌아보았다. 갑자기 인생이 공허하고 무의미하게 보였다. 만약에 그 일만 없었더라면 모험에 대한 사랑과 열정이 남아 있었을 거라고 생각했다. 또한 그의 삶 속에 애착과 상상과 믿음이 있었을 거라고 안타깝게 돌이켜보았다. 탐험가나 배우나 군인이 되었을지도 모를 거란 생각도 들었다. 사람들을 잘 이해하고 그들과 함께 술을 마시며 그들을 이해했을 것 같았다. 그가 지금과는 어떻게 다른 사람이 되었을지는 아무도 알 수가 없을 테지만. 그는 우표를 살펴보면서 자신의 인생을 반추했다. 지금껏 살아 온 인생은 다른 사람의 것이었다. 자신의 삶은 아직 펼쳐지지 않은 것 같았다. 만일 신부님께 말씀드리면 뭐라고 할까?

"카라스 씨, 이제 와서 그런 생각은 하지 마시오. 무슨 소용이 있겠습니까. 당신의 인생은 바꿀 수 없습니다. 다시 시작할 수도 없고……."

카라스는 신부님의 말씀을 인정할 것 같았다. 그래도 이렇게 대답하고 싶었다.

"압니다. 하지만 적어도…… 적어도 우표 수집은 다시 시작할 수 있지 않을까요?"

성홍열을 앓는 동안 아버지가 우표수집 상자를 감춰버리자 주인공은 그걸 가난한 친구가 훔쳐간 줄로 오해하고 남을 믿지 않는 강퍅한 사람이 되었다는 이야기이다. 마치 모파상의 〈진주 목걸이〉처럼 하나의 사건이 일생을 변환시켰다는 것이다. 가능한 말이긴 하지만 삶의 빛깔을 결정한 게 단 하나의 사건이라고 귀결 짓기란 쉬운 일은 아니리라.

만약에 주인공 카라스가 열 살 때에 성홍열에 걸리지 않았더라면 그래서 우표 수집을 계속 하고 또 친구와 소중한 우정을 유지했더라면 다른 일은 결코 생기지 않았을까? 그래서 그의 일생을 되돌아보았을 때 후회 없는 모습이 되었을까?

성홍열은 연쇄상 구균으로 전파되는 호흡기 감염 질환이다. 전 연령에서 발생할 수 있으나 학령기의 어린이에게 흔하다. 잠복기는 3일 정도이며 갑작스러운 발열, 두통, 구토, 복통, 오한 및 인두염 등으로 시작되고, 24~48시간 후에 전형적인 발진이 나타난다. 영어로 스카렛 피버(Scarlet fever)란 이름이 말해주듯 장밋빛의 붉은 발진이 전신에 퍼진다. 발열은 갑자기 시작하여 39~40℃까지 이를 수 있으며 치료하지 않으면 5~7일간 지속된다. 페니실린으로 치료가 잘 되지만 법정 전염병 3종에 속하므로 격리가 필요하다.

이 작품의 주인공은 성홍열에 걸리지 않았더라면 자신의 인생이 달라졌을 거라고 한탄하지만 내 생각은 조금 다르다. 질병은 누구에게나 찾아오는 것이고 더욱이 전파성의 감염은 혼자만의 노력으로 피하기가 어려울 것이다. 성홍열에 걸렸다 하더라도 그래서 아파 누워있는 동안 수집한 우표를 몽땅 잃어버리고 친구가 훔쳐갔다고 생각되더라도 그럼에도 불구하고 인간을 이해하고 삶의 방향을 긍정적으로 모색했어야 했을 것이다.

작품과는 별도로 병마가 긍정적인 역할을 한 사례를 하나 말하고 싶다. 바로 이 작품의 작가 카렐 차페크에 대한 것이다. 그는 체코 사람으로서 독일 파시즘에 대항하는 작품을 썼다. 그는 1938년 12월 25일 인플루엔자 감염에 따른 폐렴으로 사망하였다. 당시 게슈타포에게 '공공의 적 3번'으로 지목 받고 있던 중이었다. 만일 그가 인플루엔자에 걸리지 않았더라면 작가이며 화가였던 그의 형 요세프 차페크처럼 강제 수용소에 끌려가 끔찍한 최후를 맞았을 것이다.

이 단편은 차페크의 단편집 《단지 조금 이상한 사람들》 가운데 '왼쪽 호주머니'에 담긴 것이다. 그것에는 '두 개의 호주머니'에서 나온 이야기란 부제가 달려있다.

카렐 차페크 (Karel capek)

1890년 1월 9일 오스트리아-헝가리 제국 보헤미아 북동부의 말레 스바토뇨비체에서 의사 집안의 막내아들로 태어났다.
프라하 카를대학교에서 철학을 공부하고 베를린에 유학하였다. 도서관 사서와 기자 생활을 했으며 극작가·소설가·동화작가로 활동했다. 일찍이 현대 사회의 병폐에 눈을 돌렸던 그는 희곡 《로봇》과 《곤충희곡》 등을 통해 통렬

하게 사회를 풍자했다.

특히 로봇 이야기의 원제는 《로섬의 유니버셜 로봇》으로 기술력의 발달이 인간을 멸망시킬지 모른다는 경고이며 오늘날의 '로봇'이란 단어가 바로 1920년에 쓰여진 이 작품에서 유래된 것이다.

20세기 세계적인 작가로 인정받고 특히 체코슬로바키아 독립의 아버지로 불리는 대통령 T.G.마사리크를 도와 조국 독립에 헌신한 일을 높이 평가받는다.

대표작으로 소설 《호르두발》《별똥별》《평범한 인생》과 희곡 《마크로 폴로스 비밀》《창조자 아담》《어머니》 등이 있고 에세이집과 시집도 다수 남겼다.

1938년 12월 25일 폐렴에 걸려 49세에 사망하였다.

딸아이의 병,
그 견딜 수 없는 슬픔

| 펄 벅 《자라지 않는 아이》
| 선천성 대사이상 증후군

　　펄벅 여사가 출산하고 처음 대면했을 때 아기는 정말 특별하게 예뻤다. 이목구비가 뚜렷하고 눈이 초롱초롱 빛났다. 아이와 엄마는 마주 보며 서로의 마음을 읽는 것 같았다. 그런데 언제부터였을까? 아기의 지능이 멈춘 때가 언제인지 정확히는 모른다. 아이는 세 살이 되었는데도 말을 하지 못했다. 네 살 때 소아과의사에게 진찰받았더니 갸우뚱하며 뭔가 이상하다고만 했다. 여사의 아이는 또래 아이들에 비해 집중하는 시간이 무척 짧았다. 또 빠르고 가볍게 여기저기 달리지만 뚜렷한 목적 없이 그냥 몸을 움직일 뿐이었다. 아이의 맑고 푸른 눈도 깊이 들여다보면 공허하게 보였다. 시선을 받아들이지 못하고 자극에 반응하지도 않았다. 항상 같은 눈빛이었다. 어머니는 무언가 잘못되었음을 절감했다.

여러 의사들에게 데려가도 모두 같은 소견을 보이자 펄벅 여사는 미국으로 건너갈 결심을 했다. 중국에서는 뭐가 문제인지 밝힐 수가 없었다. 다만 뭔가 잘못되었다는 말만 의사들이 되풀이 할 뿐이었다.

그렇게 해서 이런 아이를 둔 부모라면 누구나 잘 알고 있을 기나긴 여행이 시작되었다. 내가 만나 본 부모들 모두 이런 경험을 가지고 있었다. 어딘가에 병을 낫게 할 방법이 있을 것이라는 신념을 갖고, 아이를 고쳐 줄 사람을 찾아 전 세계를 헤매고 다닌다. 가진 돈을 다 쓰고 더 이상 돈을 빌려 줄 사람이 없을 때까지 돈을 빌리고 다닌다. 실낱같은 희망을 붙들고 세상에 있는 모든 의사를 찾아간다

점차 희망이 사라지고 있었지만 완전히 버리지는 못했다. 그것이 문제였다. 모녀는 바다를 건너 세상천지에 가보지 않은 곳이 없도록 다녔다. 아동병원, 내분비 전문의, 정신과 의사 등을 만났다. 호르몬 치료로 허송세월을 보내기도 했다. 그러다가 한 종합병원에서 뜻밖의 말을 듣게 되었다.

아주머니, 아이는 절대로 정상이 될 수 없습니다. 스스로를 속이시면 안 됩니다. 포기하고 현실을 직시하지 않으면 아주머니의 삶은 완전히 망가지고 집안은 거덜이 날 거예요. 아이는 영영 낫지 않을 겁니다. 제 말 듣고 계세요? 전에도 이런 아이를 본 적이 있어서 압니다. 미국 사람들은 마음이 약해서 이런 말을 못하지만 전 아닙니다. 힘들더라도 제대

로 아는 편이 낫습니다. 이 아이는 평생 아주머니의 짐이 될 겁니다. 그 짐을 질 준비를 하세요. 아이는 말도 제대로 하지 못할 거고, 글을 읽거나 쓰지도 못할 겁니다. 고작 해야 네 살 이상으로는 자라지 않을 거예요. 마음의 준비를 하세요. 아주머니! 무엇보다도 아이한테 아주머니의 삶을 다 바쳐서는 안 됩니다. 아이가 행복하게 살 수 있는 곳을 찾아내어 그곳에 맡겨두고 아주머니는 아주머니 삶을 사세요. 아주머니를 위해서 하는 얘기입니다.

이런 말을 하는 의사는 처음이었다. 다른 모든 의사들은 막연히 희망의 끈을 놓지 말라고 격려했었다. 만약에 의사 자신이 이런 일을 겪는다면 끝까지 치료를 할 거라며 여사에게 포기하란 말을 하지 않았다. 독일의사의 말이 그 순간 여사에게 모질고 잔인하게 들렸다. 그러나 그 의사는 진심으로 충고를 해 준 것이었다. 여사는 그제야 현실을 직시하고 중국으로 돌아갔다. 아이가 치료되리란 희망을 버린 것이었다.

세상에는 두 가지 종류의 슬픔이 있다. 달랠 수 있는 슬픔과 달래지지 않는 슬픔이다. 달랠 수 있는 슬픔은 살면서 마음속에 묻고 있는 슬픔이지만, 달랠 수 없는 슬픔은 삶을 바꾸어 놓으며 슬픔 그 자체가 삶이 되기도 한다. 사라지는 슬픔은 달랠 수 있지만 안고 살아가야 하는 슬픔은 영원히 달래지지 않는다.

아이는 음악 듣는 걸 좋아했고 베토벤 5번 교향곡은 반복해서 들려

달라고 했다. 아이는 음악에 재능이 있어서 글씨도 읽지 못하면서 레코드판은 구별해냈다. 아이에게 많은 장점이 있었지만 발육하고 발달하는 건 아니었다. 이런 아이와 함께 시간을 보내며 어머니는 절망에 순응하는 법을 익혀나갔다. 유일하게 감사한 것은 아이가 자신의 상태에 대한 자각이 없는 점이었다.

어머니는 얼마나 자주 마음속으로 차라리 이 아이가 죽었으면 하는 생각에 눈물을 흘렸는지 모른다. 정신지체아 자식을 제 손으로 죽인 부모의 이야기가 신문에 실리면 그런 부모의 행동이 고스란히 이해되었다. 여사에게 절망과 공포와 염려를 동시에 느끼게 하는 것은 자신이 죽고 나면 누가 아이를 돌볼 것인가 하는 점이었다. 그래서 결단을 내렸다. 운명은 바꿀 수 없고 아무도 자신을 도와 줄 수 없단 현실을 깨달은 것이었다. 여사는 아이를 시설에 보내기로 결정했다. 아이가 아홉 살 되었을 때의 일이었다. 미국으로 돌아가 여러 곳의 시설을 살펴보았다. 외관이 화려하다고 좋은 시설인 건 아니었다. 시설을 운영하는 사람의 마인드와 보모의 성실함이 중요한 사항이었다. 수용시설 중에는 사람을 동물로 취급하는 곳도 있었다. 여사는 외치고 싶었다. 사람은 누구나 짐승 이상의 존재라는 것을. 정신이 나갔을지라도, 말을 하지 못하고 누구와도 의사소통할 수 없을지라도 사람은 사람으로서 존엄한 존재라는 것을.

여사는 어렵사리 제대로 된 시설을 찾아 딸 커롤을 입소시켰다. 아이를 떼어내고 돌아오기까지 여사가 겪은 아픔은 또 어떠했으랴. 하지만 그녀는 오히려 아이를 통해 배운 것이 많다고 생각했다. 무엇보다도 인내를 배웠다. 또 인간의 정신에 대한 경외심과 존중을 배웠다. 인간성에 있어서는 모든 사람이 동등하며 누구나 같은 권리를 부여받았다는 것을 뚜렷하게 알려준 것이 바로 장애인 딸 캐롤이었다. 캐롤은 또 지능이 사람의 전부가 아니라는 것을 알려주었다. 아이는 비록 똑똑하게 말을 하지 못해도 놀라울 정도로 진실했다. 이 순수한 아이는 거짓을 간파할 줄 알았고 부도덕한 습관은 참지 못하며 한 인간으로서의 위엄을 지녔다.

캐롤은 어머니 펄벅 여사가 죽은 후에 20여년을 더 생존해서 72세의 나이로 세상을 떠났다. 캐롤의 장애 원인은 나중에야 대사이상 증후군의 일종인 페닐케톤뇨증이라고 밝혀졌다. 이 병은 정신 지체를 일으킬 뿐 아니라 금발 머리, 푸른 눈, 피부 습진, 쥐오줌 냄새를 풍기는 것이 특징인데 캐롤이 이 모든 증상을 다 가졌다.

펄벅 여사는 캐롤의 존재가 인류에 무언가 쓸모가 있도록 해야겠다는 간절한 소망에서 이 책을 저술하였고 여사가 작가가 된 동기가 딸 캐롤 때문이었음을 밝혔다. 여사는 작품 활동 외에도 중국난민들처럼 고통 받는 사람들을 위하여 헌신했다. 특히 혼혈아들이 냉대 받는 점을 안타깝게 여겨 비영리 재단인 '환영의 집'을 운영했으며 1964년 펄벅재단을 설립하여 아시아에서 혼혈이란 이유로 버림받은 아이들을 입양시키는 일에 앞장섰고 자신도 7명의 아이를 입양했다. 여사는 딸 캐롤의 삶을 헛되지 않게 하기 위해 슬픔을 삼키며 각고의 노력을 한 것이었다. 여사는 그녀의 슬픔에 대해 이렇게 말했다.

떨쳐버릴 수 없는 슬픔을 인내하는 법은 혼자서 배워나갈 수밖에 없다. 또한 참는 것만으로는 충분치 않다. 억눌린 슬픔은 씁쓰름한 뿌리처럼 삶에 박혀서 사람을 병들고 우울하게 하는 열매를 맺어 다른 사람의 삶까지도 파괴할 수 있기 때문이다. 인내는 시작일 뿐이다. 슬픔을 받아들여야 하고, 슬픔을 완전히 받아들이면 그에 따르는 보상이 있다는 사실을 알아야한다. 슬픔에는 어떤 마력이 있기 때문이다. 슬픔은 지혜로 모양을 바꿀 수 있고, 지혜는 기쁨을 가져다 줄 수는 없을지 몰라도 행복은 줄 수 있다.

이 작품에 나오는 페닐케톤뇨증(phenylketonuria)은 우리나라에도 있는 병이다. 열성 유전질환이므로 부모 양쪽 다 이상 유전자를 가진 경우에만 자녀에게 증상이 나타나게 된다. 약 5만 명 가운데 한 명 꼴의 빈도를 보인다. 원인은 필수아미노산인 페닐알라닌을 분해하는 효소가 결핍되어 생긴다. 그 결과 대사 되지 못한 페닐알라닌이 몸 안에 축적되어 아이에게 경련을 유발하고 지능장애를 초쾌하는 것이다. 이런 아이들은 피부와 모발색이 연해지며 땀에서 곰팡이와 같은 퀘퀘한 냄새가 난다.

우리나라에서는 선천성대사이상증후군 선별검사를 무료로 실시하고 있다. 모든 신생아에 대해 페닐케톤뇨증 아니라 갑상선 기능저하증, 단풍당뇨증, 부신과형성증, 갈락토스혈증, 호모시스틴증 등 6가지를 필수적으로 검사하게 되어 있다. 그밖에도 42가지 종류의 추가검사를 선택적으로 할 수 있다. 그러므로 이 작품에 나오는 캐롤처럼 페닐케톤뇨증으로 장애아가 되는 경우는 주변에서 더는 찾아볼 수 없을 것이다. 이상을 발견하기만 하면 생후 1개월 이내에 특수 분유를 먹여 정상인과 같아질 수 있기 때문이다. 생각해보면 세상엔 참으로 다양한 병이 있다. 그리고 병이란 언제나 예기치 못하게 찾아오고 우리에게 고통과 슬픔을 자아낸다. 사랑하는 이의 병을 바라보면 차라리 내가 아픈 게 낫다고 생각하기 마련인데 자식의 질병을 대신 아파주지 못하는 부모의 심정은 어떤말로 표현할 수 있을까?

펄벅 (Pearl, S, Buck)

1892년 6월 26일 미국 웨스트버지니아 주의 힐스보로에서 태어났다. 선교사였던 부모님을 따라 중국으로 건너가 지내다가 18세에 유럽 여행을 거쳐 모국으로 돌아 왔다. 버지니아주 랜돌프 매이콘 여자대학에서 심리학을 전공하고 졸업 후 어머니 병구완을 위해 중국으로 돌아갔다. 선교사 존 로싱 벅 씨와 결혼하여 첫딸을 얻었으나 일찍 헤어졌다. 아이가 지체아임을 알게 되자 작가가 되기를 결심했다. 1923년 평론을 쓰기 시작하여 〈중국에 있어서의 미〉를 발표하면서 데뷔했다. 1931년 《대지》를 출판하여 퓰리처상과 뒤이어 노벨 문학상을 수상했다. 대표작으로 《동쪽바람 서쪽바람》 《젊은 혁명가》 《아들들》 《어머니》 단편집 《멀고 가까움》 《제신들》 《자랑스런 마음》 등이 있으며 1963년에 발표한 《갈대는 바람에 흔들려도》는 한국을 소재로 쓴 작품이다.
1973년 3월 6일에 81세로 생을 마감하여 펜실베니아 버그스에 묻혀있다.

지성이
만드는 병

| 마르셀 프루스트 《잃어버린 시간을 찾아서》
| 천식

파리에 사는 주인공 마르셀이 샹젤리제로 놀러나가던 열네 살 무렵의 일이다. 샹젤리제 공원에서는 또래 아이들이 여럿 모여 놀곤 했다. 그들 가운데 마르셀에게 중요한 소녀는 질베르트였다. 질베르트는 스완의 딸로 집안끼리 잘 아는 사이였다. 마르셀이 질베르트와 가까워지려고 백방으로 노력하던 어느 날이었다. 숨바꼭질을 하는 중에 월계수 덤불 사이 의자에 앉아 있는 그녀를 찾아내고는 그녀가 갖고 있던 편지를 빼앗으려고 몸싸움을 벌이게 된다. 그 편지는 마르셀이 질베르트와 친해지려고 그녀의 아버지 스완에게 보냈던 것이었다.

"우리는 엉켜 싸우며 버티었다. 나는 그녀를 끌어안으려고 하였다. 그녀는 반항하였다. 기운을 썼기 때문에 달아 오른 그녀의 두 볼은 버찌처럼 붉고 동그스름하였다. 그녀는 내가 간질여 주기나 한 것처럼 킥킥 웃어 대었다. 나는 작은 관목을 기어 올라가려고 하듯 그녀를 두 정강이 사이로 죄었다. 그리고 내가 체조하는 중에, 근육의 운동과 유희의 열도로 숨이 막히는 찰나, 나는 흡사 분투 때문에 흘러내리는 땀방울처럼, 쾌락이 흘러나오는 걸 느꼈다."

질베르트와 뒹굴며 짜릿한 감정을 느꼈던 바로 그날, 샹젤리제에 다녀온 후부터 마르셀은 몸이 아프기 시작했다. 구역질과 현기증이 나서 숨을 멎는듯하고 으슬으슬 춥고 떨리는 증상을 보이는 것이다. 응급으로 의사를 모셔온다. 그 의사는 폐의 충혈에서 비롯된 발열에 의한 '중독증상'이라고 진단을 내린다. 짚에 불이 붙듯 삽시간에 일어나는 맹렬한 기세의 발열이라는 표현을 사용한다. 이 의사는 마르셀이 예전부터 앓아 온 호흡곤란을 알고 있어서 호흡발작이 일어날 때를 대비하여 카페인뿐 아니라 맥주나 샴페인 또는 코냑 등을 마시라고 권해왔다. 알코올이 호흡을 편하게 만들어주는 효과를 응용한 처방이다. 마르셀을 몹시 사랑하는 할머니는 의사의 처방이 손자에게 알코올 중독을 초래할까봐 염려한다. 하지만 어느 늦은 밤에 손자가 호흡곤란에 시달리지만 마침 집에 코냑이 떨어진 걸 보고 밤거리를 나갔다 오기도 한다. 그만큼 마르셀의 병약함은 모든 식구들에게 근심거리였다.

며칠이 지나 폐의 충혈이 가라앉을 만한 때에도 여전히 마르셀의 질식증이 해결될 기미가 없자 부모님은 마침내 고명한 코타르 교수의 왕진을 청한다. 당시 코타르 교수는 사교계에서 명의로 소문이 나 있었다. 부모님은 이렇게 어려운 병 앞에 의사가 단지 학식만으로는 충분하지가 않다고 여기고 서로 비슷비슷한 증상을 보이는 질병에 대해 명쾌한 진단을 내리는 것은 의사의 통찰력과 활안(活眼)일 것이라고 믿었다. 코타르 교수는 마르셀을 진찰하자마자 간단한 처방을 내린다. '강력한 하제(下劑). 당분간 우유, 우유뿐. 육식과 알코올 금지' 마르셀의 어머니는 펄쩍 뛰며 반대한다. 아이의 몸이 약해져 있는데 관장이나 절식요법이 터무니없다고 한다. 코타르 의사는 짧게 말한다.

"나는 처방을 두 번 되풀이해서 말하지 않는 버릇이 있습니다. 펜을 빌려 주시죠. 뭐라 해도 우유입니다."

그는 프랑스어로 우유가 오레(au lait, au lait)이므로 스페인에서 투우할 때 외치는 오레(olé, olé)와 발음이 비슷한 것을 상기시키며 힘내라는 뜻이 들어있다는 것이다. 그는 이 말을 일종의 재담으로 여겨 다른 환자에게도 자주 애용하고 있었다.

마르셀의 부모님은 '관장, 침대, 우유'라는 쌀쌀맞은 처방을 받아들이지 않는다. 이 방법들은 아들에게 더욱 쇠약함을 초래할 것으로 우려하는 것이다. 그러나 점점 병세가 악화되자 하는 수 없이 코타르 교수의 처방을 따라해 본다. 그 후 3일쯤 되는 날에 마르셀의 헐떡임과 기침이 가라앉아 호흡이 순조로워진 걸 보고 놀란다. 마르셀은 마침내 병상에서 일어난다. 나중에 코타르 교수가 말하기를 자신은 처음부터 마르셀의 질병이 천식임을 알았다고 떠벌인다. 몸을 지배하고 있는 것이 중독이기 때문에 관장을 시키고 신장을 씻어내면 기관지의 충혈을 없애 호흡과 수면이 좋아지고 기력이 회복되리라는 걸 간파했다는 것이다. 식구들은 숙맥처럼 보이는 코타르 교수가 사실은 뛰어난 임상의라는 점을 인정하기에 이른다.

마르셀은 그 후 다시는 샹젤리제에 가지 못한다. 아이들이 그 공원에 다녀온 후 목병에 걸리고, 홍역에 걸리고, 열이 나고… 그러한 사례들을 들추면 한이 없다며 공원에 아이를 보내는 건 지각없는 일이라고 개탄하는 부모들이 많았기 때문이다.

마르셀에게는 사랑의 모델로 삼는 인물이 있다. 바로 질베르트의 아버지 스완으로 고상한 취미와 예술적 심미안으로 사교계의 거물이지만 오데트란 고급 창부를 사랑해서 본의 아니게 결혼까지 하게 된 유대인이다. 스완이 오데트를 줄곧 쫓아다녔는데 오데트도 결혼 전에 동성애의 경험이 있다는 대목이 나온다. 동성애 취향을 가장 많이 드러내는 사람은 샤를뤼스 남작이다. 그는 대단한 가문의 귀족으로서 예술에 대한 격조 높은 취미가 있고 바이올리니스트를 후원하는 등 귀족의 다양한 면모를 보여주는 신사이면서 한편으론 동성애의 추한 장면을 보여준다. 또한 천민이었던 재단사 쥐피앙과 눈이 맞아 동성애의 짝으로 삼는다.

동성애자로서 더 중요한 인물은 마르셀이 사랑한 알베르틴이다. 휴가철을 맞아 할머니와 찾아간 해변 발베크에서 마르셀은 한 무리의 소녀들을 만난다. 그 가운데 자전거를 타거나 골프채를 들거나 특이한 모자를 쓴 모습이 가장 인상적이었던 아가씨가 알베르틴이었다. 그녀는 고아로 숙모에게 의탁되어 자랐으며 가문이 볼품없고 품행도 그리 방정하지 않은 소녀이다. 그러나 마르셀은 그녀에게 집착하고 결혼하겠다며 집으로 데려오기에 이른다. 하지만 알베르틴은 언제나 비밀을 간직하고 마르셀에게 많은 것을 속이며 거짓말을 일삼는다. 그녀는 동성애자였기에 마르셀에겐 풀 수 없는 수수께끼투성이인 것이다.

"오래 전부터 나는 일찍 잠자리에 들었다."

마르셀은 이렇게 시작하는 첫 대목에서부터 오래 된 기억들을 되살린다. 특히 어린 시절 왕고모에게 인사하러 갔을 때 고모님이 보리수꽃잎을 우려낸 차에 적셔 주셨던 마들렌 과자의 맛을 잊지 못한다. 그런 비자발적인 기억이 우리의 인생에 미치는 영향들을 수없이 나열하는 것이다. 프루스트는 잃어버린 시간, 혹은 자신이 살롱에 드나들며 소모해 버린 시간에 대해 말하는 것처럼 보이지만 정작 프루스트가 하고 싶은 말은 시간을 되찾는 방법에 대한 이야기이다. 그는 누구나 시간을 소비하고 탕진하고 잃어버릴 수 있지만 그 시간을 되찾는 방법이 있다는 비밀을 우리에게 전수해 주고자 한다. 그것은 예술의 세계, 글쓰기의 세계를 의미한다. 스완처럼 예술에 대한 감각이 뛰어난 사람도 병들어 죽자 남긴 것이 전혀 없으므로 결국 시간을 잃어버린 것이지만 만일 그가 그림을 그렸거나 작곡을 했거나 글을 썼더라면 그의 시간은 영원히 남을 수 있다고 말해주는 것이다.

작품 끝부분에 '나의 책은 콩브레의 안경집 주인이 손님 앞에 내놓는 돋보기와 같이 독자들에게 자신의 삶을 읽는 방법을 제공할 것이다.'라는 구절이 나온다. 그의 뜻대로 작품을 읽다보면 내 삶을 반추해 보게 된다.

마르셀이 유난히 좋아하던 소설가 베르고트를 만났을 때의 장면을 살펴보자. 베르고트는 약골인 마르셀을 보고 물어본다.

"몸조리는 잘 합니까? 누가 당신의 건강을 돌보죠?"

마르셀이 코타르 교수의 이름을 대자 베르고트가 "그건 당신에게 적당하지 않은데!"라고 대꾸한다. 베르고트는 사교계에서 코타르를 만나보고 한낱 속물에 지나지 않는 인물이라는 것을 간파했기 때문에 예술가에게 어울리는 명의, 지적인 사람을 치료할 만한 명의가 될 수 없다고 판단한 것이다. 그는 계속 이야기한다.

"치료만 해도 당신과 같은 경우와 다른 평범한 사람의 경우가 같을 수가 없지. 지성인의 병고의 4분의 3은 그의 이지에서 생기죠. 지성인에겐 적어도 그의 병고를 이해하는 의사가 필요합니다. 코타르 따위가 어찌 당신의 건강을 돌볼 수가 있겠습니까?"

이렇게 말하던 베르고트도 훗날 요독증으로 고생하다 사망하지만 지성인이 걸리는 병이 따로 있다는 것과 그렇기 때문에 지성인의 치료는 일반적인 치료와 달라야 한다는 주장이 자못 신선하게 들린다. 그렇다면 마르셀 프루스트의 천식은 지성에서 비롯된 것일까?

천식은 기관지를 둘러싼 근육이 경련을 일으키거나 기관지 직경이 좁아져서 생기는 호흡곤란이므로 찬바람과 찬 공기를 피하고 원인 물질을 피하는 것이 우선이다. 천식의 원인 물질로 가장 흔한 것이 집먼지 진드기로 알려져 있고 계절성으로 꽃가루 등이 작용한다. 천식은 유전적 요인과 환경적 요인이 함께 작용하는 대표적인 알레르기 질환으로서 우리 몸을 방어하는 면역체계의 혼란으로부터 이 병이 생겨나는 것이다.

프루스트가 살았던 1900년대 초기엔 천식에 대한 치료가 전무했을 것이다. 그 때문에 프루스트는 일생을 허약하게 지내며 질병에 시달렸고 마지막에는 비서에게 글을 불러주어 쓰게 하여 마무리 지었다. 그렇게 《잃어버린 시간을 찾아서》 7부를 구술로 완성하고 간신히 끝(fin)이란 단어를 자필로 썼다고 한다. 51세의 삶을 마감하기 직전의 일이다.

오늘날에는 천식 치료에 좋은 약이 많이 개발되어 있다. 예방제로 쓸 수 있는 흡입제 뿐 아니라 경구용 약물도 종류가 다양하다. 기관지 확장제나 진해 거담제, 폐렴을 대비한 항생제, 면역체계를 변화시키는 류코트리엔 제제 등이 골고루 구비되어 있다.

다양한 면역치료와 식이요법도 천식을 호전시키는 방법들로 소개되어 이제 천식은 질식을 우려하는 공포의 질병이 더는 아닌 것이다. 작품 속의 코타르 교수가 천식에 대해 처방한 '관장, 절식, 우유'란 처방은 현대의학의 견지에서 볼 때 매우 우스꽝스럽고도 비과학적인 치료임에 틀림없다. 그런데도 3일 만에 호전되었다니 우연이라 생각할 수밖에. 뿐만 아니라 호흡 곤란을 완화하기 위해 알코올을 권했던 또 다른 의사의 처방도 일시적으로 효험이 있을지는 몰라도 폐렴을 유발하는 매우 위험한 치료였다는 사실도 알려주고 싶다.

마르셀 프루스트 (Marcel Proust)

1871년 7월 10일 파리에서 의학박사였던 아버지와 유대인 어머니 사이에서 태어났다.

9살 때 천식 발작을 겪고 평생 고질병이 되었다. 콩도르세 중학에서 철학 공부를 하였으며 파리 대학 법학부에 입학하였다. 병역 생활을 1년간 마쳤고 잠시 도서관 사서를 한 적이 있으나 대부분은 살롱을 드나들며 시간을 보냈다.

작품 활동으로는 존 러스킨의 《아미앵의 성서》《참깨와 백합》 등을 번역했고 《즐거움과 나날》과 《생뜨 뵈브를 반박하며》 등의 습작이 있지만 일평생 《잃어버린 시간을 찾아서》 한 작품에 천착한 것을 후세의 작가들이 높이 사고있다.

수상경력으로는 《잃어버린 시간을 찾아서》의 2부에 해당하는 〈꽃피는 아가씨들 그늘에〉로 1919년 공쿠르 상을 받았다.

1922년 11월 18일 호흡곤란을 일으켜 51세의 삶을 마감하였다.

환청에 시달리는 남자

| 버지니아 울프 《댈러웨이 부인》
| 외상 후 스트레스 장애

《댈러웨이 부인》은 런던에 사는 귀부인이 파티를 여는 어느 하루를 그린 작품이다. 여주인공 클라리사 댈러웨이는 정치인의 아내로 52살이다. 그녀는 우아하고 지적이며 긍정적인 삶을 꾸려가는 여인이다. 그녀와 대조적인 성격으로 등장하는 젊은 남자가 있다. 그의 이름은 셉티머스 워렌 스미스이다.

댈러웨이 부인은 파티를 여는 날 아침, 꽃을 사러 시내에 나갔다가 총성과 같은 자동차 타이어 펑크 소리를 듣는다. 같은 시각 셉티머스도 막힌 길 가운데에 서 있다. 그는 자신 때문에 길이 막힌다고 생각한다.

이런 셉티머스가 자주 죽어버리겠다고 말하기 때문에 아내 루크레치아는 예민해져 있다. 24살의 아내는 이탈리아에서부터 남편을 따라 친구 하나 없는 영국으로 건너 왔다. 그녀는 혼잣말을 하는 셉티머스를 사람들로부터 숨기기 위해 공원으로 데려간다. 리전트 파크 산책로 곁 벤치에 두 사람이 나란히 앉는다.

닥터 홈스는 그녀에게 셉티머스가 밖에 나가 사물들에 관심을 갖도록 해주라고 조언했다. 그에게 특별한 병이 있다기보다는 그저 활기가 좀 없는 것뿐이라고 진단했던 것이다. 그녀는 더는 참을 수가 없다. 닥터 홈스는 심각한 병이 아니라고 하지만, 차라리 그가 죽어버렸으면 싶었다. 남편이 그런 식으로 자신만의 세계에 빠져 남은 보이지도 않는 듯 끔찍하게 굴때면 도저히 그의 곁에 있을 수가 없다.

설마 정말로 자살 하지는 않겠지. 사랑은 사람을 외롭게 만든다더니. 뒤돌아보니 허름한 외투 차림으로 혼자 벤치에 쭈그리고 앉아 골똘히 앞만 바라보고 있다. 남자가 자살을 하겠다니 비겁한 말이야. 그는 이기적이다. 남자들은 다 이기적이지. 그는 아픈 게 아냐. 닥터 홈스 말로는 아무 문제도 없다지 않나. 그의 아내로서, 그가 미쳤다고는 결코, 결코 말하지 않으리라!

어린 시절 셉티머스가 집에서 뛰쳐나온 것은 어머니 때문이었다. 어머니가 자꾸 거짓말을 했던 것이다. 또 시골에서는 시인이 될 가망이 없다고 생각했기 때문이었다. 그래서 누이동생에게만 속내를 얘기한 뒤 바보 같은 쪽지를 남겨 놓고 런던으로 갔다. 그는 하숙을 하며 여러 가지 경험을 했다. 이 모든 것이 뒤섞여서 그는 내성적이고 말을 더듬는 청년이 되었으며, 더 나은 사람이 되고자 하는 열망을 갖게 됐고, 워털루 로드에서 셰익스피어 강연을 하던 미스 이사벨 포울을 사랑하게 되었다. 그는 그녀가 아름답고 나무랄데 없이 현명하다고 생각했고, 그녀의 꿈을 꾸었으며, 그녀에 대한 시를 썼다. 그녀는 그 시들의 내용은 무시한 채 붉은 잉크로 문법만 고쳐 주었다. 셉티머스는 경매 및 평가 부동산 중개를 겸한 회사에 취직했다. 그 회사의 지배인은 셉티머스의 능력을 높이 평가했으며 훗날 자신의 후계자가 되리라 예견했다.

그런데 전쟁이 발발하고 셉티머스는 가장 먼저 자원했다. 전쟁터에서 그는 남자다워졌으며 진급도 했다. 그는 에번스란 상관의 눈에 띄었고, 그의 신임을 얻었다. 그들은 항상 같이 지냈고, 같이 나누고 같이 싸우고, 다투었다. 그러나 휴전 직전에 이탈리아에서 에번스가 죽자, 셉티머스는 변하기 시작했다. 감정을 드러내거나 친구를 잃은 것을 슬퍼하기는커녕 아무 느낌이 없이 극히 이성적이 된 것을 오히려 다행으로 여겼다. 전쟁이 자신을 강하게 만들었다고 생각했다. 굉장한 일이었다. 그는 거기 살아 있었다. 마지막 포탄들도 그를 피해 갔다. 그는 그것들이 폭발하는 것을 무덤덤하게 바라보았다. 평화가 왔을 때 그는 밀라노 한 여관집에 숙박을 했다. 딸들이 모자를 만드는 집이었다. 그는 두 딸 중 동생인 루크레치아와 약혼했다.

이제 다 지난 일이고 휴전은 조인되었고 전사자들은 매장되었는데도, 그는 특히 저녁이면 느닷없는 공포에 사로잡히곤 했다. 그는 맛도 느낄 수 없었다. 아무 것도 느낄 수 없었다.

직장에서는 그를 승진 시켜주었다. 그가 십자훈장을 따온 것을 자랑스럽게 여긴 까닭이었다. 그는 또다시 셰익스피어를 펼쳐들었다. 셰익스피어가 얼마나 인류를 혐오했던지. 언어의 아름다움 속에 숨어 있던 작가의 메시지가 이제 셉티머스에게 명백해졌다. 남녀 간의 사랑도 셰익스피어에게는 혐오스러운 것이었다. 짝짓기라는 일이 그에게는 더럽게만 여겨졌다. 아내는 아이를 원하지만 이런 세상에 자식을 낳을 수는 없다. 고통을 영속시킬 수도 없고 이 탐욕스러운 짐승들, 지속적인 감정이라고는 없고 변덕과 허영에 이리저리 끌려 다니는 짐승들의 자손을 늘릴 수는 없다.

아무도 그를 이 상태에서 벗어나게 할 수 없다. 아내는 그를 자리에 눕히고 의사를 불렀다. 집주인 아줌마가 추천한 닥터 홈스를.

체격이 크고 혈색이 좋고 잘 생긴 홈스는 장화의 먼지를 탁탁 털고 거울 속의 자기 모습을 들여다보며 그 모든 것을—두통이니, 불면증이니 두려운 꿈 같은 것들을—간단히 정리해버렸다. 그저 신경과민일 뿐이라고 진단했다.

"건강이란 대체로 우리 자신이 하기 나름이지요. 관심을 외부로 돌려보세요. 취미 활동을 하시던가."

의사는 그렇게 말하면서 셉티머스가 읽던 셰익스피어의 《안토니오와 클레오파트라》를 펼쳐보더니 한 옆으로 밀쳐놓았다. 자신이 그처럼 건강을 유지하는 것은 런던의 그 누구보다도 열심히 일하지만 환자 보는 일에서 고가구 수집 취미로 금방 옮겨갈 수 있기 때문이라고 말한다.

그 멍청한 의사가 또 찾아왔을 때, 셉티머스는 만나기를 거부했다. 닥터 홈스는 상냥하게 웃으며 레크루치아를 살짝 밀치고 환자의 침실로 들어갈 수 있었다.

"그래, 겁을 먹었군요."

그는 셉티머스 곁에 앉아 사근사근하게 말을 걸었다. 아내에게 자살

얘기를 했느냐고. 그래서야 그녀가 영국 남편들을 잘못 생각하게 되지 않겠느냐고. 적어도 아내에 대한 의무란 게 있지 않겠느냐고. 그저 침대에 누워 있는 것보다 뭐라도 하는 편이 낫지 않겠느냐고.

한 마디로, 인간 본성이 그를 덮치고 있었다. '콧구멍이 시뻘건 혐오스런 짐승' 홈스가 그를 깔아뭉개고 있었다. 닥터 홈스는 매일 찾아왔다. 일단 넘어지면, 하고 셉티머스가 썼다. 인간 본성이 너를 덮친다. 홈스가 너를 뭉개고 있다.

그러니까 그는 버림받은 것이었다. 온 세상이 그를 향해 외치고 있었다. 죽어, 죽어, 우리를 위해서. 그러나 왜 그들을 위해 죽어야 한담? 음식도 좋고 태양은 따사로운데, 그리고 죽으려면 어떻게 해야 하나? 식탁용 나이프로? 피가 흥건하게, 추하게? 아니면 가스 파이프를 입에 물고? 그는 힘이 없어 손도 쳐들 수 없을 지경이었다. 이제 유죄 판결을 받고 곧 죽을 사람들이 홀로 있듯이 홀로 버려지고 보니, 차라리 여기에는 사치가 있었다. 세상에 미련을 가진 자들은 결코 알 수 없는 자유가 있었다. 물론 홈스가 이겼다. 콧구멍이 시뻘건 그 짐승이 이긴 것이다.

위대한 계시가 떠오른 것은 바로 그 순간이었다. 휘장 뒤에서 한 음성이 말을 걸었다. 에번스였다. 죽은 자들이 그와 함께 있었다.

"뭐라고 했어요? 셉티머스?"

루크레치아가 겁에 질려 물었다. 그는 또 혼잣말을 하고 있는 것이다. 그녀는 닥터 홈스를 불러 오라고 시켰다. 남편이 정신이 이상해졌다고 자기를 알아보지도 못한다고.

"짐승 같은 놈! 짐승 같은 놈!"

셉티머스는 닥터 홈스가 방에 들어오는 것을 보고 외쳤다.

"이게 대체 무슨 일입니까?"

닥터 홈스는 세상에서 가장 상냥한 어조로 물었다. 그는 셉티머스에게 잠들게 해줄 약을 주겠다고 말했다. 홈스는 얕보는 듯 방안을 둘러보며 그들의 형편이 넉넉하다면 비싼 병원을 소개하겠다고 했다. 자신을 신뢰하지 않는다고 느꼈기 때문이었다.

그래서 셉티머스는 유명한 윌리엄 브래드쇼 경을 만나러 갔다. 윌리엄 경은 훌륭한 기술과 정확한 진단 뿐 아니라 동정심이 있는 의사, 인간의 영혼을 이해하는 의사로도 평판이 났다. 그는 환자가 방안에 척 들어서는 순간 그들의 문제를 알아본다고 했다. 셉티머스를 보는 순간 윌리엄경은 확신했다. 육체적, 정신적으로 극심한 신경쇠약이란 것을.

"댁의 남편은 병세가 위중합니다. 자살을 하겠다고 하지 않던가요? 문제는 안정입니다. 안정, 안정, 안정. 침대에 오래 누워 안정하는 것이지요. 시골에 아주 멋진 요양소가 있는데 거기 가면 댁의 남편을 잘 돌봐드릴 겁니다."

"하지만 저이가 미친 건 아니지요?"라는 루크레치아의 질문에 윌리엄 경은 자신은 결코 '미쳤다'라는 말을 쓰지 않는다고 답했다. 그는 그것을 단지 균형 감각이 없다고 표현했다.

윌리엄 경이 짤막하게, 친절하게 사태를 설명해 주었다. 그가 자살을 하겠다고 위협했다니 선택의 여지가 없음을. 그건 법의 문제임을. 윌리엄 경은 셉티머스에게 자신이 1주일에 한 번 방문할 것이라며 요양소를 설명해 주었다. 그날 다섯 시와 여섯 시 사이에 셉티머스를 요양원에 보내도록 모든 조처를 했다.

의사는 셉티머스 진료에 45분이나 할애했음을 아까워했다. 의사가 자신의 균형 감각을 잃어버린다면 의사로서 실패이다. 우리는 건강을 유지해야 하는데, 건강이란 곧 균형이다. 그러므로 어떤 사람이 진료실에 들어와 자신이 그리스도라고 망상을 보인다면 그에게 균형 감각을 일깨워야 할 것이다. 침대에서 안정할 것을, 고독 가운데 안정할 것을 명해야 한다.

이 균형을 숭상함으로써 윌리엄 경 자신이 번창했을 뿐 아니라 영국 전체를 번영하게 만들었다. 영국이 광인들을 격리시키고 출산을 금지하고 절망을 처벌하고 부적응자들이 자신들의 견해를 퍼뜨리지 못하게 했다. 그는 이것은 광증이고 저것은 정상이라고 딱 부러진 진단을 내려 주었다. 윌리엄 경은 서리 주에 친구를 두고 거기에서 균형감각을 가르쳤다. 그는 사람들을 가두었다. 벌거벗고, 무방비하고, 기진맥진한, 의지할 데 없는 자들을 느닷없이 덮치고 집어 삼켰다. 윌리엄 경이 환자의 친척들에게 그토록 반가운 존재인 것은 이러한 결단과 인류애의 결합 때문이었다.

윌리엄 경을 만나고 돌아온 셉티머스는 거실 소파에 누워 있다. 더는 두려워하지 말라, 하고 몸속의 마음이 말한다. 더는 두려워하지 말라. 루크레치아는 테이블에 앉아 모자를 만지작거리며 남편을 지켜본다. 그가 미소 짓는다. 이건 결혼도 아니야. 남편이라면 저럴 수가 없어. 저렇게 이상한 얼굴로 깜짝깜짝 놀라고, 소리 내어 웃고, 몇 시간씩 잠자코 앉아 있다가 갑자기 붙들고는 받아 적으라 하기도 하고. 테이블 서랍에는 그렇게 쓴 글이 수북하다. 전쟁에 대해, 셰익스피어에 대해, 위대한 발견들에 대해, 어떻게 죽음이란 없는가에 대해. 최근에 그는 아무 이유 없이 흥분을 해서 손을 휘저으며 진리를 발견했다고 외치곤 했다! 모든 걸 알았다고! 그 남자, 전사한 친구 에번스가 나타났다고도 했다. 저 휘장 뒤에서 노래하고 있다고.

짐을 싸야 한다. 아래층에서 소리가 난다. 닥터 홈스이다.

"부인, 저는 친구로서 온 겁니다."

"아니요. 당신이 제 남편을 만나는 것을 허락하지 않겠어요."

셉티머스는 그녀의 말소리를 듣는다.

"부인, 지나가게 해 주십시오……."

체격이 건장한 홈스는 그녀를 밀어내며 말한다. 홈스가 위층으로 올라오고 있다. 홈스가 이제 문을 열어젖히겠지. 홈스가 묻겠지. "겁이 납니까?" 하고. 홈스가 그를 붙들겠지. 하지만 안 된다. 홈스도 윌리엄 경도 나를 잡아서는 안 된다. 셉티머스는 비틀거리며 일어나 한 걸음씩 껑충거리며 빵 써는 칼이 있는 데로 간다. 자루에 '빵'이라 씌어 있는, 그건 너무 깔끔해서 망가뜨릴 수가 없다. 가스불은 어떨까? 하지만 이제 너무 늦었어. 홈스가 오고 있다. 면도날은 있을 텐데, 하지만 루크레치아가 늘 그러하듯 상자에 넣어 두었다. 남은 것은 창문뿐이다. 블룸즈버리 하숙집의 커다란 창문을 열고 몸을 밖으로 던지는 것은 귀찮고 피곤하고 게다가 신파적인 일이다. 그건 그 사람들 식의 비극이지, 그나 루크레치아의 방법은 아니다. 홈스나 윌리엄 경은 그런 일을 좋아한다.

그는 창턱에 앉는다. 하지만 마지막 순간까지 기다려보자. 죽고 싶지 않다. 산다는 건 좋은 일이다. 햇볕이 쨍쨍하다. 대체 그들은 뭘 원하나? 맞은편 계단을 내려오다 말고 한 노인이 그를 쳐다본다. 홈스는 방문 앞까지 왔다.

셉티머스는 창문 밖으로 곧장 몸을 던진다.

이 시각 댈러웨이 부인은 파티를 열고 있다. 윌리엄 경이 뒤늦게 참석해서 셉티머스에 대한 이야기를 전해준다. 청년이 뛰어 내리는 광경이 눈에 선하다. 하지만 대체 왜 그런 짓을 했을까? 윌리엄 경 부부는 하필 그녀의 파티에 와서 그런 얘기를 하다니.

그녀는 왠지 그와-자살을 한 청년과-아주 비슷하게 느껴진다. 그가 그렇게 한 것이, 모든 것을 내던져 버린 것이 기쁘다. 시계가 종을 친다. 납처럼 둔중한 원이 공중으로 퍼져 나간다.

두 명의 의사에게 치료받던 셉티머스는 그 두 의사에게 이해 받지 못하고 정확한 진단도 얻지 못했다. 오히려 자신에게 다가오는 의사를 피하려다가 창문 밖으로 떨어져 자살을 하고 말았다. 윌리엄 경은 불법감금 요양원처럼 치료를 빙자하여 가둬두는 그런 곳으로 보내려한다. 그곳으로 보내지기 전 친구로서 찾아왔다는 홈스를 피해 셉티머스는 창문 밖으로 뛰어 내린다. 누가 그를 죽음으로 내몬 것일까?

셉티머스는 전쟁을 겪은 후에 정신 상태가 비정상으로 변했다. 감각을 느끼지 못하게 되고 걸핏하면 계시를 받는다고도 했다. 절친한 전우 에반스는 전쟁터에서 죽었는데도 자꾸 그가 벽에서 나온다며 대화를 나누기도 한다. 그의 환각 증상은 제 1차 세계대전에 참전한 다음부터였다. 아마 에반스의 죽음을 목격하고 나서였을 것이다. 충격을 받은 이후 인격이 변하는 현상을 '외상 후 스트레스성 장애'라 진단한다. Post Traumatic Stress Disorder를 줄여서 PTSD라 부르고 오늘날 적잖이 보고되는 질병이다.

PTS란 병명이 의학적으로 확립된 것은 베트남 전쟁 이후의 일이다. 이 작품이 쓰인 것은 1925년인데 그렇다면 버지니아 울프는 어쩜 그리도 일찍 외상 후 스트레스 장애에 일가견을 가질 수 있었을까? 그녀를 천재의 반열에 올려놓은 이유를 알 것 같다.

버지니아 울프 (Virginia Woolf)

1882년 1월 25일 런던의 하이드 파크에서 태어났다. 역사가이자 문예비평가인 그녀의 아버지는 첫 아내와 사별 후 그녀의 어머니와 재혼하여 일가를 이루었다. 이 부부는 네 자녀를 두었는데 버지니아는 그중 셋째 딸이다. 그러나 전실 소생의 자녀까지 합치면 도합 여덟 명의 남매가 함께 자랐다. 13세 때 어머니의 사망을 계기로 우울증세가 시작되어 22세 때에 아버지마저 사망하자 정신이상 증세를 보였다. 25세 때 목요일마다 문학 모임을 갖기 시작하는데 '블룸즈버리' 그룹으로 명성이 자자했다. 그때부터 집필활동을 시작하였고 30세에 결혼하였으나 자녀를 두지 않았다. 남편과 함께 출판사를 설립하여 첫 작품 《출항》을 발간하였고 이후 《두 편의 이야기》《밤과 낮》《제이콥의 방》《등대로》《올란도》《자기만의 방》 등을 출간하였다. 1928년 《등대로》가 페미나상을 수상하게 된다.

1941년 3월 28일 우즈 강가로 산책나간 후 돌아오지 않아 그녀의 최후는 자살로 추정한다. 향년 59세였다.

단말마의 고통

로제 마르탱 뒤 가르 《티보가의 사람들》
요독증

　로제 마르탱 뒤 가르가 쓴 대하소설 《티보가의 사람들》은 1904년부터 시작해서 제1차 세계대전이 끝나는 1918년까지의 프랑스가 그 시대적 배경이다.

　오스카르 티보 씨는 한때 국회위원직을 역임하고 국가 최고 훈장을 받은 사람이다. 파리의 저택에서 살며 상당한 부를 이룬 자산가로서 사회사업에 관여하고 있다. 집안에는 아들이 둘 있는데 큰아들 앙투안느는 의사이고 그보다 9살 아래로 쟈크가 있다. 아내는 둘째를 낳자마자 사망하였으므로 줄곧 티보 씨 혼자 아이들을 키워왔다. 비록 귀족 출신은 아니지만 사회적 명망을 얻은 티보 씨는 청소년 선도단체를 운영하고 가톨릭 자선사업에 관여하고 있다. 매우 권위적이고 명예욕이 높으며 부르주아 계급을 대표하는 인물로서 가톨릭의 맹신자이다.

그 티보 씨가 병석에 누워있다. 이미 한쪽 신장의 기능이 사라졌고 남은 한 쪽 신장도 건강하지 않다. 요독증의 증상이 전신에 서서히 퍼지고 있다. 내과 의사인 큰 아들 앙투안느가 그 누구보다 정성을 다해 보살피고 있다. 그러나 아버지가 이제 마지막임을 예감하고 있다.

환자는 불안과 신경통에 시달리고 있다. 통증은 넓적다리 뒤를 도려내는 듯하다가 몸 전체로 번지는가 하면 돌연 칼로 쿡 찌르는 것 같이 허리 언저리, 슬개골, 발목까지 퍼져 급소에 심한 동통을 느끼게 한다.

수녀가 겨자찜질이나 관장을 해주지만 별반 도움이 되지 않는다. 욕창 부위는 번지고 체온이 38.9도로 상승한다. 기침과 구역질도 멈추지 않는다. 티보 씨는 혼미한 정신 가운데에 누구에게 하는지 모를 욕설을 내지른다. 의사에게는 살려달라고 매달리고 신부에게도 무섭다고, 죽고 싶지 않다고 애원한다. 어린 시절의 동요를 떠올려 부르기도 한다.

신장이 막혀 24시간 이상 배뇨가 되지 않자 상황은 매우 심각해진다. 투병도 이제 마지막인 것 같다. 매우 격렬한 발작이 세 번에 걸쳐 반복되더니 드디어 네 번째로 접어든다.

그것은 끔찍한 일이 닥쳐올 것을 예고하는 것이다. 지금까지보다 발작의 심도가 열 배는 더 되는 것 같다. 호흡이 불안정하고 얼굴은 온통 충혈되고 눈은 반쯤 튀어나왔다. 팔은 수축되어 접힌 나머지 두 손이 보이지 않는다. 그리고 턱수염 밑에 두 손목이 오그라들어 마치 제대로 발육이 안 된 아이의 몸같이 보인다. 사지는 경련을 일으키며 떤다. 근육은 뻣뻣해져 당장에라도 터질 것만 같다. 뻣뻣해져 있는 상태가 이렇게 오래 지속되기는 처음이다. 시간은 자꾸 가는데 격렬함은 가라앉지 않는다. 얼굴은 꺼멓게 변한다.

앙투안느는 이번에야말로 죽음이 가까이 온 것을 감지한다. 헐떡이는 소리가 거품을 물고 있는 입술 사이로 계속 흘러나온다. 갑자기 두 팔이 축 늘어진다. 이번에는 몸부림치기 시작한다. 앙투안느와 자크는 늙은 수녀와 하녀의 도움을 받아 미쳐 날뛰는 환자의 손발에 매달린다. 이리저리 휘둘리고 휘청거리며 마치 축구 할 때의 스크럼 모양, 서로 부딪치고 야단법석이다. 먼저 하녀가 붙잡고 있던 다리를 놓친다. 그러나 다시 잡을 수가 없다. 늙은 수녀도 그의 몸부림에 나동그라져 중심을 잃는다. 그때 다른 장딴지가 손에서 빠져나간다. 두 다리가 자유로워지자 발버둥치기 시작한다. 뒤꿈치의 껍질이 벗겨지면서 침대 틀을 피로 물들인다. 두 아들은 땀으로 온 몸을 흠뻑 적신 채 헐떡이며, 갑자기 뛰어오르다가 매트 밖으로 뛰쳐나가려는 이 거대한 육체를 움직이지 못하도록 하기 위해 단단히 붙든다.

발작은 그칠 사이 없이 계속된다. 안면 근육의 끊임없는 경련과 중독으로 인한 부기가 얼굴을 완전히 일그러뜨려 환자의 모습을 거의 알아볼 수 없는 정도가 된다. 이렇게 고통스러워하면서도 숨은 쉽게 끊어지지 않는다.

"형! 이 상태로 아버지를 내버려둘 수는 없잖아!"

견디다 못한 자끄가 앙투안느에게 묻는다. 앙투안느는 고개를 끄덕인다. 언제부터인가 호주머니 안쪽에 넣고 다니던 모르핀 병을 만지작거린다. 깊은 밤 자끄 외에 아무도 보지 않을 때에 아버지에게 주사한다.

"움직이지 마세요…… 편안하게 해드릴 테니까, 아버지……."

모르핀이 환자의 통증을 줄일 수는 있지만 동시에 배설 기능을 악화시켜 치사제로 작용할 수 있다는 걸 앙투안느는 누구보다 잘 알고 있었다.

티보 씨는 이 치명적인 진통제로 숙면과 평화가 찾아드는 듯하다. 그는 수녀를 불러달라더니 헐떡거리는 소리로 마지막 힘을 모아 소리를 낸다.

"오, 주여…… 저는 슬픈 마음으로…… 당신 앞에 나옵니다."

이렇게 오스카르 티보 씨는 세상을 떠났다. 살아서는 부와 권력을 누렸고 자선사업 등 사회 활동으로 존경도 받았지만 그가 맞은 최후는 처참하다. 요독증이 가져다 준 통증의 정도가 차마 눈 뜨고 볼 수 없을 만큼 고통스럽게 느껴진다.

요독증이란 콩팥의 기능이 나빠졌을 때 노폐물이 배출되지 못해 겪는 증상들이다. 이렇게 콩팥 기능을 저하시키는 원인은 다양하다. 당뇨병이나 고혈압, 신장 결핵, 만성 사구체신염, 유전성 질환들이나 혈관염증 등.

이들 질병의 결과 콩팥이 작동을 멈추었을 때 오줌으로 배설되어야 할 물질들이 신체 여러 장기에 축적되므로 각 기관의 기능에 장애를 일으킨다. 예를 들어 수면 장애, 두통, 의식 장애. 지남력 장애, 착란, 경련,

혼수와 같은 중추신경계 이상이나 딸꾹질, 사지 저림, 자각 이상, 무기력감, 작열감 같은 말초신경계 이상이 동반되고 현기증, 기립성 저혈압, 땀과 타액의 감소 등의 자율신경계 이상도 나타난다. 그 밖에도 심장이나 위장관, 내분비계, 피부에까지 총체적인 타격을 입히므로 요독증은 온 몸을 망가뜨리는 것이다.

작품 중의 티보 씨는 이 모든 증상을 다 보여준다. 일반적으로 요독증이 지각을 마비시켜 오히려 편안한 마지막을 누리게 할 수도 있는 반면 티보 씨처럼 경련 형태로 증상이 나타나면 극심한 통증을 느끼는 것이다. 그래서 티보 씨는 고함을 치고 신음을 멈추지 못한 것이다. 이를 곁에서 지켜보는 사람들도 고통스럽다. 두 아들 중 의사 앙투안느가 아버지의 고통을 보다 못해 요독증에 치명적인 모르핀을 주사함으로써 한 순간이나마 빨리 죽음을 맞도록 도와준다.

이 작품이 쓰인 1940년대만 해도 요독증은 이토록 무시무시한 병이었다. 그리고 많은 사망진단서에 사망원인으로 그 이름을 올리는 병이었다. 그러나 참 고맙게도 요즘은 신장이식과 투석치료가 개발되어 콩팥이 상한 환자들이 이렇게까지 극심한 통증은 겪지 않게 되었다.

나는 구체적으로 죽음을 생각해 본 적이 없어 단말마(斷末魔)가 실감이 안난다. 말마는 산스크리트 마르만(marman)의 발음을 그대로 옮겨 쓴 것으로 육체의 치명적 부분, 즉 급소를 의미한다. 이 말마를 자르면 죽음에 이른다고 하며, 말마를 얻어맞으면 발광(發狂)한다고도 한다. 인간이 죽기 바로 직전 빈사 상태에서 괴로워하는 것을 '단말마의 고통'이라고 부르는 것이다. 작품 중에 신부가 고통스럽게 죽어가는 티보 씨를

측은하게 여겨 이렇게 위로하는 장면이 나온다.

"예수님께서도 단말마의 고통과 피의 노고를 경험하셨습니다. 예수님께서도 어느 한 순간, 아주 짧은 순간, 아버지이신 하느님의 뜻을 의심한 적이 있었습니다. '엘리, 엘리, 라마 사바타니! 나의 하느님, 나의 하느님! 어찌하여 나를 버리시나이까?……' 잘 생각해 보세요, 형제여, 당신의 고통과 주님의 고통 사이에는 감격스러운 일치점이 있지 않습니까?"

신의 아들조차도 단말마를 겪어야했다는 신부의 말이 위로가 될 것 같기도 하다. 인간의 숨이 끊어질 때의 고통, 언젠간 기필코 찾아올 죽음을 어찌 대면할지 또 다른 숙제가 생긴 셈이다.

로제 마르탱 뒤 가르 (Roger Martin du Gard)

1881년 3월 23일 프랑스의 파리에서 출생했다.
1·2차 바칼로레아를 거쳐 파리 고문서 학교에 입학하고 고문서학 학위 취득했다.
1907년 첫 소설 《생성》을 출간하여 문단에 등장하였고 세계 제1차 대전에 참전하였다.
1920년부터 19년간 여덟 편의 연작 소설인 《티보가의 사람들》을 집필하였고 그로써 1937년 노벨 문학상을 수상하였다.
1958년 8월 22일 심근경색으로 사망하여 니스 시미에 묘지에 안장되었다.
주요 저서로는 《장 바루아》 《아프리카의 비화》 《침묵자》 《오래된 프랑스》 등이 있다.

곰팡이의 공격

| 귀스타브 플로베르 《감정 교육》
| 아구창

아이는 처음부터 태어나지 말았어야 했다. 프레데릭은 아이를 보며 큰 슬픔을 느꼈다. 적법치 못한 아이의 출생이 평생 아이를 짓누르리란 걸 생각하면 아버지로서 가슴이 메었다.

"가엾은 것!"

아이는 프레데릭 모로와 파리의 고급 창부 로자네트 사이에 생긴 아들이었다. 사생아로 무작정 세상에 나온 이 아이는 사람들 눈을 피해 시골에 유모를 구해 맡겼다. 부모는 매주 아이를 보러 갔다. 그러다 아이의 상태가 극도로 나빠져 파리로 데려오게 되었다. 아이의 몸은 너무나 야위었고, 하얀 점들이 입술을 뒤덮었고, 입속은 우유가 엉겨 붙은 것 같았다.

"의사는 뭐래?"

프레데릭이 물었다.

"아, 그 의사 하고는! 뭐라더라, 그 병명이…… 그래, 아구창이래. 그게 뭔지 알아?"

로자네트가 대꾸했다.

"물론이지."

프레데릭이 얼른 답했다. 그리고 아무것도 아니라고 덧붙였다. 하지만 저녁이 되어 아이의 기력이 점점 떨어지자 프레데릭은 더럭 겁이 났다. 곰팡이 같은 희끄무레한 반점들이 퍼진 그 가엾은 육신은 그저 식물이나 자라날 수 있는 덩어리로 남겨진 것 같았다. 아이의 손은 차가웠다. 이제는 물도 마시지 못했다. 로자네트는 꼬박 밤을 샜다. 아침이 되었을 때 프레데릭에게 말했다.

"와서 좀 봐, 얘가 이젠 꼼짝도 하지 않아."

아닌 게 아니라, 아이는 이미 죽어 있었다. 그렇다면 프레데릭은 어쩌자고 사랑하지도 않는 여자와 아이까지 낳은 것일까?

1840년, 18세가 되던 그 해에 프레데릭은 한 여인을 만나게 되었다. 대학입학 자격시험에 합격하고 백부에게 다녀오던 중이었다. 그녀는 배의 갑판 위에서 수를 놓고 있었다. 그녀를 보는 순간 프레데릭은 마치 유령을 본 듯 홀렸다. 그녀의 시선에 눈이 부셔 다른 것은 아무것도 눈에 들어오지 않았다. 그녀는 사업가 아르누 씨의 부인으로 일곱 살짜리 딸을 둔 엄마였다.

그날 이후로 프레데릭은 오직 그녀 생각뿐이었다. 거의 미친 사랑이라고나 할까? 고향 노장을 떠나 파리에서 법과대학을 다니는 동안 그는 오로지 아르누 부인을 다시 만날 생각에만 골몰했다. 남편 아르누가 운영하는 '산업 예술' 매장에 들락거려 보지만 부인을 만날 수는 없었다. 밤이면 아르누의 집 창문에 어른거리는 그녀의 그림자를 올려다보곤 했다. 오랜 염원 끝에 비로소 아르누의 집에 초대받은 날이 왔다. 아르누 씨와 친분을 쌓으려는 노력의 결과였다. 그 파티에서 아르누 부인은 노래를 불렀다. 콘트랄토인 그녀의 음색에 매료된 프레데릭은 그날 밤 이후 그녀를 사랑하는 감정을 더욱 확인하게 되었다.

그는 아르누 부인에게 다가가기 위해 '산업 예술' 매장에서 미술 작품들을 정신없이 사들이고 목요일마다 열리는 아르누 파티에 참석하면서부터 몸치장에 돈을 물 쓰듯이 썼다. 아버지를 일찍 여의고 얼마 되지 않는 유산 상속으로 근근이 생계를 꾸려가는 프레데릭의 형편으로선 가당치 않은 일이었다. 프레데릭과 가장 가까운 친구 데로리에가 곁에서 주의를 주지만 그의 귀엔 아무것도 들리지 않았다. 대학에서도 그는 낙제를 하고 말았다.

그런데 프레데릭은 그토록 사랑하는 여인이건만 그녀 앞에선 제대로 감정을 표현하지도 못했다.

아르누 부인의 명명일에 초대되어 갔었을 때 프레데릭은 천박한 취향에다 여자 문제가 복잡한 아르누 때문에 그녀가 고민을 하고 있다는 것을 알게 되었다. 아르누 부인의 눈물을 보게 된 그날부터 프레데릭은 열심히 공부하기 시작해서 당당히 박사학위 논문 심사를 통과했다. 그리고 고향에 내려갔다. 집에 도착했을 때 프레데릭의 어머니는 뜻밖에도 경제적으로 파산에 이르렀다는 이야기를 꺼내며 그에게 취직을 하라고 간청을 했다. 아버지의 유산이 예상보다 형편없이 적단 사실에 경악한 프레데릭은 파리로 되돌아갈 생각을 하지 못했다. 아르누 부인 앞에 초라한 행색을 보일 순 없었던 것이다. 그러다 백부가 유언 없이 사망했기 때문에 프레데릭이 거액의 상속을 받게 되었다. 힘을 얻은 프레데릭은 장관이 되겠단 꿈을 안고 파리로 되돌아갔다. 3년만이었다.

프레데릭은 그동안 사업에 거듭 실패한 아르누를 쉽게 찾을 수 없었다. 우여곡절 끝에 만난 아르누는 새롭게 도자기 사업에 손을 대고 있었다. 또 그 사이 그들 부부에겐 아들이 태어났다. 부자가 된 프레데릭은 당시 파리에서 거부로 소문난 은행장 당브로즈 집에 드나들며 사업과 정치에 대한 견해를 주고받았다. 프레데릭에겐 출세할 절호의 기회가 여러 차례 있었다. 은행장이 손을 써서 정치계에 입문시켜 주려 했었고, 큰돈을 벌수 있는 투자 정보도 알려주었다. 그러나 그때마다 프레데릭은 아르누 부인에게 가야 하는 일 때문에 기회를 날려버리곤 했다. 더욱이 신문을 발행하는 친구들이 정치적 기반을 다지기 위해 투자하라고 도움을 청했을 때 철석같이 약속을 해 놓고도 땅을 팔아 마련한 그 돈을 아르누의 부도를 막는데 써버리고 말았다. 그 때문에 친구와의 사이도 틀어지고 나중에 프레데릭이 국민의회 선거에 나갔을 때 발목을 잡히는 일로 작용하게 되었다. 신의가 없는 사람이라는 낙인이 찍힌 것이었다.

한번은 프레데릭이 아르누 부인에게 진심을 토로한 적이 있었다. 그는 무거운 내면의 무게에 눌려 쓰러지며 저도 모르게 무릎을 꿇었다.

"내가 이 세상에서 할 게 무엇이 있겠습니까? 다른 이들은 부를, 명성을, 권력을 잡으려 애를 쓰지요! 나는 직업도 없고, 오로지 당신만이 나의 관심사이자, 내 모든 재산이요, 내 목적, 내 삶과 사고의 중심입니다. 하늘의 공기가 없으면 살 수 없듯, 난 당신 없이는 살 수 없습니다! 내 영혼이 당신의 영혼을 향해 던지는 그 열망을, 그리고 두 영혼이 하나가 되어야 한다는 것을, 그로 인해 내가 죽을 지경이라는 것을 느끼지 못하시나요?"

아르누 부인은 그의 고백에 온몸을 떨었다. 정숙하고 단정한 그녀로서는 프레데릭의 진심을 외면하고 지낸 셈이었다. 그 후로 둘은 차츰 더 깊은 속내를 나누게 되었다. 마침내 프레데릭은 그녀와 정사를 벌이려는 계획을 실천에 옮겼다. 방을 구해 침대와 커튼을 새로 해 달고 슬리퍼까지 구비해 놓았다. 그녀와 산책을 하다가 비가 내린다거나 햇빛이 뜨겁다는 구실로 그곳에 데려갈 작정이었다. 그가 그녀와 만나기로 약속된 날 아르누 부인의 어린 아들이 심하게 앓으며 호흡이 곤란해졌기 때문에 부인은 아들 곁을 떠날 수 없게 되었다.

프레데릭은 약속 시간에 나타나지 않은 아르누 부인 때문에 실망과 분노에 사로잡혀 그녀를 위해 마련한 방에 로자네트를 데리고 들어갔다. 로자네트는 원래 아르누가 돈을 대주던 창부였는데 프레데릭에게 소개시켜주었던 것이다. 그날 밤을 함께 지내고 새벽이 되었을 때 프레데릭은 베개에 얼굴을 파묻고 흐느꼈다. 로자네트가 우는 이유를 묻자 프레데릭은 행복에 겨워 그런다고 둘러댔다.

그날부터 프레데릭은 로자네트와 본격적으로 가까워져 아들까지 낳았고 병약한 그 아이는 아구창에 걸려 결국 사망한 것이었다.

한편 아르누 부인이 약속 장소에 나타나지 않아 큰 상처를 받은 프레데릭은 과감하게 은행장 당브뢰즈의 아내를 유혹하기 시작했다. 수완 좋고 사교적인 은행장의 아내도 훤칠하고 잘생긴 프레데릭에게 반하게 될 무렵 공교롭게도 은행장이 급작스레 죽고 말았다. 은행장의 아내와 프레데릭은 결혼을 약속하고 청첩장을 인쇄했다. 고향집의 노모뿐만 아니라 평소 프레데릭을 연모했던 고향의 이웃집 처녀 루이즈에게도 충격적인 일이 아닐 수 없었다.

그때 프레데릭은 아르누의 사업이 폭삭 망했단 소식을 듣게 되었다. 당장 얼마간의 돈이라도 절실한 상황이었다. 프레데릭은 결혼을 약속한 은행장의 미망인에게 그 돈을 꿔달라고 부탁했다. 그녀는 프레데릭이 다른 여자에게 마음을 주고 있다는 점을 의심하면서도 요청한 금액을 내주었다. 프레데릭은 돈을 들고 아르누 씨 집으로 달려갔지만 아무도 만날 수 없었다. 부도 때문에 야반도주했다는 이야기만 전해 들었을 뿐이었다. 은행장 부인은 프레데릭이 아르누 부인을 사랑한다는 걸 비로소 알아채고 보복하는 심정으로 아르누가 남기고 간 세간을 경매에 붙여버렸다. 그리고 우연인 척 프레데릭을 데리고 경매현장을 찾아가 아르누 부인의 물건 중의 은궤에 입찰을 했다. 프레데릭은 아르누 부인의 체취가 묻은 물건들이 경매에서 함부로 다뤄지는 것을 못견뎌하며 은행장 부인을 거듭 만류했다. 그러나 그녀는 최고입찰가격을 불러 그 은궤를 차지한 것이었다. 프레데릭은 그녀의 그런 행태가 괘씸한 나머지 결혼이고 뭐고 결별을 선언하고 돌아섰다.

그 무렵엔 고향의 지참금 많은 처녀 루이즈도 프레데릭의 친구 데로리에가 신랑자리를 꿰차고 결혼식을 올린 마당이었다. 이제 프레데릭 곁에 아무도 남지 않았다. 백부에게 물려받았던 거액의 유산도 아르누 부인을 위한답시고 무의미하게 탕진하고 남은 돈으로 근근이 지내게 되었다. 그의 최초의 꿈은 작가였는데 이룬 것이라곤 아무 것도 없었다.

세월이 흘러 20년쯤 지난 후에 프레데릭이 사는 곳에 아르누 부인이 찾아왔다. 시골에 파묻혀 검소하게 지낸다는 그녀는 꼭 한번 프레데릭을 만나 지난날의 빚을 갚고 싶었다며 손수 수놓은 지갑을 건네주었다. 그녀는 마지막으로 프레데릭에게 몸을 내어줄 작정으로 온 것 같았다. 프레데릭은 그녀 앞에 또다시 무릎을 꿇고 말했다.

"당신이란 사람, 당신의 아주 작은 몸짓까지도 내게는 이 세상에서 무척이나 중요합니다. 내 마음은 당신이 내딛는 걸음마다 마치 먼지처럼 일어납니다. 당신은 내게 여름밤의 달빛과도 같고, 그때 모든 것은 향기요, 달콤한 그림자이며, 하얀 빛으로 무한합니다. 당신의 이름만 들어도 육체와 영혼의 기쁨이 그 안에 깃든 것 같아 나는 내 입술 뒤에서 당신의 이름에 입을 맞추려 애쓰며 당신의 이름을 되뇌고는 했습니다. 그 이상은 아무 것도 상상하지 않았습니다. 아르누 부인, 당신은 두 자녀가 있고, 다정하며 진지하고, 눈이 부실 정도로 아름답고 너무나 선량하십니다! 그 모습에 다른 모습들은 지워지고 말지요. 내가 다른 모습을 생각이라도 해보았을까요! 왜냐하면 내 마음 깊숙이 언제나 음악 같은 당신의 목소리가 울리고 당신의 눈이 찬란히 빛나니까요!"

이런 고백을 전하며 프레데릭은 그녀와 순결하고도 아름다운 작별을 나누었다.

작품 제목은 감정 교육이지만 작가는 아무 것도 가르치지 않았다. 한 여인을 만나 온 젊음을 바쳤으나 도무지 사랑을 이룰 순 없었다. 프레데릭은 사랑하는 그 하나의 감정 때문에 인생의 우여곡절을 겪게 되었다.

여타의 소설에선 주인공은 영웅적이거나 크게 성공하거나 무언가 대리만족을 가져다 줄만큼 호쾌한 사건을 보여주곤 하지만 이 작품의 주인공은 끊임없이 실패하고 지지부진 뒷걸음질치고 남겨진 유산조차 간수하지 못하고 초라한 삶을 이어나간다는 점에서 특이하다. 번듯한 외모에다 학식 있고 교양 있고 재산까지 갖춘 프레데릭은 꿈꾸었던 그 무엇 하나 이루지 못하고 직업도 없이 그저 그렇게 삶을 영위하는 모습을 보여주었다. 오직 그를 지배했던 것은 어느 유부녀에 대한 이룰 수 없는 사랑이란 감정이었는데 누가 그런 프레데릭에게 감히 손가락질을 하랴!

플로베르는 이 작품을 통해 당시 프랑스 사회의 도덕의 역사를 기록하고자 했다고 말했다. 19세기 혁명기 사회에서 부와 명예와 권력에 치우친 사람들의 감정을 낱낱이 파헤쳐 보였던 것이다. 이 작품의 시대적 배경은 1848년 루이 필립을 타도한 혁명으로 프랑스 왕국의 종말을 가져온 그 무렵이다. 왕당파와 공화주의자가 빈번히 대립하는 장면이 나온다.

작품에서 적은 부분을 차지하지만 프레데릭의 사생아 아들이 아구창으로 사망하는 장면은 매우 인상적이다.

아구창이란 곰팡이가 입속에 피어나는 병이다. 곰팡이 중에서 캔디다 알비칸스(Candida Albicans) 균주가 침범한 것으로 에이즈나 말기암 환자처럼 면역성이 떨어진 경우에 쉽게 감염된다. 신생아의 젖병 소독이 제대로 되지 않아 걸리기도 하는데 오늘날엔 곰팡이 치료제가 개발되어 위험한 질병이 아니지만 이 작품이 나온 1860년경엔 아구창으로 생명을 잃기도 했을 것이다. 곰팡이가 병을 일으킨다는 사실은 히포크라테스 시절부터 알려져 있었고 입 속 뿐 아니라 전신 어느 곳에도 침범할 수 있다. 이 작품에서처럼 신생아의 경우는 철저한 젖병 소독으로 예방할 수 있는데 단지 청결로만 질병을 막을 수는 없고 프레데릭의 아이는 지독히 쇠약했던 것이 아닌가 싶다. 사생아로 태어난 아이가 부모로부터 버림을 받은 것만 같아 더욱 가엾다는 느낌이 오래오래 남는다.

귀스타브 플로베르 (Gustave Flaubert)

1821년 프랑스 루앙에서 태어나 법학을 공부하다 신경 발작이 생겨 학업을 그만두고 작가의 길을 걷게 된다. 25세 때에 《감정 교육》을 완성했지만 사망 후 30년 후에야 출판된다. 36세 때 《마담 보바리》로 '공중도덕 및 종교 모독죄'로 기소 당했으나 무죄 판결을 받는다. 평생 독신으로 지냈으며 동시대 작가인 모파상, 에밀 졸라, 알퐁스 도데, 투르게네프 등에게 큰 영향을 미친다.

주요 작품으로는 《성 안투완느의 유혹》 《살람보》 《부바르와 페퀴셰》 등이 있다. 1880년 뇌일혈로 60세의 생을 마감하고 루앙 시의 기념 묘지에 묻혔다.

배를 버리고
달아난 선원은
그 후 어찌 살았을까?

| 조셉 콘래드 《로드 짐》
| 진전섬망증

짐은 영국에서 목사의 다섯째 아들로 태어났다. 그는 어릴 때부터 바다를 동경하여 선원 양성소를 거쳐 항해사 자격증을 딴다. 집안에서는 선원 아들을 자랑스럽게 여긴다.

첫 항해로 파트나 호를 탄다. 일등 항해사 자격으로 선장을 보좌하는 일을 맡은 것이다. 파트나 호는 일생에 한 번은 성지순례를 다녀와야 하는 회교도들을 싣고 싱가포르에서 메카까지 운행하고 있지만 노후하고 부식된 배이다. 거기에 800명의 순례자들이 탑승하고 승무원은 5명의 백인들뿐이다. 선장은 독일계 호주인으로서 역겨우리만치 비만하고 선장으로서 저지를 수 있는 온갖 비리에 연루된 파렴치한 인물이다.

배가 홍해를 지날 무렵 짐은 야간 당직 시간을 10분 남겨두고 갑판에 서 있다. 기관장은 술에 취해 깊은 잠에 빠져 버렸고, 2등 기관사는 기관장이 나눠 준 술을 마시고 선장에 대한 불만을 퍼붓고 있다. 그때 갑자기 배가 무언가와 충돌하는 소리가 들린다. 배가 좌초된 것이다.

선장은 승객들이 사고가 난 줄 알면 집단 패닉상태로 폭동을 일으킬 우려가 있으니 아무도 깨우지 말라고 짐에게 당부한다. 짐이 생각하기에도 파트나 호가 구비한 구명정은 겨우 7대뿐이니 800명의 승객을 구할 도리가 없어 보인다.

선장은 구명정을 꺼내 탈출하려고 전력을 기울인다. 기관장과 2등 기관사도 구명정을 내리고 매달려 있는데 2등 기관사는 그 와중에 팔이 부러져 고통을 호소한다. 평소 심장이 좋지 않았던 3등 기관사는 구명정을 떼어내려 힘을 쓰다가 숨지고 만다.

짐은 승무원들이 배를 버리고 도주하려 발버둥치는 모습을 비웃으며 조력하지 않는다. 자신은 그들과 확연히 다른 사람이라고 여긴다. 그런데 그들이 구명정을 떼어내어 탈출하면서 짐을 3등 기관사인 줄 착각하고 배에서 뛰어내리라고 애타게 소리칠 때 짐은 자신도 모르게 뛰어내린다. 자신의 의지와는 달리 구명정에 올라타게 된 것이다.

깊은 어둠 속에서 스콜 구름이 몰고 온 소나기를 맞으며 항해사 4명이 탈출하고 있다. 배를 버리고 800명 승객의 생명을 저버린 채.

어둠 속에서 짐을 알아본 선장과 기관사들은 짐에게 3등 기관사를 죽이고 대신 올라탄 게 아니냐며 시비를 건다. 짐은 자신이 비록 같은 구명정을 타고 있어도 여전히 스스로를 그들과 다른 부류의 사람이라고 자부한다. 그도 그럴 것이 그들은 구조될 때를 대비하여 사건의 경위를 조작하려 애쓴다. 배를 구할 사이도 없이 구명정을 내리자마자 파트나 호가 침몰한 것이라고…….

가까운 해안에 구명정이 도착하자 곧바로 해안당국에 인계되어 조사를 받게 된다. 그러나 당국에선 그들에게서 나는 비린내를 감지하고 있다. 어이없게도 그들이 버린 파트나 호는 침몰하지 않았던 것이다. 이리저리 떠다니다 프랑스 군함에 의해 구조되어 800명의 승객이 전원 무사히 생존할 수 있었다. 멀쩡한 배를 버리고 도주한 승무원이라니…….

육지에 오르자 선장은 대기시켜 놓은 마차를 타고 도주해버린다. 팔이 부러진 2등 항해사는 아프다고 우겨 병원으로 간다. 또 다른 기관장 한 명은 부둣가의 술집에 은닉하여 온종일 술을 퍼마신다. 그러다 숙소에서 지네가 기어 나오는 바람에 비명을 지르며 바깥으로 나온다. 하지만 그는 병원으로 실려 가고 만다. 쉬지 않고 헛소리를 내뱉었기 때문이다. 그가 지껄이는 이야기의 내용은 이랬다.

"배에는 두꺼비들이 가득 타고 있었지요. 그래서 우리는 아주 은밀하게 배에서 빠져나와야 했답니다. 온통 분홍, 분홍색이었지요. 크기가 마스티프 종 개만했고 머리 꼭대기에 눈이 하나 달려 있었고 흉측한 주둥이 주위는 온통 집게발들이 있었다고요."

"쉿! 조용히 가만히 계세요. 나는 이곳에서 오랫동안 굴러먹은 사람이라고요. 나는 그 짐승 같은 놈들을 잘 알아요. 맨 먼저 동요하는 놈의 머리를 후려쳐야지요. 그런데 그들이 수는 너무 많고 배는 십 분 이상

떠 있을 것 같지가 않군요."

"모두 잠이 깼군, 수백만 명이야. 그들이 나를 짓밟고 있다고. 기다려! 오 기다리라니까! 마치 파리 떼처럼 무더기로 그들을 후려쳐야지. 날 기다리라고! 도와줘! 도와다알라아고!"

그는 병원에서 진전섬망증(振顫譫妄症)이란 진단을 받는다. 이렇게 정신 착란증을 보이자 기관장 역시 조사를 받을 수가 없게 되었다. 선원 4명 가운데 결국 짐 혼자 법정에 선다. 짐은 스스로가 자부하는 젠틀맨이니만큼 떳떳하게 조사에 임한다. 어떻게 그렇게 수치스런 재판을 받느냐고 주변 사람들이 딱하게 여겨 선장처럼 도망치라고 자금을 마련해 주어도 그는 죄값을 달게 받겠다는 태도를 고수한다. 결국 짐에게 항해사 자격증 박탈이라는 선고가 내려진다. 법정에서 심판원을 맡았던 또 다른 선장의 이야기를 들어보자.

"최악의 문제는 자네들 모두가 존엄성이 무언지 모른다는 거야. 자네들은 마땅히 지켜야 할 본분을 중요시하지 않고 있어. 이건 명예를 더럽히는 짓이야. 우리 중에는 온갖 인간들이 있고, 그 중의 몇몇은 성유를 바른 악당이야. 하지만, 젠장. 우리는 선원으로서의 직업적 존엄성을 지켜야 해. 그렇지 않고야 아무 거리낌 없이 떠도는 많은 땜장이들보다 더 나을 게 뭔가. 우리는 신임을 받고 있어. 알겠는가? 신임을 받는다고! 솔직히 말해, 나는 아시아에서 온 그 모든 순례자들에 대해서는 조금도 관심이 없어. 하지만 존엄성이 있는 선원이라면 넝마 짐짝을 가득 싣고 가는 경우에도 그 따위로 처신하지 않을 거야. 우리는 조직화된 인간 집단이 아니야. 그러므로 우리를 결속하는 것은 그런 존엄성이라는 명분뿐이지. 이런 사건은 우리의 신념을 파괴해버린다고. 일생동안 굳세게 행동하라는 소명을 전혀 받지 않은 채 선원 생활을 마치는 사람도 있기야 하지. 그러나 일단 그런 소명이 있을 경우에는…… 아!……."

이런 말을 했던 선장은 짐에게 항해사 자격증을 박탈한다는 선고를 하고 난 후에 자살을 한다. 비록 자신이 배를 버린 선원이 아니었으면서도 인간으로서 그런 일을 자행한 자를 용서할 수 없었던 것이리라.

이렇게 항해사 자격증을 박탈당한 짐은 다시는 배를 탈 수 없게 된다. 또한 불명예를 안고 가족의 품으로 돌아갈 수도 없는 노릇이다. 대신 항구에서 점원 일로 생계를 유지한다. 하지만 그의 과거를 아는 누군가가 나타날 때마다 좋은 직장마저 버리고 어딘가로 숨어버린다. 그의 딱한 처지를 아는 사람이 그를 말레이 외딴 섬 파투산에 가도록 주선해준다.

파투산에 간 짐은 주민들을 억압하는 식민지 권력을 타파하는 일을 한다. 영웅적인 행동으로 주민들의 오랜 고통을 해소해주자 짐은 그들에게 신과 같은 존재로 여겨진다. 주민들은 짐을 '투안 짐'으로 불렀는데 투안이란 말레이시아 원주민어로 로드(lord)를 뜻하고 우리말로는 '짐 님', 혹은 '짐 나으리'에 해당될 것이다. 짐은 그곳에서 주민의 추앙을 받으며 행복하게 지낸다. 더구나 사랑하는 여인도 그의 곁에 있다.

그러다가 사악한 백인 해적이 약탈을 하기위해 파투산 섬에 쳐들어오는 사건이 생긴다. 이때 짐은 해적과 담판을 짓기 위해 홀로 나선다. 해적이 비록 나쁜 사람이긴 하지만 예전의 짐이 배를 버리고 도망칠 때처럼 실족하고 있다고 해적을 이해하려 한다. 짐은 그가 도망가도록 길을 터준다. 그러나 해적은 고분고분 물러나지 않고 원주민을 향해 총질을 해대다가 우두머리의 아들을 죽이고 만다. 그 섬의 추장격인 우두머리는 아들을 잃고 나서 짐에게 관대할 수는 없었다. 우두머리는 짐을 처형하고자 한다. 짐을 몹시 사랑하는 여인을 비롯하여 주변 사람들이 짐에게 얼른 섬을 떠나 목숨을 구하라고 강권하지만 그로서는 배를 버리고 살아났을 때의 악몽을 되풀이할 수는 없다. 달아나지 않고 당당하게 총알을 맞고 죽는다. 자살과도 같은 최후를 선택한 것이다. 죽고 난 후에도 사람들의 기억 속에 그는 오래도록 로드짐으로 남아 있다.

지금으로부터 110년 전에 쓰인 이 작품 속에 배를 버리고 탈출한 선원이야기가 나온다. 우리에게 낯설지 않은 이 이야기는 실화가 바탕이 되었다는데 1880년에 메카로 성지순례를 떠난 이슬람교 992명이 탄 배가 물이 새고 기울자 영국선원들이 버리고 탈출한 사실이 있었다. 선원생활을 했던 작가 콘래드는 그런 일이 인간으로서 얼마나 부끄럽고 수치스러운지를, 얼마나 인간의 존엄성을 갉아먹는 일인지를 말하고 싶었던 것이다.

작품 속의 기관장이 앓는 '진전 섬망증'은 의학용어로 'delirium

tremens'인데 번역하면 '광란의 떨림'이 될 것이다. 장기간 알코올을 복용하다 중단한 경우 금단현상으로 나타나는 증상과 동반된 의식장애를 말한다. 거칠게 몸을 떨며 발작을 일으켜 사망에 이르기까지 하는 위험한 상태로서 악몽, 불안, 총체적 혼동, 지남력장애, 환시, 환청, 고열, 고혈압, 발한, 빈맥 등의 증상을 보인다. 특이하게 벌레나 뱀, 쥐가 기어 다니는 이상 촉감을 호소하기도 한다. 주로 술을 끊은 후 1-3일에 시작하여 4-5일째 최고조에 이르고 특히 밤에 심해진다. 맥주를 하루 3-4리터씩 혹은 독주를 하루에 0.5리터씩 10년 이상 마신 경우 나타나는데 이 작품에서처럼 급성으로 발생하는 것도 가능하다.

치료는 신경안정제 사용으로 가능하지만 5-15%에서 치사율을 보이며 제때에 치료하지 못한 경우 치사율은 35%에 달한다. 알코올 중독자에게 보이는 극단적인 부작용으로 이해하면 될 것이다.

기관장이 진전섬망증 발작을 일으키는 가운데 내지르는 소리를 종합해보면 그 또한 순례자들을 버리고 도망친 데 대해 스트레스를 받았음을 은연중에 느낄 수 있다. 배에 타고 있는 것이 두꺼비였다고 말하거나 동요를 일으키는 승객은 머리를 때려야 한다는 두서없는 내용이 그의 심리를 표현하고 있다.

조셉 콘래드 (Joseph Conrad)

1856년 12월 3일 폴란드 우크라이나에서 태어났다. 당시는 우크라이나가 제정 러시아 식민 통치하에 놓여 있었는데 작가였던 부친이 반러시아 활동으로 체포되어 온 가족이 러시아의 볼로그다로 유배를 가게 되었다. 일찍 부모를 여의고 18세에 첫 항해선을 탔다. 어린 시절 가정교사를 두고 프랑스어를 배웠고 영어는 20대에 들어 처음 익혔지만 영어로 창작을 시작하고 영국인으로 귀화했다.

37세에 《올마이어의 집》을 출간하여 작가의 반열에 합류하게 된다. 《암흑의 핵심》 《노스트로모》《서구인의 눈으로》《비밀 정보원》 등 선원의 경험 뿐 아니라 제국주의 시대의 세계사적 문제를 다룬 작품들로 높은 평가를 받고 있다.

1924년 64세에 심장마비로 별세하여 캔터베리에 묻혀있다.

임신 중
약물 복용에 의한
기형아 출산

| 카를로스 푸엔테스 〈스타의 아들〉
| 해표상지증

영화배우 알레한드로 세비야는 멕시코 최고의 배우였다. 지난 30년간 최고의 권좌를 차지한 스타였다. 샤를 부아예의 목소리를 더빙하는 것을 시작으로 할리우드까지 진출했으며 몽테크리스토 백작과 달타냥, 쾌걸 조로의 배역을 맡아왔다. 여배우와의 염문도 화려했고 그의 영상을 보면 언제까지나 늙지 않고 영원히 살 것만 같았다.

그러나 65세가 넘자 스크린이 그를 거부했다. 이제는 과거의 인물, 과거의 유물이 되었다. 관객은 소리쳤다. 낡아빠진 인간은 꺼지라고. 젊은 시절 그는 모든 여자를 취했다. 그 어떤 유명 여배우라도 그의 요구를 거절하지 않았다. 그러나 지금은 엑스트라조차도 그를 무시한다.

한때 그가 진정 사랑했던 여인이 있었다. 검은 머리에 신비한 눈빛의 배우 시엘라 데 모라였다. 많은 여배우들이 단지 신분 상승을 위해 알레한드로 세비야에게 접근했으나 시엘라는 달랐다. 사려 깊고 차분함과 진지함 그리고 절제된 태도가 그녀의 매력이었다. 그녀는 하현달과 같은 얼굴을 하고 오직 알레한드로를 태양처럼 의지했다.

그녀는 결혼을 요구하지는 않았지만 아들을 낳고 싶어 했다. 임신 중에 알레한드로의 부정을 알게 되어 신경안정제를 복용했다. 마침내 그녀는 아들을 얻었지만 심각한 기형을 동반하고 있었다. 아이 이름은 산도칸이라 지었다. 하지만 아이가 석 달 되었을 때 시엘라는 편지를 남기고 떠났다. 아이는 남겨두었다.

겨드랑이에 팔이 붙어버린 아기, 다른 사람들에게 의지하고 살 수밖에 없는 아기, 얼굴 가까이에 손이 달려서 엉덩이에도, 컵에도, 칼에도, 영화대본에도 손이 닿지 않는 아기를 숨겨 놓은 요람을 지키는 것을 어머니는 참지 못했다.

아기야, 죽어라. 삶의 고통을 겪지 않도록. 네 목을 조를게. 아기야, 다시 천국으로 돌아갈 수 있도록. 내 아기야, 너를 버린다. 네 어머니 원망을 하지 않고 네 어머니를 알지 못하고 그 이름조차 알지 못하도록.

알레한드로는 전직 멕시코 영화배우였던 노파에게 산도칸을 맡겼다. 어머니는 죽은 것으로 해달라고 부탁했다. 알레한드로도 아이의 기형을 견딜 수 없었다. 그는 남성의 건강미를 대표하는 배우였다. 말에 올라 타 추격전을 벌이고, 검을 휘두르며 결투를 하고, 이 배에서 저 배로 뛰어내리며, 캘리포니아 성벽에 칼자국을 새기는 등 이런 것들이 그의 상징이었다.

아이는 자신을 돌보는 늙은 여자가 엄마인 줄 알고 있지만 아이에게 아니라고 말할 수도 없었다. 아이를 돌보던 늙은 여자는 알레한드로가 영화 제작자에게 더는 미래가 없다는 말을 듣고 퇴짜를 맞은 날 산도칸 곁을 떠났다. 알레한드로는 아이 곁으로 돌아갈 수밖에 없었다. 아이를 마지막으로 본 지 5년도 넘은 시점이었다. 알레한드로는 예순 한 살이 되었지만 이제는 상주하는 가정부를 고용할 돈도 없고, 일주일에 한 번 청소해 줄 아가씨를 쓸 여유도 없다. 평생 동안 흥청거리며 모든 것을 여인들과 여행하는 데다 쏟아 부었기 때문이었다.

15살 된 산도칸은 부모 없이 노파의 손에 자라면서 그동안 알레한드로가 출연한 모든 영화를 보았다. 산도칸이 아버지에게 이렇게 말했다.

"아버지를 실제로 보게 될 거라곤 한 번도 생각 못했어요. 어쩌다 한 번 왔을 땐 언제나 분장을 하고 왔지요. 이번에는 아니에요. 지금이 아버지를 처음으로 보는 거예요."

"영화에는 순간만 있어요. 거기에선 시간이 흐르지 않아요. 영화에서 아버지는 결코 늙지 않지요."

아이는 제 엄마 시엘라 데 모라를 꼭 닮아 흑진주처럼 검은 머리에 투명할 정도로 하얀 피부를 갖고 있었다. 알레한드로는 아들에 대해 솟아오르는 사랑을 느꼈다. 차마 예기치 못했던 그런 사랑을. 그런데 산도칸에겐 남모르게 숨겨진 힘이 있었다. 그는 다리를 뻗어 아버지를 넘어뜨렸다.

소년의 다리 힘은 놀라웠다. 항상 입고 다니는 편안한 셔츠 아래로 매우 발달된 튼튼한 두 다리가 보였다. 드문드문 털이 난 두 다리는 조각처럼 아름다웠고, 푸른 정맥이 드러나 대리석 같아 보였다. 그렇게 그의 육체의 반은 강하게 살아 있었다.

아버지는 산도칸을 보며 배꼽을 잡고 웃었다. 소년의 삶과 이 세상에 태어난 그의 존재를 축하했다. 어머니 시에라 데 모라는 욕조에서 아들의 목을 조르거나 쓰레기통에 던져버리고 싶어했건만 아버지는 아들이 살아남게 된 의미를 깨달았다. 바로 그것이었다. 인간의 가치, 그리고 조금씩, 조금씩 알레한드로는 아들이 자신의 삶의 가장 충실한 거울이라는 사실을 깨달아갔다.

영화계에서 물러난 일이 전에 생각했던 것처럼 사망증명서가 아니라 닫힌 무덤과 같은 영화계의 공기와 태양과 새들과 비와 꽃가루와 별들이 들어올 수 있는 창문을 열었다는 것을 알았다. 알레한드로의 마지막 배역은 아들과 함께하는 엑스트라 역이었다.

알레한드로와 산도칸은 멕시코 전역의 장이 서는 곳마다 순회한다. 일주일에 다섯 번, 장이 열리는 곳마다 룰렛에는 문어요리가 진열되고, 목마에는 점치는 새들이 즐비하다. 그곳엔 갖가지 약을 파는 약장수들과 유리구슬로 점을 치는 점쟁이들, 실직한 서커스 광대들까지 모여든다.

사람들은 팔 없는 소년의 소문을 듣고 그의 공연을 즐기기 위해 그곳에 온다. 소년은 길고 튼튼한 다리로 알루미늄 칼을 잡고 자신을 위협하는 상대를 땅에 넘어뜨린다. 관객들은 기쁨에 넘쳐 휘파람을 불며 박수를 치고 소리를 지른다.

관객이 "얼마 내면 되나요?" 하고 물으면 산도칸은 "마음대로요."라고 대답한다.

이렇게 해서 산도칸과 알레한드로는 돈을 모아 비디오플레이어를 산다. 그 둘은 알레한드로 주연의 영화들을 새롭게 감상한다. 하루는 아들이 묻는다. 조로와 사랑에 빠진 저 여자는 누구냐고, 아주 예쁘다고. 아버지는 그녀가 산도칸의 엄마라는 사실을 결코 알려주지 않는다.

이 작품은 카를로스 푸엔테스의 연작소설 《모든 행복한 가족들》 중 하나의 단편이다. 우리가 실제로 주변에서 행복한 가족을 찾아보기 어려운 것처럼 이 작품 속에도 행복한 가족은 거의 없다. 다만 행복의 또 다른 관점으로 보자면 행복할 수도 있다는 것뿐이다.

왕년에 잘나가던 배우 알레한드로, 난봉꾼이며 가정에 대한 개념이 없던 그에게 느닷없이 아들이 생기지만 양쪽 팔이 없는 불행한 기형아이다. 아이 엄마는 차마 제 손으로 죽이지는 못하고 편지를 남긴 채 사라진다. 아들과 아버지는 버려진 것이었다.

산도칸이 열다섯 살이 되었을 무렵 더는 영화배역을 맡을 수 없게 된 알레한드로가 빈털터리가 되어 아들에게 돌아온다. 환갑도 넘긴 나이에. 아들 산도칸은 비록 두 팔은 없지만 그 대신 두 다리에 어마어마한 힘을 갖고 있다. 산도칸은 다리로 아버지를 자빠뜨릴 수 있다. 아버지는 기형아 아들에게 애정을 느끼기 시작한다. 그 둘은 멕시코 장터를 순회하며 묘기를 보인다. 다리 사이에 칼을 끼우고 아버지의 공격을 물리치는 팔 없는 기형아에게 사람들은 환호한다. 관객들이 던져주는 돈으로 둘은 행복한 가정을 이루며 산다.

여기에서 산도칸이 해표상기형아가 된 이유는 엄마 시에라 데 모나가 남편의 바람기를 견디기 어려워 임신 중에 '틀리노미다'라는 신경안정제를 먹었다는 것이다. 1960년대에 이렇게 출생한 기형아가 세계적으로 만 명 이상이었다는 역사를 입증하는 소설이 바로 이 작품이다.

이런 해표상기형아는 원발성으로 태어나는 사례는 거의 없고 모두가 임신 초기 약물 복용의 결과로 생겨난다. 이런 기형을 갖고 태어났으나 장애를 극복한 사례가 세계적으로 몇몇 알려져 있다. 우리나라에는 손가락이 양 손에 각 두 개밖에 없음에도 불구하고 네 손가락의 피아니스트가 된 이희아 양이 있다.

또 앨리슨 래퍼(Alison Lapper)는 1965년에 태어난 영국의 화가이다. 두 팔이 없는 상태로 태어나 구족화가로 활발하게 활동하고 있다.

오스트레일리아 출신의 니콜라스 제임스(Nicholas James)는 지체장애인들을 위한 기관인 '사지 없는 인생(Life Without Limbs)'의 대표이다. 신체장애 뿐 아니라 희망에 관한 다양한 주제로 강의를 하는 설교자이자 동기부여 연설가이다. 닉은 출생 당시 양팔과 다리가 없이 몸통에 두 개의 작은 발만 달려있었는데 수술을 통해 두 발가락을 만들어 여태까지 그 두 발가락만으로 생활하고 있다.

이렇게 불가능의 경지를 극복하고 당당히 삶을 영위하는 모습이 인간 승리의 일면을 보여주지만 일차적으로 기형아 출생을 피하기 위해 임신 중 약물 복용을 각별히 조심하라고 당부하고 싶다.

카를로스 푸엔테스 (Carlos Fuentes)

1928년 파나마의 수도 파나마시티에서 태어나 외교관인 아버지를 따라 세계 각지에서 유년 시절을 보냈다. 멕시코 국립대학에서 법학을 전공했고 스위스에서 국제법도 공부했다. 1950년대부터 멕시코시티 유엔 홍보국에서 근무하면서 미국 유명대학에 강의를 하러다녔다. 라틴 아메리카 역사부터 동서양 신화와 철학에까지 해박한 지식을 가진 작가로서 국가와 사회문제에 관심이 많고 다양한 주제의 작품을 남겼다.

주요 작품은 《테라 노스트라》《가면을 쓴 나날들》《장님들의 노래》《배 속의 크리스토발》《라우디 디아스의 세월》《유리 국경선》《의지와 운명》《묻힌 거울》《아우라》《블라드》 등이고

세익스바랄출판사 간이도서상, 비야우르티상, 로물로가예고스상, 알폰소 레예스상, 멕시코국가상, 세르반테스문학상, 프랑스레지옹도뇌르상, 아스투리아스왕자인문학상 등을 수상했다.

2012년 심장병 수술이후 과다출혈로 사망했다.

육체와 정신의 결별

오노레 드 발자크 《루이 랑베르》
강경증

    루이 랑베르는 가죽 공장 집안에서 태어났다. 아버지는 아들 랑베르에게 가업을 물려주고 싶었지만 아이가 유난히 총명하여 공부를 하게 했다. 랑베르는 5살 때 신구약 성경을 읽고 상상의 나래를 펼쳤다. 아버지는 아이가 군대 징집을 피하도록 성직자로 만들 계획을 세웠다. 그래서 외삼촌이 주임사제로 있는 작은 마을로 아들을 보냈다. 거기서 랑베르는 삼천 권이나 되는 책을 독파할 수 있었다.
    그의 독서 능력은 탁월했다. 독서를 통해 생각을 흡수하는 것이 흥미로웠다. 그는 종종 문장 중의 단어 하나만으로드 그 문장의 정수를 파악했다. 그의 기억력은 대단했다. 독서를 통해 얻은 지식이나 스스로의 성찰이나 대화를 통해 떠올렸던 사고들을 모두 정확하게 기억했다.
    이렇게 그는 독서에 모든 힘을 쏟은 반면, 육체에 대해서는 전혀 의식하지 않았다. 그는 몸에도 정신을 관장하는 기관인 머리만 중시했다. 그의 표현을 따르자면 그는 '자기 뒤에 빈 공간을 남겨 두었다'고 말했다. 그는 신비주의에 매료되어 몸은 무시한 채 정신과 영혼이 깊은 심연 속에 빠져 있었다. 책에 대해 그는 이런 말을 했다.

"종종 나는 과거의 깊은 심연에서 단어라는 배를 타고 달콤한 여행을 하는 느낌이야. 마치 곤충 한 마리가 물 위에 뜬 나뭇가지에 앉아 물결 따라 떠내려가듯이 말이야. 그리스를 출발해 로마로 가는가 하면, 근대의 역사가 펼쳐지는 곳을 지나기도 하지. 한 단어의 행적과 그 단어에 얽힌 이야기만으로도 얼마나 근사한 책을 만들 수 있을까!"

그가 파리의 명문 기숙학교에 갈 수 있었던 것은 비평가이자 소설가인 스탈 남작부인 덕분이었다. 당시 스탈 부인은 유배 중이어서 숲속에서 책을 읽고 있던 랑베르를 만나게 되었다. 그녀는 열네 살 아이가 어려운 작품을 읽는 것이 놀라워 선뜻 후원하겠다고 나섰다. 그래서 방돔 기숙학교에 다닐 수 있도록 손을 써주었다.

그러나 랑베르에게 학교란 지옥과 다름없었다. 학생도 선생도 랑베르를 이해할 만한 인물이 없었다. 짓궂은 학생들은 랑베르를 '피타고라스'라고 불렀다. 수학자 피타고라스가 누구와도 대화하지 않고 어떤 청중도 만들지 않고 자신의 이론에 대해 쓰지도 않았으며 침묵한 채 비밀로 간직했다고 전해졌기 때문에 붙여진 별명이었다. 랑베르는 단지 옆자리에 앉았던 '시인'이란 별명의 문학도와 간신히 이야기를 나눌 뿐이었다.

시인과 피타고라스는 혹독한 학창시절을 보냈다. 랑베르는 툭하면 회초리를 맞았다. 수업 시간이면 왼팔을 턱 밑에 괴고 나뭇잎이나 하늘의 구름만 하염없이 바라보곤 했기 때문이다. 담임신부는 그의 그런 모습을 보고 "랑베르, 자네는 아무것도 안하고 있군!"하고 나무랐다. 랑베르가 '아무 것도 하지 않는다'는 표현에 상처를 받고 신부를 올려다보면 신부는 그 뜻밖의 시선에 충격을 받는 듯 했다.

"랑베르 군, 다시 한 번 그런 눈으로 나를 쳐다보면 그때는 회초리로 맞을 테니 그리 알게."

이런 이치에 맞지 않는 꾸중을 듣고 랑베르는 불타오르는 눈길로 신부를 공격했다. 결국 엄청난 양의 회초리가 부러진 다음 둘의 싸움이 끝이 났다.

친구들 사이에서 '시인과 피타고라스'는 소외되었다. 아이들과 어울려 공놀이도 할 줄 몰랐고 즐겁게 어울릴 수가 없었다. 운동장의 나무 아래 쓸쓸히 앉아 두 마리 새끼 쥐처럼 웅크리며 지냈다.

랑베르는 불충실한 수업 태도로 인해 걸핏하면 벌을 받았고 학교 감옥에 갇히는 일도 있었다. 하지만 그가 특이한 능력을 가졌다는 것을 뒷받침하는 일례가 있다. 일 년에 한 두 차례 허용된 소풍날이었다. 목적지인 루아르 계곡에 도달했을 때 랑베르가 말했다.

"아니, 이건 어젯밤 꿈속에서 본 바로 그 풍경이야!"

당시 열다섯 살이었던 랑베르는 간밤의 꿈속에서 미리 소풍 갈 지역을 답사해서 세밀한 지역까지 다 알고 있었던 것이다. 이 일에 대해 그는 이런 질문을 했다.

"풍경이 내게로 다가온 게 아니라면 내가 풍경에게 간 걸 거야. 만일 내가 기숙사 골방에서 잠자는 동안 이곳에 왔다면, 그것은 내 육체와 정신이 완전히 분리될 수 있음을 말해주는 게 아닐까? 육체가 이동할 수 있듯이 정신도 옮겨 다닐 수 있다는 것을 증명하는 게 아닐까? 그런데 만일 잠자는 동안 정신과 육체가 분리될 수 있다면, 어째서 깨어 있을 때는 분리될 수가 없는 것일까?"

그는 이때의 경험을 바탕으로 〈의지론〉을 쓰기 시작했다. 랑베르는 6개월에 걸쳐 쉼 없이 그 이론을 연구했다. 그러자 잔인한 동급생들이 호기심을 참지 못하고 원고를 보겠다고 덤볐다. 상자 속의 원고를 빼앗기지 않으려고 몸싸움을 벌이다 마침내 담임신부에게 들키게 되었다. 비겁한 학생들은 신부에게 〈의지론〉을 까발렸고 신부는 원고가 든 상자의 열쇠를 압수했다. 신부는 원고를 읽어보더니 "이런 쓸데없는 짓을 하느라 공부를 게을리 했군!" 하며 야단쳤다. 신부는 필경 삼류작가에게 그 원고를 팔아버렸을 터였다. 여기에서 랑베르 사상의 씨앗은 발아도 시키지 못한 채 정지했다.

그는 또 삶의 현상을 두 가지로 분류했다. 모든 생물체에서 두 가지 다른 운동이 있는데 능동적 작용인 '행동'과 수동적 반작용인 '반응'으로 나눈다고 했다. 그리고 이것이 인간의 본성을 이룬다고 여겼다. 이런 이론은 비샤의 의학이론과도 상당히 일치하는데 의학적으로 삶이 죽음에 저항하기 위해 끊임없이 '반응'한다는 것이 생명의 법칙이기 때문이다.

랑베르에 의하면 행동하는 인간은 반응하는 인간과 완전히 분리될 수 있다고 했다. 결국 랑베르의 영혼은 정신주의와 물질주의라는 두 가지 원칙을 놓고 끊임없는 투쟁을 벌인 셈이다.

랑베르는 18세에 기숙학교를 졸업하고 파리르 갔다. 부모님이 돌아가시며 넉넉한 유산을 남겨주었으나 그는 도시에서 검소하게 궁핍한 생활을 영위했다.

한편 랑베르는 인간과 신의 관계를 규명하고자 애썼다. 랑베르가 외삼촌에게 썼던 편지의 한 구절이다.

"이 세상이 신으로부터 나왔다면 이 세상에 존재하는 악은 어떻게 받아들여야 할까요? 선으로부터 악이 나왔다면 당신은 부조리에 빠지게 됩니다. 악이 없다면 이 사회에 존재하는 그 많은 법은 다 무엇에 쓸까요?"

그러므로 사회전체를 다시 연구해야 한다는 것이 랑베르의 생각이었다. 하지만 랑베르는 파리에 더 있지 못하고 실망을 안고 패배자의 모습으로 귀향했다. 삼촌이 조카를 위로하기 위해 이웃들과 교제를 하게 해 주었다. 그러다가 랑베르는 운명의 여인을 만나게 되었다. 그녀의 이름은 폴린으로 유대인계 남작의 사생아였다. 그녀는 어마어마한 재산과 영지를 상속받았고 놀랄 만한 아름다움과 기품을 가졌건만 사생아라는 신분과 유대인이란 편견 때문에 사고계에 받아들여지질 않던 차였다. 스무 살의 그녀는 항상 말없이 명상에 잠겨있었으며 몸짓과 거동은 우아함이 풍겼다. 온화하면서도 다정한 여성이었다. 폴린을 보자마자 랑베르는 그녀 안에 천사가 있음을 직감했다. 그의 영혼이 지닌 풍부한 능력에 의해 그는 사랑에 빠졌다. 그의 격렬한 감각과 사고의 본질과 삶의 방식은 그를 강력한 열정에 빠뜨렸다. 그 열정은 그에게 일종의 심연이었고, 불행했던 그는 그 안에 모든 것을 던져버렸다. 그는 폴린에게 여러 번 편지를 썼다. 폴린은 랑베르의 마음을 받아들였고 둘은 결혼을 약속했다. 랑베르는 기쁨에 들떠 이런 편지를 썼다.

"이 세상에 존재하는 모든 사랑의 이름으로 당신을 사랑합니다. 아주 사소한 몸짓이라도 당신의 몸짓이 보여주는 우아함은 항상 새롭습니다. 당신의 숨결을 마시기 위해서라면 며칠 밤이고 샐 수 있을 것 같습니다. 당신 삶의 모든 움직임 속으로 슬며시 들어가고 싶습니다. 당신 사유의 본질 자체이고 싶습니다. 당신 자체이고 싶습니다. 나는 절대 당신을 떠나지 않을 것입니다. 인간의 어떤 감정도 우리의 사랑을 방해하지 못할 것입니다. 그 사랑은 변형되지만 무한하고, 하나로 결합된 모든 것이 그렇듯이 순수한 사랑입니다. 바다처럼 넓고, 하늘처럼 광활한 우리의 사랑! 당신은 나의 것입니다! 온전히 내 것입니다! (……) 나의 유일한 행복이여, 그러니 이제는 헤어지지 맙시다."

그러나 결혼을 며칠 앞두고 랑베르는 특이한 발작을 일으켰다. 그는 쉰아홉 시간동안 시선을 한 곳에 고정한 채 꼼짝도 않고 먹지도 자지도 않았다. 격렬한 열정에 빠진 사람들에게 일어날 수 있는 강경증(catalepsy) 발작이었다. 발작이 멈추었을 때 랑베르는 깊은 공포에 빠져 일종의 우울증 상태가 되었다. 그는 자신이 무능력하다고 생각하고는 스스로 거세하려고 시도했다. 다행히 외삼촌이 미연에 발견하여 막을 수 있었다. 폴린이 랑베르를 자신의 저택으로 데려갔다. 그리고 남편으로 여기고 헌신적으로 돌보게 되었다. 그렇게 2년이 흘렀을 때 학창시절 랑베르의 단짝이었던 시인이란 별명의 문인이 랑베르를 찾아왔다.

시인 친구가 비통한 심정으로 랑베르를 바라보자 곁에 선 폴린이 설명을 해 주었다. 일견 그가 미친 것처럼 보일 테지만 광인이란 뇌가 손상되어 자신의 행동을 전혀 의식하지 못하는 사람을 지칭하는 것이라면 랑베르는 결코 미치지 않았다는 것이다. 그는 자기 육체를 벗어나는 데 성공한 것으로 다른 형태로 사물을 본다는 걸 폴린은 이해하고 있었다. 이따금씩 랑베르는 굉장한 말을 한다고 했다. 폴린이 랑베르의 말을 받아 써 둔 것을 보여줬다. 아쉽게도 그녀가 인문학 앞에선 극히 약한지라 부분적이고 단편적인 내용만 담겨 있었다. 예를 들면 "인간에게 의지란 인간 고유의 힘이며, 그 강도는 다른 모든 종의 의지를 능가한다." 따위였다.

랑베르는 스물 여덟의 나이로 연인의 품에 안겨 숨을 거두었다. 그녀는 그를 어느 섬에 묻었다. 묘비도 없는 무덤 앞에서 그녀는 이런 말을 남겼다.

"나는 그의 마음을 가졌어요. 그러니 그의 재능은 신께 바쳐야지요!"

이 작품이 그리 낯설지 않은 이유는 우리 가운데에도 지나치게 머리가 좋아 그 때문에 종내 미쳐버렸단 사람의 이야기를 듣곤 하기 때문이다. 내가 처음 정신과 교과서에서 읽었던 정신분열증 환자의 사례도 국내 명문대학에서 천재로 인정받던 잘생긴 남학생의 병력이었다. 그토록 잘난 남자가 미쳤다는 게 사뭇 가슴 아팠던 기억이 난다. 아무리 좋은 것이라도 지나치면 광기로 변하는 것일까?

의학이 발달한 오늘날에도 정신과 육체가 어떻게 조화를 이루며 사는가 하는 점은 미스터리로 남아 있다. 그런데 이렇게 정신과 육체의 관계에 대한 문제를 1830년대에 소설로 형상화한 발자크의 사고에 대해 놀라게 된다. 지금도 정신이 육체를 지배하는가? 정신과 별도로 육체의 몫이 따로 있는가? 라는 질문에 맞닥뜨리면 우리 의사들은 인간에겐 그 둘의 조화가 중요하다는 대답 밖에 달리 할 말이 없기 때문이다.

극단적으로 정신만을 택하고 육체를 저버린 루이 랑베르는 강경증에 빠졌다. 강경증이란 긴장형 조현병(정신분열병)에 나타나는 정신증상의 하나이다. 강경증은 외부로부터의 작용을 자동적이고 기계적으로 수용하여 일정한 자세를 취하게 되면, 그 자세를 자기 의사와는 관계없이 오랫동안 지속한다. 그게 제아무리 무리한 자세일지라도……. 극단적 상태에서는 근육의 긴장이 높아져 납으로 만든 인형처럼 자세를 취하기 때문에 '납굴증'이라도 부른다. 강경증은 전형적으로 정신분열병에서 나타나지만, 뇌염 · 뇌종양 등의 뇌기질성 정신병에서 또는 드물게 히스테리나 최면 상태에서 나타나는 경우가 있다.

　작품 속의 루이 랑베르는 28살에 아깝게 사망했지만 오늘날의 강경증은 죽음에까지 이르는 병이 아니다. 루이 랑베르 시절에 정신병 치료란 온천수에 담그거나 광천수를 마시거나 고작해야 쥐오줌풀 정도의 치료제가 있었다면 오늘날 정신과에서 쓰이는 약물엔 혁혁한 발전이 더해진 덕분이다. 그러나 암이 완치되는 등 전반적인 의학의 발전에 비해 정신과 영역은 아직도 미지로 남겨진 부분이 많다.

오노레 드 발자크 (Honoré de Balzac)

1799년 5월 20일 프랑스 투르 시에서 출생하여 파리 대학 법학부에 등록하고 법률사무소에서 견습 서기 일을 배운다. 법학사 1차 시험에 합격했으나 문학을 위해 법학을 포기한다.

23세의 나이에 45세인 베르니 부인에게 사랑을 고백하고 둘은 연인사이가 된다. 초기에 몇몇 소설을 썼으나 계속 악평을 듣자 출판업에 착수하고 이 출판업 때문에 엄청난 빚을 떠안아 평생 고생하며 산다.

1829년에 《결혼 생리학》을 출간하고 비로소 문학계의 총아로 떠오르게 되고 이때부터 왕성한 집필 활동을 시작하여 《고리오 영감》《으제니 그랑데》《골짜기의 백합》《잃어버린 환상》《인간 희극》《나귀 가죽》 등 방대한 작품을 남긴다.

1839년에는 문인 협회 회장에 피선되고 1845년에 레지옹 도뇌르 훈장을 받는다.

1950년 3월에 18년간 기다림 끝에 한스카 부인과 결혼을 하지만 8월18일에 세상을 떠난다.

안과 의사의 만행

| 구스타프 마이링크 《골렘》
| 녹내장

　아타나시우스 페르나트는 보석세공사로 프라하의 유대인 집단 거주지인 게토에서 살고 있다. 그는 특이하게도 과거를 기억하지 못한다. 주변 사람들 말에 의하면 정신과 치료를 받은 결과 그렇게 되었다는 것이다. 페르나트는 사십대 중반의 나이에 가족 없이 홀로 지내고 있다.

　하루는 페르나트 집에 손님이 찾아온다. 그 손님은 주머니에서 책을 꺼내 수선해 달라고 부탁한다. 금속으로 장정되어 보석이 잔뜩 박힌 책이다. 책 주인이 복원해 달라는 부분은 이부르(Ibbur)라는 장으로 I자가 해어져 있다. 페르나트는 이부르를 '영혼의 다산'으로 해석하고 뒤적이다 책 속에 깊이 빠져 든다.

그 책은 꿈이 그러는 것처럼 내게 말을 걸었다. 하지만 훨씬 더 뚜렷하고 훨씬 더 분명하게, 마치 무슨 심문을 하는 것처럼 내 가슴을 전율케 했다. 보이지 않는 입에서 말들이 쏟아져 나와 생명을 얻어 나를 향해 다가왔다. 그것들은 내 앞에서 마치 온갖 색깔의 옷을 차려입은 여자 노예들처럼 빙빙 돌며 행진을 하다가 바닥에 주저앉았다. (…) 이어서 그것들은 한 여자를 끌고 왔다. 그녀는 완전히 발가벗은 차림이었는데 거인과 같은 몸집을 가지고 있었다. (…) 한 남자와 한 여자가 얼싸안고 있었다. (…) 그 한 쌍은 반은 남자요 반은 여자인 하나의 모습으로 변해서, 그러니까 자웅동체가 되어 자개로 만든 왕좌에 앉아 있었다.

페르나트는 책을 다 읽은 후에 누가 책을 맡겼는지 기억하려 애쓴다. 묘사하기 어려운 그의 모습의 특징은 깔끔하게 면도한 얼굴에 광대뼈가 불거져 있으며 눈이 사시였고 걸음걸이가 곧 앞으로 고꾸라지려는 것처럼 보였다는 것뿐이었다. 페르나트는 나중에 인형극 연출가와 화가 친구에게 이부르 책에 대해 이야기한다. 그들은 책 주인이 필시 골렘일 것이라고 추측한다.

"골렘이라고? 사람들한테서 그 이야기를 많이 들었어. 자네는 골렘에 대해서 잘 알고 있나?" 화가가 물었다.
"어느 누가 골렘에 대해 뭘 안다고 말할 수 있겠나." 인형극 연출자가 대답하며 어깨를 으쓱해보였다.
"사람들은 평소에 골렘을 전설로 생각하지. 그러다가 어느 날 거리에서 어떤 일이 일어나면 골렘이 다시 살아나는 거야. 그러면 사람들은 누구나 한동안 골렘 이야기를 한다네. 그렇게 해서 소문이 눈덩이처럼 불어나는 거야. 그러다 보면 소문은 마침내 그 황당무계함 때문에 오히려 사그라지고 마는 거지."

인형극 연출자에 따르면 게토 골목에는 죽지 않는 어떤 존재가 있다고 했다. 대략 33년마다 이 골목에서 어떤 사건이 반복해서 일어나는데 사건 자체야 그다지 자극적이지 않지만 은근히 공포를 자아낸다는 것이었다. 면도를 말끔히 한 누런 얼굴빛의 몽골 타입인 낯선 인간이 옛날풍의 낡은 옷을 입고 금방이라도 앞으로 고꾸라질 것처럼 비틀대는 일정한 걸음걸이로 게토 지역을 성큼성큼 걸어왔다가는 갑자기 사라진다고 했다. 한 세대에 한 번씩 하나의 정신병이 번개처럼 게토 지역을 훑고 지나가면서 알 수 없는 그 어떤 목적을 위해 사람들의 영혼을 습격한다고 생각하는데 그것은 자신의 몸에서 빠져나간 자신의 영혼일지도 모른다고 여기는 사람도 많다는 것이다.

게토 건물 중에는 격자창이 달린 방이 하나 있는데 그 방은 출입구가 없다는 게 특징이란다. 그 방으로 들어갈 수 있는 다른 방도가 없었으므로 어떤 남자가 몸에 밧줄을 매고 지붕에서 내려갔다고 한다. 그런데 그가 창문에 접근하는 순간 밧줄이 끊어져 버리고 불쌍한 남자는 길바닥에 머리를 찧고 죽었단 것이다. 이후 사람들은 골렘이 있다고 생각하는 방에 접근하려 하지 않았다는 것이다.

페르나트는 골렘에 대한 이야기를 들으며 게토를 둘러싸고 운명은

돌고 돌다가 원래의 출발점으로 돌아오는 야릇한 것이라 생각한다. 그것은 마치 한쪽 뇌를 다친 고양이가 미친 듯이 같은 원을 그리며 뱅글뱅글 도는 모습이 연상되는 것이다.

페르나트가 거리에 나섰을 때 가난한 의과대학생 차루세크가 다가와 이 거리에 대한 이야기를 한다. 이 누추한 거리, 버림받은 늙은 짐승들처럼 쏟아지는 빗줄기를 맞으며 나란히 웅크리고 앉아 있는 이 거리에 백만장자도 살고 있다는 것이다. 그 백만장자란 바로 고물장사 아론 바서트룸이라고 한다. 페르나트가 사는 건물의 맞은편에 그 고물가게가 있다. 고물상 아론 바서트룸은 날마다 가게 앞에 서 있는데 빤히 쳐다보는 흉측한 얼굴, 희번덕거리는 물고기 눈깔에 토끼의 입술처럼 갈라진 언청이 입술을 가졌고 마치 죽은 듯이 가만 숨어 있다가 제 거미줄을 살짝만 건드려도 금세 파닥대는 인간 거미 같단 생각이 들게 했다. 그가 이 게토 지역의 1/3을 소유하고 있다고 의대생이 말한다. 또한 고물장사의 아들이 안과 의사였단 사실을 말해준다. 당대의 위대한 전문의로 소문난 바소리 박사가 바로 고물상의 아들인데 의사는 얼마 전에 죽었다. 그것도 진료실에서 자살을 했다는데 이 이야기를 전하고 있는 의과대학생 때문이었다. 차루세크는 폐병 때문에 자주 기침을 하며 사건의 전모를 알려준다.

바소리 박사는 녹내장 치료의 권위자였다. 녹내장이란 안구내부에 생기는 고약한 병으로 심하면 실명을 초래하는데 그 진행을 막는 방법은 수술뿐이다. 이른바 홍채절제술이라고 홍채를 쐐기모양으로 도려내는 수술이다. 수술의 부작용은 눈부심 현상으로 평생 계속된다. 그러나 실명을 피하고자 환자들은 수술을 선택하는 것이다.

바소리 박사는 시도 때도 없이 녹내장이란 진단을 내렸다. 특히 여성 환자들이 오면 대수롭지 않은 시력장애를 녹내장이라고 진단하며 수술을 해야 한다고 겁을 주었다. 학술지에 엉터리 논문을 발표하여 타의 추종을 불허하는 전문가로 명성을 얻었으므로 환자들이 구름처럼 몰려들었다. 그의 수법은 단순하고도 교활했다.

환자를 진찰하면서 학계의 중요한 일로 해외에서 초빙을 받아 내일 당장 출국해야 한다는 말을 슬쩍 흘린다. 이어서 전기불빛을 사용해 환자에게 고의로 많은 고통을 주어가며 검진을 한다. 그리고 오래 침묵을 지키다 한참 후에 심각한 어조로 말한다. "당장 두 눈의 실명을 피할 수가 없겠습니다."라고.

환자들은 실명이란 말에 절규하며 도움을 청한다. 그러면 이 야수 같은 의사는 수술만이 해결책이라면서도 자신은 내일 출국해서 몇 개월 후에나 돌아올 거라고 대답한다. 환자들은 소스라치게 놀라며 단 하루도 기다릴 수 없다고 의사에게 매달린다. 더러 다른 의사에게 가도록 주선해달라고 부탁하면 바소리는 천연덕스럽게 이 상태에서 또다시 눈부신 검사를 하면 치명적인 결과를 초래한다고 말해준다.

환자들은 절망감에 반쯤 정신이 나가 제발 여행을 미루고 은혜를 베풀어 수술을 해달라고 사정한다. 그러면 박사는 자신의 여행을 늦출 경우 발생하는 손해에 대한 설명을 하고 그로써 수술 액수가 높이 올라간다. 만족스러울 정도의 액수가 정해지면 마침내 바소리 박사는 당장 수술을 해주겠다고 결정하고 그렇게 해서 환자는 멀쩡한 두 눈에 치명상을 입게 되는 것이다. 그럼에도 많은 환자들은 바소리 박사를 실명의 위기에서 극적으로 구해준 생명의 은인이라 칭송을 했다는 것이다.

사실을 알아낸 의과대학생 차루세크는 자신이 직접 바소리 박사에게 진찰을 받으러 갔다. 예외 없이 차루세크에게 녹내장이란 진단을 내리자 학생은 일부러 진찰실에 아질산염이 들어 있는 플라스크 병을 두고 나왔다. 결과적으로 바소리 박사는 그 독극물을 마시고 자살했던 것이었다. 사람들은 곧 사건의 경위를 알게 되었는데 다만 차루세크가 사건에 개입된 것은 아무도 몰랐다. 박사의 아버지인 고물장사 아론 바서트룸까지도 아들을 죽음으로 몰고 간 사람은 다른 안과 의사 사비올리 박사라고 믿고 있다. 사비올리 박사가 질투심으로 바소리 박사를 음해한 것이라 생각하는 것이다.

그런데 사비올리 박사는 페르나트가 사는 방 옆에다 밀실을 얻어놓고 귀족부인 안젤리나를 초대하곤 했다. 하루는 아름다운 여인이 거의 벗은 채로 페르나트의 방에 뛰어들어 숨겨달라고 한 적도 있었다. 그녀는 사비올리 박사의 애인이란 이유로 고물장사 아론 바서트룸의 끈질긴 추적을 받고 있는 중이었다. 고물장사는 사비올리와 그의 애인을 없애버려 아들 바소리 박사의 원혼을 풀고자 했다. 고물장사는 게토 골목 가게 앞에 서서 사람들의 동향을 끊임없이 관찰하고 있었다.

안젤리나는 다급하게 페르나트의 방에 몸을 숨기러 들어왔지만 그녀는 페르나트를 이미 알고 있었다. 그가 과거를 잃어버려 기억을 못할 뿐이었지 오래 전에 그 둘은 연인사이였던 것이다. 안젤리나는 며칠 후 페르나트에게 편지를 보내 성당에서 만나자고 했다. 그녀는 사비올리와 자신을 쫓아다니는 고물장사 아론 바서트룸가 단지 돈을 원해서 그러는 줄 알고 보석을 전해주어 아론을 진정시켜 달라고 부탁했다. 페르나트는 안젤리나를 돕고 싶었다. 그러는 과정에서 그는 경찰에 체포되어 감옥신세를 지게 되었다. 어느 실종된 보험회사 직원의 살인죄가 적용되었다. 그건 바로 아론 바서트룸이 페르나트에게 장물인 금시계를 선물했기 때문에 초래된 일이었다. 페르나트가 안젤리나를 도와주는 걸 알고 해코지하려고 아론이 꾸민 일이었다.

일 년 남짓 무고한 옥살이를 하고 나오니 페르나트는 자신이 살았던 게토 지역이 재개발을 위해 모두 파헤쳐져 있는 것을 보게 되었다. 그가 사랑했던 유대인 처녀 미리엄과 시청직원이지만 랍비로 불렸던 미리엄의 아버지 힐렐의 행방도 알 길이 없다. 한동안 안과 의사 사비올리는 아론 바서트룸의 압박으로 사경을 헤매며 침대에 누워 있었지만 아론이 죽은 후 회복되었다고 했다. 아론 바서트룸은 누군가에게 끌에 찔려 죽었다고 했다. 안젤리나는 귀족 남편과 이혼을 하고 사비올리와 함께 멀리 떠났다.

또 한 사람 의과대학생 차루세크는 양 손의 동맥을 끊고 아론 바서트룸의 묘에다 두 개의 구멍을 파서 팔을 넣은 채 죽었다는 소식을 들었다. 차루세크는 페르나트가 감옥에 들어가 있었을 때 도와주려고 백방으로 애를 썼지만 실패했다. 그는 오랫동안 앓고 있던 폐병으로 수명이 얼마 남지 않은 걸 알고 자살을 택한 것이었다. 하지만 그가 아론 바서트룸의 묘위에 엎어져 죽은 데는 이유가 따로 있었다. 고아로 알려진 차루세크가 바로 아론 바서트룸의 친아들이었던 것이었다. 바서트룸은 차루세크의 어머니와 아이를 낳았지만 자신이 그녀를 사랑하게 될까봐 두려워 그녀를 사창가로 팔아버렸다는 것이었다. 그래서 차루세크는 그토록 아론 바서트룸을 미워했고 또한 자신의 배다른 형 바소리 박사를 증오했던 것이다.

페르나트는 온통 파헤쳐진 게토 거리에서 유일하게 남은 건물에 세를 들었다. 언젠가 사람들이 그 건물 안에서 골렘이 자취를 감추었다고 말한 바로 그 건물이었다.

어느 날 밤 페르나트가 사는 건물에 불이 나서 그는 굴뚝으로 올라가 줄을 타고 내려오게 된다. 그러다가 어느 집 창문을 지난다. 그때 창문 속으로 집안을 들여다보다 기쁨으로 소리친다. 그리고 잠에서 깬다. 그는 무엇을 보았을까?

그러니까 지금까지의 이야기는 모두 화자의 꿈속에서 일어난 일이다. 작품의 화자는 어느 날 성당에서 미사를 드린 후 모자를 바꿔 쓰고 왔다. 그 모자에는 아타나시우스 페르나트라는 이름이 새겨져 있었다. 그래서 그는 아타나시우스 페르나트가 되어 그의 삶을 이야기하는 것이다. 이제 꿈에서 깨어 화자는 게토 거리를 찾아가 아타나시우스 페르나트를 만나려고 한다. 이미 30년 전에 건물들이 없어진 그 곳에서 지난날을 기억하는 몇몇 사람의 도움으로 아타나시우스 페르나트를 만나는 데 성공한다. 이제 30년도 지난 모자를 주인에게 돌려줄 수 있게 된 것이다. 아타나시우스 페르나트는 미리엄과 영생의 삶을 살고 있었다. 소설은 이렇게 마무리 된다.

"아타나시우스 페르나트가 천천히 내 쪽으로 고개를 돌렸다. 순간 나는 심장이 멎었다. 마치 거울 속의 나를 보는 것 같았다. 그의 얼굴은 내 얼굴과 너무 흡사했다."

1915년에 발표된 이 작품은 그러니까 100년도 전에 쓰인 것이다. 하지만 어찌나 환상적인지 줄거리를 이해하는 데에 힘겨웠던 게 사실이다. 작가 구스타프 마이링크는 과학적이고 합리적이며 눈에 확연히 보이는 것보다 그렇지 않은 것에 매우 치우쳐 있었다. 그가 신비주의나 동양 사상에 몰입했었다는 기록을 통해서도 추측할 수 있듯이 골렘이란 존재를 내세워 자신의 의식을 반영하려고 했던 것이다. 즉 골렘이란 실제로 있는 유령이 아니라 특정한 상황에서 등장하는 분신의 이미지로서 일종의 도플갱어인 셈이다. 이런 골렘은 물질이나 제약으로부터 얼마든지 자유로울 수 있다는 특징이 있다.

작품 속에서 그리 중요한 인물은 아니지만 안과 의사를 살펴보기로 하자. 고물상의 아들인 바소리 박사는 게토 출신답게 돈을 밝히는 의사가 되었다. 녹내장이 일단 수술만 하고 나면 아무도 그 진위를 알 수 없다는 점에 착안해 바소리는 진료 받으러 오는 환자들에게 모두 다짜고짜 녹내장이라 진단을 내린다. 녹내장이 실명으로 이어진다는 것은 일반적으로 알려진 상식이다. 그러면 환자들은 화들짝 놀라 행여 실명의 위기에 처할까봐 일평생 눈부심이라는 부작용을 감내하고라도 홍채 절제술을 빨리 해달라고 애원하는 것이다.

이렇게 바소리 박사는 불법의료를 자행하다가 한 의과대학생에 의해 진실이 까발려지자 독극물을 마시고 자살을 한다. 물론 그 의과 대학생이 바소리 박사의 배다른 동생이란 것이 배경으로 설정되어 있지만 진료에 무리수를 두었던 돌팔이 의사는 자살을 택할 수밖에 없었던 것이다.

녹내장(Glaucoma)은 안압의 상승으로 인해 생긴다. 안압이 상승하면 시신경이 눌리거나 혈액 공급이 되지 않아 시야의 이상이 나타나다가 점점 시야가 좁아지는 병을 녹내장이라 말한다.

아직까지 이 병의 정확한 원인은 밝혀져 있지 않다. 가족력이 있거나 평소 안압이 높은 경우 그리고 고혈압, 당뇨병, 심혈관 질환 및 근시를 가진 사람에게서 발병률이 높다. 세계 인구의 5%를 차지하므로 흔한 병은 아니다.

만성 녹내장의 경우 초기증상은 눈에서 나타나기보다는 속이 울렁거리기 때문에 환자들은 체한 줄 알고 내과를 먼저 찾아가게 된다. 나중에 안과에서 안압을 측정해보고 비로소 녹내장임을 알아내는 경우가 많다. 정상 안압은 10-21mmHg이다. 급성 녹내장 환자는 극심한 안구 통증을 호소하고 오심과 구토를 보인다. 오늘날엔 레이저로 간단하게 홍채에 구멍을 뚫어주는 시술도 발달되어 있고 안압을 내려주는 점안액도 다양하게 개발되어 있다. 그러나 녹내장의 경우 한번 진단이 내리면 완치란 말을 사용하지 않는다. 마치 당뇨병처럼 더불어 지니고 살면서 몸을 돌보고 지속적인 치료를 해야 하는 것이다.

우리 몸 가운데 어느 것 하나 소중하지 않은 곳이 있겠냐마는 눈은 유독 중요하게 평가되고 시력을 잃으면 모든 걸 다 잃는 것처럼 생각하기 마련이다. 그런 환자의 심리를 자극하여 쓸데없는 수술을 하는 의사가 있을 리 없다고 믿고 싶다. 오직 소설 속의 이야기일 뿐……

구스타프 마이링크 (Gustav Meyrink)

본명은 구스타프 마이어(Gustav Meyer)이며 1868년 빈에서 태어났다. 아버지는 뷔르템베르크 공국의 내무 대신이고 어머니는 유대인 여배우였는데 아버지가 아들을 인정하지 않아 부모의 무관심 속에서 자랐다. 20세 초반에 사업 실패 등의 이유로 권총자살을 하려는데 갑자기 문틈으로 신비주의에 대한 전단지가 들어오는 바람에 죽지 않게 되었고 그 때의 일을 기화로 신비주의
에 빠져든다. 그는 내면적이고 정신적인 마법, 신비적 직관, 연금술, 카발라, 요가와 도교, 불교 등에 심취한다. 한 잡지를 통해 〈뜨거운 군인〉이란 에세이로 데뷔한 이래 구스타프 마이링크란 필명을 사용하고 활발한 작품 활동을 했다.

1915년 발표한 첫 소설 《골렘》이 25만부나 판매되면서 명성을 날리게 된다.

나치가 집권하자 평화주의자였던 그의 작품들은 분서의 대상이 된다. 나치 시절에 비난받다가 종전 후에 반은둔자 생활을 하며 지병인 척추 질환으로 고통 받다가 1932년 12월 4일 사망했다.

의사 사윗감을 찾아라

| 몰리에르 《상상병 환자》
| 건강염려증

    아르강은 대체 몇 가지의 병에 걸렸는지 모른다. 증상이 가지각색이다. 때때로 두통이 생기고 때론 눈앞에 연막이 끼인 것처럼 보이다가 어떤 땐 가슴이 아프고 혹은 사지가 온통 노곤하다. 또 이따금 심한 복통이 일어난다. 그는 의사의 처방에 의존해서 산다. 이번 달엔 여덟 가지 약을 먹고 열두 번의 관장을 받았다. 지난달엔 열두 가지의 약 복용과 함께 스무 번의 관장을 받았다. 의사와 약사의 청구서를 계산하는 게 그의 주된 업무다.

    한편 아르강의 두 딸 중 장녀 안젤리끄는 혼기가 꽉 찬 처녀이다. 그녀에겐 사랑하는 연인이 있지만 아버지는 의사 사위를 원한다. 주치의의 젊은 조카를 점찍고 있는데 그는 의학도 '또가'이다. 사람들이 왜 그를 사윗감으로 정했느냐고 묻자 이렇게 대답한다.

"그 이유야 내가 지금 이렇게 불구이고 병이 들어 있으니까 의사들과 인척 관계를 맺고, 또 사위를 들여서 직접 간호 받고, 내게 필요한 약들을 집안에 두고 진찰과 처방을 같이 받을 수 있도록 하자는 거지."

총명한 하녀 뜨와네뜨의 생각에 주인님 아르강은 결코 환자가 아니다. "의사와 약사들이 나리의 몸을 장난감 가지고 놀듯 재미있어 해요. 나리를 이용해 먹는다구요. 도대체 나리에게 무슨 병이 있다고 그렇게 많은 약을 먹게 하죠?"라고 묻기 때문에 아르강은 몹시 화를 내며 그녀에게 막말을 일삼는다.

주인이 단지 상상만으로 아프다는 걸 간파한 하녀는 "나리의 가슴에 손을 얹고 물어보세요. 나리, 나리가 정말 환자이신가요?" 하고 정곡을 찔러 아르강을 펄펄 뛰게 만든다.

아르강은 첫 번째 아내를 잃고 후처를 맞아들인 터였다. 새 여자는 재산을 노리고 결혼했기에 아르강의 비위를 맞추며 한편으론 전처소생의 딸들을 수녀원으로 내쫓을 궁리 중이다. 당시엔 부인에게 상속권이 없기 때문에 남편이 살아있을 때 한몫 챙겨 두어야만 했다. 그녀는 공증인을 찾아다니느라 분주하다. 그래도 남편 앞에서는 아양을 떨어 아르강은 그녀가 진정으로 자신을 위하는 유일한 사람이라 믿고 있다.

어느 날 의사 사윗감 또마가 청혼을 하러 왔다. 또마는 아르강을 향해 준비해온 인사말을 늘어놓는다. 친부모보다 장인에게 더욱 효도를 하겠다고 아부한다. 안젤리끄에겐 이미 사랑하는 남자가 있건만 막무가내로 청혼을 한다.

아가씨, 태양의 빛줄기가 멤논의 동상을 비출 때, 그것은 작지도 크지도 않은 꼭 알맞은 소리로 조화로운 반향을 울리곤 했습니다. 그와 마찬가지로 당신의 아름다움이라는 태양의 출현에 저는 감미로운 격정에 휩싸여 있답니다. 자연주의자들이 해바라기라그 일컫는 꽃은 끊임없이 태양을 향해 돌아간다고 지적했듯이, 이제부터 제 심장은 당신의 그 찬란한 눈빛으로부터 흘러나오는 반짝이는 천체를 따라 항상 돌아갈 것입니다. 그러니 아가씨, 오늘 당신의 눈부신 미의 성단 위에 제 영혼의 선물을 바치는 것을 허락해 주십시오. 미천한 제 마음은 오직 당신에 대해 순종적이며, 충실한 복종자이고 당신의 남편이 되기만을 열망하며, 다른 어떠한 영예나 야망도 원치 않습니다.

외워 온 인사말을 줄줄이 읊는 또마의 얼간이 같은 모습은 하녀까지 절로 비아냥거리게 만든다. 그는 장모에게 할 말은 도중에 잊어버려 제대로 전하지도 못한다.

그런 사윗감에게 아르강이 진찰을 청하자 실력도 없고 머리가 나쁜 또마는 괴상한 진단을 내린다. 아르강은 자신의 간이 나쁘다고 믿고 있지만 또마는 비장이 나쁘다고 말하다가 간장이 나쁜 거나 비장이 나쁜 거나 결국 같은 것이라며 얼버무린다. 아르강이 계란에다 소금을 몇 알 찍어 먹는 게 건강에 좋은지 물어보자 "약을 잡수실 때는 홀수로 나가니까 여섯, 여덟, 열 개의 짝수로 잡수시도록."이라는 엉뚱한 답변을 하기도 한다.

때마침 아르강의 동생 베랄드가 찾아온다. 그는 형이 상상병에 시달리는 걸 알고 있다. 형이 여우같은 형수에게 속아 재산을 날리거나 조카딸이 원치 않는 결혼을 하는 걸 모쪼록 막아보려 애쓴다. 특히 아르강이 의사들에게 휘둘리는 것을 안타깝게 생각한다.

"형님은 언제까지 그 약사나 의사들에게 기대서 형님의 체질을 핑계로 환자 행세를 하실 작정이세요?"라고 묻곤 한다. 그때마다 아르공은 처절하게 대답한다.

"여보게, 내가 약기운으로 지탱된다는 걸 모르나? 난 치료를 받지 않으면 단 사흘도 못 견디고 쓰러질 거라고 주치의 퓌르공 씨가 그랬어."

베랄드는 의학을 믿지 않는다. 그건 사람들의 광기일 뿐이라고, 사람을 치료한답시고 쓸데없는 참견을 하는 자보다 더 우스운 인간은 없다고 말한다. 그렇다면 의사란 아무 것도 모르는 거냐고 묻는 아르강의 질문에 베랄드는 이렇게 대답한다.

"왜요, 제법 많이 알죠. 형님, 그들은 고전을 대부분 알고 있고, 라틴어를 유창하게 말할 줄도 알고, 모든 병에 대한 증세를 희랍어로 이름붙일 줄도 알고, 그것을 정의 내리고 구분할 줄도 알아요. 하지만 치료하는 데에 가서는 아무 것도 모른답니다."

베랄드는 의사에 대해 유난히 부정적이다. 의사는 아무런 생각 없이 단지 맹신하는 지식만으로 환자를 저 세상으로 보내곤 하지만 환자를 죽여도 자기 처나 자식에게 한 일이 아니고 언제고 해야 할 일을 했을 뿐이라 우긴다는 냉소적인 말을 내뱉는다.

그는 형에게 다시는 의사의 처방을 따르지 말라고 권한다. 약사가 아르공에게 관장을 해주러 오면 베랄드는 쫓아버린다. 자신의 치료와 권위에 대항한 걸 주치의가 알고는 달려와 화를 낸다. 의사에게 복종하지 않아 더욱 나쁜 병을 앓게 될 거라고 아르공에게 이런 악담을 쏟아놓는다.

"당신의 형편없는 체질과 더러운 내장과 썩어 가는 피와 쓴 담과 오탁한 액을 그냥 버려둘 수밖에 없다고 말씀드려야겠소."

의사의 저주 때문에 불안에 떠는 형을 위해 베랄드는 하녀 뜨와네뜨를 명의로 변장시킨다. 변장한 뜨와네뜨는 자신을 90살 된 떠돌이 의사라고 소개하고 죽은 자도 너끈히 살린다고 너스레를 떤다. 그리고 아르강에게 한쪽 팔을 자르고 한쪽 눈을 빼내는 수술을 받으라고 권한다. 한쪽이 다른 쪽의 양분을 빼먹어서 반대쪽까지 못쓰게 되기 전에 잘라내고 빼버리라는 것이다. 아르강은 어이가 없다.

"한쪽 팔을 자르고 한쪽 눈을 빼라고? 다른 쪽이 더 잘 움직이도록? 하지만 난 그렇게 너무 잘 돌아가지 않는 게 훨씬 좋아. 참 별난 수술도 다 있군. 날 애꾸눈에다 외팔이로 만들려 하다니!"

우스꽝스런 의사 덕분에 아르강의 기분이 조금 나아지자 베랄드는 이번엔 조카 안젤리끄의 결혼을 추진하는 일을 꾀한다. 또마와 결혼하라는 아버지의 뜻에 순종하지 않는 안젤리끄를 수녀원으로 보내버리려는 아르강을 만류한다. 그리고 잠시 죽은 체 하라고 아르강에게 시킨다. 가족의 진심을 알아내려고 연극을 꾸미는 것이다.

의자에 앉은 채 죽어 있는 아르강의 모습을 보자 그의 후처는 무척 기뻐한다. 하지만 재산을 가로채기 전에 죽었다는 소문이 나지 않도록

건강염려증

하녀에게 입단속을 시킨다. 반면에 맏딸 안젤리끄는 아버지의 부고에 슬피 울면서 진심으로 애도한다. 아르강은 죽은 체 하기를 그만 두고 깨어나서 나쁜 아내는 내쫓아버리고 착한 딸에게 그녀가 사랑하는 남자와 결혼하라고 승낙한다. 대신에 조건을 하나 붙인다.

"의사가 되게. 내 딸을 줄 테니."

사윗감은 기꺼이 의사가 되겠노라 대답한다.

그때 아르강의 동생 베랄드가 나선다.

"형님, 제게 생각이 하나 있는데요. 형님 스스로 의사가 되시죠. 그렇게 되면 훨씬 편리할 겁니다. 형님에게 필요한 건 뭐든지 지니게 될 테니까요."

그리하여 아르강이 의사가 되는 의식을 치르는 것으로 막을 내린다.

요즘 새내기 의사들이 하는 히포크라테스 선서에는 예전에 없던 이런 내용이 추가되었다고 한다.

'과잉 처방은 금하고, 터무니없는 진료비 청구도 삼가며 환자를 독점하지 말 것이며, 건강염려증 환자를 부추기지 말지어다.'

그렇다면 건강염려증 환자가 얼마나 많기에 이를 꼭 집어서 선서를 시키는 것일까? 그 유병율이 4-9%라니 적은 숫자는 아닌 것 같다.

나처럼 의학을 공부한 사람도 머리가 계속 아프면 뇌종양에 걸렸을까? 기침이 길어지면 폐암이 아닐까? 복통이 심하면 맹장염이 아닐까?

하고 최악의 병을 떠올리기 마련인데 의학지식이 없는 사람은 아픈 것에 대한 공포가 얼마나 더 심할지 짐작할 수 있을 것 같다. 그 누구라도 건강은 장담할 수가 없는 것이니 질병과 죽음에 대한 걱정을 하는 것은 당연한 일이다. 하지만 그 걱정이 6개월 이상 장기적으로 이어질 땐 건강염려증이란 진단을 내리게 된다.

건강염려증이 생기면 본인도 괴롭지만 본의 아니게 주변 사람들까지 괴롭히게 되므로 이야말로 소모적인 병이 아닐 수 없다. 정신과에서는 건강염려증 환자에게 항우울제와 같은 약물을 사용하기도 하지만 대개는 심리적인 원인이 숨겨져 있기 때문에 상담치료로 도움을 주는 경우가 많다. 반드시 정신과 의사가 아니더라도 환자에게 질병에 대해 상세하고 정확한 설명을 해줌으로써 건강염려증에서 벗어나게 되는 경우도 많다고 한다. 모르기 때문에 더욱 근심이 커지기 마련이므로 관련지식을 잘 전해주는 전문가의 성의가 필요한 것이다.

작품 말미에 아르강은 사위가 의사가 되는 것에 만족하지 않고 본인 스스로가 의사가 되어 건강염려증을 물리친다고 되어 있지만 과연 그가 의사가 되었다고 상상병이 싹 가셨을지는 모를 일이다.

한편 의사 사윗감을 원하는 것은 몰리에르 시대나 지금이나 변함이 없어 보인다. 다만 오늘날엔 이 작품처럼 수월하게 치료받기 위해 의사 사위를 얻기보다는 경제적 안정성 때문에 의사를 사위로 삼으려는 세태가 두드러져 보인다. 하지만 그것도 곧 옛말이 될지 모르겠다. 주변에 병원을 개업하여 고전을 면치 못하거나 신용불량자로 전락하는 의사가 점점 늘어가고 있으니 말이다.

몰리에르 (Moliere)

본명은 장바티스트 포클렝(Jean-Baptiste Poquelin) 이다.

1622년 1월 15일 프랑스 파리에서 부유한 실내장식업자의 맏아들로 출생했다.

명성 높은 콜레주 드 클레르몽에서 인문주의 중등교육을 받았고 오를레앙 대학에서 법률학 공부를 하여 변호사 자격을 취득했으나 21살에 극단에 들어갔다.

1645년 파산 후 수감생활을 했으며 이때부터 파리를 떠나 13년간 지방순회공연을 했다.

1958년 파리로 돌아와 《사랑에 빠진 의사》 공연에 성공하고 이후 왕실 극장의 사용권을 얻어 활발한 작품 활동을 했다. 《타르튀프》 공연으로 야기된 귀족과 성직자의 비난을 감내하며 오랜 투쟁의 삶을 살았다.

1673년 2월 10일 마지막 희곡 《상상병 환자》 주인공 역을 완수하고 지병인 폐병으로 쓰러져 집에 돌아와 열 두 시간 후에 사망하여 생 조지프 묘지에 안장되었다.

주요 작품으로 《수전노》《아내들의 학교》《인간혐오자》《억지 의사》《서민 귀족》《돈주앙》 등이 있다. 그의 사망 7년 후 국왕의 명으로 몰리에르 정신을 계승한 코메디 프랑세즈(Le Comedie Francaise)가 창립되었다. 코메디 프랑세즈는 일명 '몰리에르의 집'이라 부른다.